중국은 지금도 전쟁을 하고 있다

Political warfare
Strategies for Combating China's Plan to "Win without Fighting"

Copyright ⓒ 2020, by Kerry K. Gershaneck
Korean translation rights arranged with Kerry K. Gershaneck
All rights reserved.

이 책의 한국어판 저작권은 Marine Corps University Press와의 독점 계약으로 GDC미디어에 있습니다. 저작권법에 의해 한국 내에서 보호를 받는 저작물이므로 무단 전재와 복제를 금합니다.

POLITICAL WARFARE
중국은 지금도 전쟁을 하고 있다

케리 거샤넥 지음 | 이창형 · 임다빈 옮김

이 책을 조지 케넌에게 바칩니다.

미국의 뛰어난 정치가였던 케넌(George F. Kennan, 1904-2005)은 1948년 4월, 『조직적 정치공작의 개시(The Inauguration of Organized Political Warfare)』를 발표하여 자유진영을 개방적이면서도 은밀한 정치공작 작전에 동원하였다. 이를 통해 케넌은 소련을 압도하고 궁극적으로는 장기간의 치열한 냉전에서 승리를 거두기를 희망했다.

| 일러두기 |

- 이 책은 국립국어원의 표준어 규정 및 외래어 표기법을 따르지만 일부 인명이나 기업명은 실제 발음을 따라 표기한 경우도 있습니다.
- 단행본 및 매체 출간물은 『 』로 표기했습니다.

추천사

케리 거샤넥(Kerry K. Gershaneck) 교수의 중국 정치공작 연구는 미국의 자유 및 가치를 위협하는 실체에 관한 지식 분야에 훌륭히 기여한다. 그는 중국의 위협적 성격과 중국공산당(CCP)이 활용하는 정치공작 전략, 독트린, 작전 수행에 관해 체계적이면서도 광범위하게 개괄해주고 있다. 나아가 거샤넥 교수는 태국이나 미국의 동맹국들과 대만을 대상으로 설계된 중국의 정치공작 작전 사례연구 결과를 세부적이면서 명확하게 제공하고 있다.

이 책은 학문적 연구로만 볼 수는 없다. 거샤넥 교수는 35년 넘게 국가 정보, 방첩, 국제 관계, 전략적 소통을 연구했으며 학계를 넘나들며 노련하게 일해 왔다. 때로는 말 그대로 중국 정치공작의 최전선에서 전투를 치러내기도 했다. 이 책의 상당 부분은 그 과정에서 쌓아온 장기간의 경험들을 바탕으로 한다. 거샤넥 교수는 냉전 말기 미국이 고위급의 정치공작 기관, 교육, 작전을 포기하는 상황뿐만 아니라 정치공작의 정점에 있는 미국까지 목격한 산증인이다.

추천사를 작성하고 있는 필자는 미 태평양해병대 사령관으로서 2000년대 초 다수의 불안정한 추세들을 목격했었는데 대부분은 미국이 정치공작 기구를 자발적으로 해체하는 과정에서 비롯되었다. 미국 정부, 재계, 학계, 문화계 그리고 여타 엘리트들이 중국의 정치공작을 파악, 대항하는 능력을 상실하고 있는 것이 점점 더 명백해지고 있었다. 2009년 필자가 미 국방부 아시아태평양안보담당 차관을 맡게 될 무렵에는 중국의 악의적 설득과 협박, 강압, 침투, 전복

등을 인지하고 대항하지 않는 미국의 무기력함과 무능함이 더욱 뚜렷했다. 미 국방부의 최고위급에서도 급증하는 중국의 위협보다 서남아시아 전투 작전에 더 주력하고 있는 상황에서 중국을 해결하기 위해 정책 초점과 자원을 이동시키기는 일은 매우 어려웠다.

집필 시점인 2019년, 미국은 코로나 바이러스(COVID-19) 대유행과 중국이 자신들의 역사를 다시 쓰고자 수행한 대규모 정치공작 작전에 휩싸였다. 팬데믹이라는 특수한 환경은 중국의 은폐, 기만, 허위 정보, 강압, 억압, 위협이라는 전형적인 정치공작 작전에 일조했다. 결국 미국은 중국 위협의 본질에 대해 빠르게 각성하고 있으며, 이 책의 출판이 더욱 타당하고 시의적절해졌다.

거샤넥 교수를 알고 지낸 지 25년이 넘었다. 그 동안 그는 해당 분야에서 전략 기획자, 연구자, 분석가, 작전가로서 탁월한 능력을 발휘했다. 그는 학술 연구 및 이론 영역과 동시에 작전 수행의 세계까지도 훌륭하게 통달하고 있으며, 그의 독특한 관점과 능력을 이 중요한 프로젝트에도 적용했다.

이 책은 중국 정치공작 위협의 역사와 본질에 대한 귀중한 연구이며 일종의 동원령이기도 하다. 미국이 최근 정치공작 전쟁터에 더욱 진지하게 임하기 시작한 가운데, 훨씬 더 많은 노력과 자원의 투자가 중요해졌다. 거샤넥 교수는 이 책을 통해 중국 정치공작 작전을 억지, 대치, 격퇴하기 위해 유용한 전략, 작전, 전술 수준을 제안하고 있다. 그리고 이 모든 것은 미국의 일관되고 성공적인 대응 방안 모색에 매우 중요한 작업이 될 것이다.

월레스 그렉슨(Wallace C. Gregson Jr.)
前 미 해군중장, 前 미 국방부 아시아태평양 안보담당 차관(2009-11)

옮긴이의 말

2021년 봄, 이 책의 저자 케리 거샤넥(Kerry K. Gershaneck) 교수를 화상 세미나에서 처음 만났다. 중국의 이념과 정치공작 대응 프로그램 (Countering PRC Ideological & Political Warfare Foundational Course) 의 일환으로 개최된 국제 세미나였다. 이 세미나에서 거샤넥 교수는 중국의 정치공작 사례를 중심으로 그 개념과 실체를 적나라하게 설명했다. 이런 인연으로 그의 책을 찾게 되었고 번역까지 결심하게 되었다.

이 책의 원제 Political Warfare(Strategies for China's Plan to "Win Without Fighting")는 손자병법의 부전승(不戰勝) 사상을 바탕으로 현대 중국의 정치전쟁을 파헤친 책이다. 말 그대로 '정치전쟁'이다. 선전포고를 하지 않고도 실제로는 전쟁을 하고 있는 셈이다. 책 제목을 뭐라고 번역할까 많은 논의를 거듭하여 '중국의 비열한 전쟁', '중국의 반칙전쟁', '중국의 변칙전쟁', '중국의 보이지 않는 전쟁' 등 다양한 제목이 거론되었다. 사실은 이 제목들이 모두 틀린 제목은 아니다. 선전포고를 하지 않은 채로 전쟁을 하는 행위는 비열하고 반칙이자 변칙이며 보이지 않는 전쟁이지 않은가. 학술적인 면과 외교적인 면을 고려하여 '중국은 지금도 전쟁을 하고 있다'라고 정했다.

이 책에서 소개하고 있는 중국 정치공작의 역사와 목표, 방법과 수단을 이해하고 중국이 태국과 대만에 행한 정치공작의 사례를 이해한다면 중국이 한국에 행한 각종 정치공작을 이해하는 데 큰 도움이 될 것이다. 역자는 2010년 한국의 천안함 사태 시기 중국이 보인 태도와 2016년 이후 한국이 사드(THAAD)를 배치하고 운용하는 과정에서 중국이 보인 정치공작 행태를 온몸으로 체험했다. 2010년 10월 베이징에서 중국외교학회 주최로 개최된 '한중 미래포럼'에서 역자는 "천안함 사태는 북한의 소행이며 이런 북한을 감싸는 중국은 국제규범과 상식에 벗어나는 국가이다"라고 강변하고 참석자들과 격론을 벌인 적이 있다. 이후 중국의 다양한 기관에서 접촉이 있었고 이들은 역자의 주장을 변화시키고자 '당근과 채찍'을 병행하는 교묘한 수법을 동원했다.

2016년 이후 한국이 미국의 사드를 한국에 배치하여 운용하는 과정에서도 중국은 정치, 경제, 사회, 문화 등 전 방위로 한국을 압박했다. 지금까지도 이어지는 중국의 행태에 대해 한국의 중국 전문가와 전략가들도 그 원인과 해결책을 제대로 제시하지 못하고 있다. 중국의 삼전(三戰), 중국의 초한전(超限戰), 중국군의 전략학(戰略學)에서 그 근원과 해결책을 찾고자 하나 명쾌하지가 않은 것이 사실이다. 기실 그 해답의 일부가 이 책(Political Warfare)에 있다고 자평한다.

케리 거샤넥은 미국 국방부에 몸담고 있으면서 중국의 정치공작의 최전선에서 치열하게 실전을 경험한 장교이자 학자이다. 그는 방첩 분야에 근무하면서 자국의 안전을 지킴과 동시에 중국의 교묘한 정치공작에 대응하는 노력을 아끼지 않았다. 그의 주 근무지였던 태국은 중국과 역사뿐만 아니라 지리적으로 밀접한 관계에 있어 중국의 정치공작에 쉽게 노출되었다. 저자는 이런 포인트를 놓치지 않고 면밀히 관찰하여 중국의 계속되는 정치공작 행위와 그 인과성을 찾아내려고 노력했다. 대만의 사례도 방문학자로 재직하면서 겪고 연구한 내용들을 소상히 기록했다.

한국의 안보 환경은 나날이 변하고 있다. 이전에는 북한의 위협만 제대로 대응하면 한국의 안보는 지켜졌다. 그러나 이제는 다르다. 미국과 중국이 치열하게 패권을 다투고 있는 상황에서 한국이 북한만 위협으로 치부할 수 없는 환경에 처하게 되었다. 이제 중국은 잠재적 위협에서 점차 실제적 위협으로 다가오고 있고, 해양과 공중에서는 때로 충돌 직전으로 치닫는 경우도 있다. 중국이 한국에 대해 정치공작을 더욱 본격화하는 이유도 여기에 있다. 한미동맹을 약화시켜야 하고, 반중감정과 정책을 포기시키고 친중적인 정부를 수립해야 할 필요가 있기 때문이다.

선전포고를 하지 않은 채 가해지는 중국의 정치공작을 이해하지 못하면 싸워보지도 못하고 패배하는 결과를 초래하는 것은 불문가지이다. 이제 한국군의 간부들은 중국인민해방군을 이해해야 한다. 그리고 중국의 정치공작을 직시해야만 한다. 군 간부뿐만 아니라 정치 지도자, 기업가, 언론인, 문화예술인도 중국의 정치공작에 말려들지 않기 위해서 이 책을 읽어야 한다. 이 책은 중국의 정치공작을 이해하고 궁극적으로 현재 및 미래의 안보위협에 대응하는 좋은 참고서가 될 것이다.

이 번역서는 온전히 박사과정 첫 학기의 바쁜 일정에도 혼신의 노력을 다 해준 임다빈 님의 노력의 산물이다. 깊이 감사드린다.

2022년 봄
이창형

POLITICAL WARFARE

목차

들어가는 말 • 15

1장 중국의 보이지 않는 전쟁　　　　　　　　　　27

2장 정치공작이란 무엇인가　　　　　　　　　　　41

3장 중국 정치공작의 역사 되짚어보기　　　　　　67

4장 중국이 정치공작을 수행하는 법　　　　　　　89

5장 태국에 대한 중국의 정치공작: 적에서 아군이 되기까지　　105

6장 중국은 태국에게 무엇을 얻고자 하는가　　　141

7장 대만에 대한 중국의 정치공작: 차가운 전쟁인가 차가운 평화인가　　161

8장 '하나의 중국'을 위한 중국의 정치공작　　　209

9장 어떻게 대처할 것인가　　　　　　　　　　　233

주석 • 247
찾아보기 • 277

들어가는 말

정치공작*은 새로운 현상이 아니다. 이 작전은 수천 년에 걸쳐 행해졌으며, 중국만의 것도 아니다. 그럼에도 중국은 유난히 지독한 방식의 정치공작에 뛰어나다.

중국의 정치공작은 특수한 도전 그 이상을 내포하고 있다. 바로 미국과 우호국들, 동맹국들에 대한 실존적 위협을 보여주기 때문이

---

* **옮긴이_** 원저의 핵심 개념인 "political warfare"를 "정치공작"이라고 번역한다. 물론 해당 개념은 정치전(쟁), 정치사업, 정치공작 등 다양한 방식으로 번역될 여지가 있다. 중국적 맥락에서 해당 개념을 살펴보면, 중국의 국어사전에서는 "정치공작(政治工作)"을 "정치 방면의 공작(사업)을 뜻하며 사상공작, 조직공작, 선전공작 등을 포함함"며, 정치공작은 "모든 공작의 생명선"이라고 정의하고 있다. 대만교육부의 국어사전에서도 "정치공작(政工, zhèng gōng)" 개념을 찾아볼 수 있었다. 대만의 정의는 보다 구체적인데, "정치전쟁(작전)의 목표를 달성하기 위하여 군 내부의 인원과 부대가 동일한 사상적 보조를 맞추는 것을 말하며, 이는 군대(부대)의 정신이기도 하다"고 서술돼 있다. 그리고, 한국의 표준국어대사전을 살펴본 결과, "공작"은 "어떤 목적을 위하여 미리 일을 꾸밈"을 뜻하며, 이에 따라 "정치공작"은 "정치적인 이익을 위하여 꾸미는 공작"이라고 정의되고 있다. 옥스퍼드의 렉시코(LEXICO)의 사전적 정의를 따르면 "political warfare"는 "propaganda against another state, especially as a campaign in a military war," 즉 타국을 공격하는 프로파간다(선전)이며 특히 군사전에서 활용되는 작전이다. "political warfare"는 전쟁도 아니고 그렇다고 해서 사업이라고 칭하기에도 무리가 있다. 전쟁이라 정의하기에 과하며 정치사업이라고 하기엔 그 무게가 경미하기 때문이다. 여러 논의와 숙고의 결과, 본 역서에서는 기본적으로 "political warfare"를 중국의 부전승 사상을 바탕으로 한 공작이라고 이해하며, 이에 따라 "정치공작"이라고 번역하게 되었음을 미리 밝힌다. 각 사전적 정의에 대해서는 다음 웹사이트들을 참조하였다. (중국) https://www.zdic.net/hans/政治作戰, (대만) https://dict.revised.moe.edu.tw/dictView.jsp?ID=117750&la=0&powerMode=0, (국문) https://opendic.korean.go.kr/dictionary/view?sense_no=792938&viewType=confirm (영문) https://www.lexico.com/definition/political_warfare.

다. 중국공산당은 민주주의, 법치주의, 언론의 자유, 인권과 같은 개념에 대한 경멸을 더 이상 감추지 않을 뿐만 아니라 자신들의 전체주의 모델에 기초한 새로운 세계 질서를 만들고자 하는 의도를 숨기지 않는다. 정치공작은 중국공산당이 미국에 대항하기 위해 채택한 주요 수단이다. 투쟁 없이 이기는 것이 아니라 개방된 곳에서의 물리적 분쟁에 의지하지 않고도 이기는 것이야말로 중국이 승리를 위한 방법이다.

중국의 의도에 대한 이런 관점은 단지 이론적 추측인 것만은 아니다. 중국은 매일 미국과 타 국가들을 전복시키고 격퇴하고자 하는, 중국공산당의 언어를 빌리자면 '분열과 해체'를 위한 열정과 능력을 보여준다. 이 책에서는 이러한 의도와 역량이 매우 자세하게 다뤄지며, 여기에는 미국의 조약국인 태국을 흡수하고 미국과 특별한 관계를 맺고 있는 대만을 탈취하기 위한 중국의 작전 사례연구도 포함되어 있다.

특히 태국을 상대로 한 중국의 복잡하면서도 성공적인 정치공작에 놀랄 것이다. 그리고 대만을 손에 넣기 위한 끊임없는 노력과 악랄함에도 놀랄 것이다. 이러한 작전들에서 중국의 승리는 어떤 결과를 가져오게 될까? 태국은 중국에게 조공국(tributary-state) 지위를 양도할 위험이 있고, 대만은 주권체로서의 자신이 사라질 위험, 어렵게 투쟁해왔던 자유의 상실, 대만 사람들에 대한 무자비한 억압에 직면해 있다.

특히 우려되는 것은 우리를 분열시키고 해체하려는 중국의 전쟁에서 우리가 승리하지 못하고 있다는 사실이다. 승리는 당연한 것이 아니다. 심지어 현재 승리가 보이지도 않는 불투명한 상황이다.

이런 현실이 이 책을 쓰게 된 주된 이유이다. 미국에 있는 우리는 필연적인 패배로 보이는 상황을 역전해야 한다. 이런 상황은 우리로 하여금 중국의 위압적인 정치공작 위협을 억제, 대항하고 물리칠 수 있는 방법을 다시 배울 것을 요구한다. 하지만 무엇보다 한 국가로서 우리는 그 위협을 기꺼이 그리고 충분히 인식할 수 있어야 한다. 이 글은 명백한 현상을 조명하는 것으로 보일 수도 있겠으나, 당면한 과제는 눈에 보이는 것보다 훨씬 더 어려운 일이다.

정치공작을 연구하고 이 책을 집필하는 데는 1년여의 시간이 걸렸지만, 이 책은 35년 이상의 경험과 연구의 정점이라고 해도 과언이 아니다. 남베트남, 캄보디아, 라오스가 중국을 배후에 둔 공산세력에게 함락된 직후, 냉전이라는 특히 암울한 시대에 필자는 젊은 해병대 방첩 요원으로 중국의 영향력 작전 대응 팀에 투입되었다. 당시 필자는 중국과 소련이 수행했던 정치공작을 연구했고, 그들의 첩보 활동, 방해 공작, 전복에 대한 접근법을 배웠다. 이후 비록 작은 조수 역할이었지만 아시아와 다른 지역에서 그들의 정치공작과 첩보 활동에 대항하는 일에 일조할 수 있는 절호의 기회를 가졌다.

그 시대에는 미국의 경제, 산업, 뉴스 언론 지도자들뿐만 아니라 미국 정부 대부분의 고위급 안보 및 외교 관료들이 적어도 중국의 적대적인 위협에 대한 기초적인 이해를 가지고 있었다. 그래서 당시의 정치공작 대응은 비교적 쉬웠다. 그러나 오늘날 우리는 그렇게 운이 좋은 상황이 아니다.

필자는 훗날 정보 및 방첩, 전략소통, 국제관계 및 학계에 폭넓게 참여하는 경험을 쌓았고, 이는 정치공작이라는 주제에 관해 글을 집필하는 데 탄탄한 기반이 되었다. 미 정보국에서 근무했던 경험은 해외의 미국 정보사무소에서 임무 수행 중에 익혔던 국방장관실 연락장교 관련 경험들만큼이나 중요했다.

책을 집필하기까지, 고무적인 경험들이 많았지만 그 과정은 때때로 매우 실망스러운 현실을 드러내기도 했다. 다음은 필자가 생각하는 몇 가지 불안한 통찰들을 간략히 개괄할 것이다. 이 통찰을 통해 정치공작을 주제로 한 책이 있다면 유의미한 가치가 있을 것이라고 확신하게 되었다.

첫째, 중국공산당은 정치공작을 꽤나 잘 구사하는 반면 현재의 미국은 그렇지 못하다는 점이다. 물론 미국도 냉전 기간에는 정치공작을 잘 수행했다. 그러나 소련에 대한 승리를 선언했고, 이는 사실상 '역사의 종언'을 선언한 것과 다름없었다. 우리는 단극의, 위협적이지 않은 세상에 살고 있다. 결국 우리의 초석이었던 정치공작 기관들과 관련 능력은 폐쇄됐고 30여 년 동안 경계를 늦추었다. 그러면서 공격적, 방어적 정치공작 기술들은 쇠퇴했다. 급진 이슬람과의 전투에 약간의 노력을 들이고 러시아를 묵인하는 동안 가장 큰 위협인 중국에게는 거의 집중하지 않았던 것이다.

둘째, 이 30년이란 시간 동안 우리는 선출직 공무원과 정책결정자들, 군과 외교부 직원들, 기업, 산업, 연예, 상업, 뉴스 미디어, 그리고 학계 지도자들을 적대적인 정치공작의 본질인 끝없는 투쟁에 어떻게 대비시켜야 하는지 그 방법을 망각했다. 냉전 종식 후, 미국의 다수 엘리트들은 정치공작으로 인한 위험과 대응 방안에 대한 안내가 전혀 없는 상태에서 요직에 올랐다.

1992년 이후, 전통적으로 미국의 외교관, 선출직 공무원, 군 지도자들을 배출하던 대학 커리큘럼에서 정치공작 관련 강좌들이 사라졌다. 그 결과 국가 지도자들에게 정치공작 위협에 대해 교육하고 미리 정치공작 전략과 전술을 익히게 하는 체계적 방법이 사라졌다. 실제로 필자는 최근에 석사학위를 받은 학생들뿐 아니라 미군 지휘부, 참모 대학들과도 정기적으로 면담을 진행하곤 하는데, 예외 없이 이들 모두는 일반적으로 중국이 위협적 상대가 아니라 '파트너'라고 배웠다고 한다. 그리고 그들은 소프트, 하드 파워에 대해서는 어느 정도 배우지만 정치공작에 대해서는 아무것도 배우지 못했다고 전했다.

필자가 직접 관측한 어느 결과에 따르면, 다수의 미국 정부 관계자 및 정부 인사들은 정치공작을 전혀 인지하지 못하고 있다. 주요 임무 수행을 위해 아시아에 파견됐던 고위 관계자들은 필자의 2018년 연구를 도왔었는데 그들이 말하길, (적어도 정치공작의 존재를 인지하고 있는 사람들이라 하더라도) 정치공작은 '너무 복잡하다'거나 '최소한의 문제' 정도로 여긴다고 했다.

게다가 정부와 민간 부문의 많은 사람들은 전형적인 관료주의적 방식으로 이를 대하고 있어 적대국들이 미국을 상대로 벌이는 정치공작을 '중요하지만 내 일은 아닌' 것으로 여긴다. 전 백악관 국가안전보장회의(NSC) 고위급 관계자였던 로버트 스팔딩(Robert S. Spalding Ⅲ)은 그의 저서 『중국은 괴물이다(원제: Stealth War: How China Took Over while America's Elite Slept)』에서 민간 부문과 정부 관료들에게 중국의 악의적 영향력에 대항하도록 요청했을 때 이른바 '내 일이 아니야(not my job)' 신드롬을 겪었던 일을 소개하며 그의 뼈아픈 경험을 상세히 설명하고 있다.[1]

미국은 정부와 제도 면에서 중국의 정치공작 위협을 인지하고, 엘리트와 관료들을 교육하여 여기에 필요한 자원을 채택하고, 정치공작을 저지·대항·격퇴할 작전을 계획 및 수행할 수 있는 능력을 상실했다. 다시 말해서 정보 전쟁터에서 패배할 만한 완벽한 조건을 만들어온 셈이다.

셋째, 때때로 우리가 중국 정치공작을 인지, 대응하지 못하는 것은 단순히 무지와 무능 때문이라는 점이다. 그러나 이는 종종 고의적이기도 하다. 포섭, 강요, 뇌물, 세뇌, 협박 또는 심리 조작의 영향을 받은 결과이기 때문이다. 광범위한 정치공작 지식을 보유한 저명한 안보분석가 그랜트 뉴샴(Grant Newsham)은 중국공산당이 자신들의 전체주의 체제를 지원·작동시키고, 변호하고, 또는 감추기 위한 의식적 결정 조건을 스스로 어떻게 설정하는지 설명한다. 뉴샴은 중국인들이 '표적의 취약점'을 이해하고 '미국의 탐욕, 무지, 순진함, 허영심, 자만심'을 이용한다고 보았다. 그는 중국이 "광범위한 전선에서 미국의 기업과 월가, 정부 관계자들과 정치인, 학계, 심지어 미군 지도자들을 성공적으로 조종하면서 공격을 가했다"고 언급했다.[2]

넷째, 중국공산당은 단순히 의지적 행동을 지시하는 것이 아니다. 중국공산당은 사람들의 행동을 좌우한다. 정부, 기업 및 학계의 최고위급에 오른 미국인들은 중국의 심리적 조종에 놀라울 정도로 취약한 것으로 밝혀졌다. 미국 정부, 특히 국무부와 국방부에 대한 필자의 경험에서 미국 사회구조의 중요한 단면을 보여주는 사례들을 발견할 수 있었다. 다음의 일화들은 중국 정치공작이라는 도전 속에 '국가라는 배(ship of state)'를 올바른 방향으로 전환시키기 위해 미국이 처한 문제들 중 몇 가지를 조명한다. 저자는 그 경험들이 누적되어 이 책 작업을 추진하게 되었다.

2017년 8월 『포린폴리시(Foreign Policy)』는 충격적인 폭로라고 할 만한 기사를 실었다. 기사 헤드라인의 일부는 "안개 낀 강 하부가 중국에게 설명할 수 없는 존경을 보였다(Foggy Bottom has shown inexplicable deference to Beijing)"고 선언하고 있다. 기사의 저자는 미 국무부가 "위험하게 중국을 향해 기울기 시작했다"고 주장했다.

그리고 그 기점이 2017년 1월 이후부터라고 지적했다.[3] 여기서 미국무부가 중국에 기울기 시작했다는 의혹은 타당하다. 하지만 기사에서 제시한 시기는 잘못된 내러티브를 제공하고 있다. 국무부 주요 인사들은 수년간 중국에 상당히 순종적으로 보였다. 이 상황을 너그럽게 표현하자면 이들은 정치공작과 같은 악의적 활동을 신경 쓰지 않는 듯 보였다. 그게 아니라면 미 국무부 동아시아태평양 차관 대행이자 직업 외교관인 수잔 손튼(Susan Thornton)이 왜 2018년 말에 미국에서 중국의 비밀스런 영향력 행사에 대한 "그 어떤 증거를 본 적이 없다"고 단언했는지 설명할 길이 없다.[4]

이상하게도 손튼이 그 발언을 할 무렵 연방수사국(FBI)과 중앙정보국(CIA)에는 중국이 미국 여론에 영향을 미치기 위해 행한 대규모 캠페인 관련 증거들이 넘쳐났다.[5] 워싱턴에서 중국 정책을 담당하고 있던 손튼이 어떻게 이런 설득력 있는 증거들에 부주의할 수 있었는지 의문이다. 그리고 왜 그녀가 NSC 고위급 인사가 주장하고 이 책에서도 자세히 설명하고 있는 일, 즉 '중국이 지속적으로 미국의 주권과 법 침해에 대처하려던 자국의 사법기관들을 거듭 부적절하게 차단하려고 했는지에 대해서도 명확하지 않게 된다.'[6]

2016년 12월, 필자는 방콕 주재 미국대사관의 미 대사 대행과 75분 동안 토론을 진행했다. 당시 대사 대행은 '러시아 선거 개입'이 미국에 가장 큰 위협이 되는 반면 '중국의 정치공작은 위협이 아니며 우리[미국]가 감당할 수 있다'고 발언했다.[7] 그가 중국 위협을 왜곡해 평가한 것만으로도 매우 걱정스럽지만 사실 애초에 사무실을 방문한 이유부터가 걱정스러운 일이었다.

사무실을 방문하기 2개월 전인 2016년 10월에 필자는 정치공작에 관해 브리핑해달라는 미 하원 대표단의 요청에 따라 방콕 주재 미국대사관을 방문했었다. 당시에 필자는 태국의 탐마삿 대학교(Tammasat University)와 태국 왕립육군사관학교 교수로 재직 중이었으며, 그 곳에서의 3년 동안 태국에 대한 중국의 정치공작 작전들에 대해 필자만의 통찰을 얻었다. 이를 토대로 미 하원 대표단을 대상으로 이 저서의 5장, 6장에서 다루는 내용들을 두 시간동안 강의했다.

강의 시작 10분 전 즈음 미 하원 대표단을 에스코트하던 대사관 직원들은 동요하기 시작했다. 논의가 시작된 지 25분 만에 그들은 굉장히 신경질적인 태도를 보였다. 그들은 필자의 말을 끊고 대표단을 내보내려 했다. 대표단장이 침착하게 대사관 직원들의 불만을 잠재운 후에야 우리는 두 시간 동안 매우 유익한 토론을 마쳤다. 왜 대사관 직원들은 그런 태도를 보였을까? 대사관의 한 측근에게 들은 바로는 대사관의 젊은 직원들은 필자가 "중국에게 너무 심하다"고 느꼈기 때문이라고 했다. 이유를 알게 되자 필자는 젊은 직원들보다 대사 대행의 관점이 더 깨우쳐지기를 바라면서 그에게 면담을 요청했다. 그리고 면담 끝에 그들은 결국 자각하지 못할 것이란 사실이 분명해졌다.

다른 사례를 소개하자면, 몇 년 전 버지니아 알링턴 소재의 국립외교연수기관에서 객원 강사로 있던 시절에 겪은 일화가 있다. 당시 필자는 강사들에게 그들이 국무부 공보 담당자들을 교육하기 위해 사용했던 교과 과정에서 중국 정치공작에 대해 가르칠 것을 요청했으나 그들은 필자의 의중을 파악하지 못했다. 당시 강사들은 국무부의 전략 소통관을 양성하고 위험한 정보전에서 경쟁하고 승리할 수 있도록 협조할 책임이 있었다. 그럼에도 그들은 **정치공작**(*political warfare*)이란 용어의 의미조차 이해하지 못하고 있었다.

1995년 이래 미국 고위급 외교관들과 함께 참석해왔던 수많은 회의와 학회에서 필자는 중국의 전체주의적 거버넌스, 팽창주의적 성격, 또는 글로벌 정치공작에 우려를 표명하는 사람들에 대해 '냉전적 사고방식(cold war mentality)'이라고 조롱하는 이들을 많이 겪었다. 중국이 미국과 '전쟁' 중임을 공식 인정했음에도 외교가에서는 '냉전적 사고방식'으로 중국을 보는 사람들을 비난하는 일이 가장 심한 조롱일 정도였다. 젊은 외교관들은 고위급 외교관들에게서 국무부 조직 문화에서 성공하는 방법을 배운다. 일반적으로는 선배 외교관들로부터 중국에 대한 우려를 감추는 법을 터득한 외교관들이 고위직으로 승진하는 경우가 더 많다.

물론 미 국무부는 최근 들어 수십 년간의 무지와 무관심, 중국에 대한 유화 전략을 바꾸기 시작했다. 하지만 아직도 갈 길이 멀다. 불행하게도 미 국방부 쪽 상황은 최근까지도 크게 나아지지 않았다.

국방대학교, 지휘·참모 대학, 국방정보학교 등과 같은 국방 교육 기관에서는 중국의 광범위한 글로벌 정치공작에 대한 체계적인 교육이 사라졌다. 필자가 국립외교연수기관을 방문한 것과 유사한 경험을 소개하자면, 메릴랜드에 있는 국방정보학교에 초청 강연을 하고 사무실에서 학교장과 면담을 한 적이 있다. 필자는 학교에서 중국의 선전, 언론전 그리고 다른 형태의 정치공작에 대처하기 위해서 국방부의 전략 소통관들을 대비시키는 교육 프로그램이 필요하다고 말했다. 그러나 당시 학교장은 윗선의 지시 없이는 그런 프로그램을 시작할 수 없다고 알려주었지만, 윗선에 그런 요청을 하지 않을 것이란 사실이 학교장의 말과 어조에 내포돼 있었다.

마찬가지로 국방부 내에서는 수년간 정치공작, 남중국해나 동중국해로의 팽창, 또는 중국군(PLA)의 점증하는 위협, 중국 위협의 본질에 대해 솔직히 말하는 일이 사형선고에 가까울 정도로 어려운 일이었다.

예컨대 미 합참의장 레이먼드 오디에르노(Raymond T. Odierno) 장군은 베이징 방문 기간 동안 미 육군-PLA 간의 우애를 환호하며 갈채를 보낸 적이 있다. 동맹국들이 놀라자 장군은 이웃 국가 일본을 향한 중국군 위협의 증거를 전혀 보지 못했다고 자신 있게 선언하기도 했다.[8] 그에 반하는 증거들이 공개적으로 많았는데도 말이다. 당시에는 중국 군이 일본 남서부 섬들에 대한 위협의 증거와 군사작전을 준비하는 증거들이 넘쳐났었다.[9] 물론 미 육군의 대규모 G-2 정보요원들이 이를 포착하지 못했을 수는 있다. 하지만 구글은 아니었다.

심지어 프랜시스 위르친스키(Francis Wiercinski) 미 육군 태평양 사령관은 2013년 미군에게 "중국군이 더 이상 위협이 되지 않는다"고 선언한 바 있다. 그리고 중국에 비즈니스 이해관계가 있었던 부합참의장 출신 윌리엄 오웬(William A. Owen) 해군제독은 2012년 미국의 대만 무기 판매를 중단시키고자 의회와 펜타곤에 중국 로비를 수행하기도 했다.[10]

한편, 미국 고위급 정보요원들 중에서 중국의 위협에 대해 의견을 제시했던 경우도 있었지만 이들은 주로 침묵을 강요당했다. 예를 들어 당시 미 해군 태평양 함대 정보국장이었던 제임스 파넬(James E. Fanell)은 저명한 중국 전문가로서 2013년과 2014년에 두 차례 대중 연설을 했고, 여기서 남·동중국해에서 드러나는 중국군의 팽창주의적 활동을 밝혔다. 해군 지도부는 파넬이 그의 개인적인 의견을 바탕으로 연설을 행하는 것이라는 이유로 이를 승인했다. 그러나 그의 의견은 중국군이 위협이 아니라는 오바마 정부의 입장을 반박하는 셈이었다. 미 정부의 고위급 관료는 즉각 연설 내용을 비판했고 파넬은 결국 해고됐다.[11] 그는 위협을 파악하고, 해당 위협이 미 국가안보에 어떤 의미인지 분석하고, 진실을 말할 수 있는 도덕적 용기를 보여주었다. 그러나 그는 단지 할 일을 했다는 이유로 해고되었다.

다수의 국방부 교육기관들이 오랫동안 중국이라는 위협을 경시했다는 사실은 놀라운 일이 아니다. 필자는 2019년 7월 한 학회에서 미 육군전쟁대학(AWC)을 갓 졸업한 졸업생 두 명과 대화를 나눌 기회가 있었다. 장교들은 "미국 육군전쟁대학이 중국의 위협에 매우 관대하다(soft)며 학생들은 그곳에서 '중국의 정치공작'에 대해 아무것도 배우지 않는다"고 말했다. 게다가 육군전쟁대학 학술지인 「파라미터(Parameters)」는 '선전 및 잘못된 정보 대응' 관련 논문들을 극찬하며 장차 장군이 될 학생들의 사고에 영향을 미치곤 하는데, 이들 논문에서는 단 한 번도 중국이 언급되지 않았다.[12] 여기서 비롯되는 눈덩이 효과는 놀랄 일이 아니다. 2018년 육군전쟁대학 졸업생으로 추정되는 미 육군 고위 장교들이 랜드연구소(Rand Corporation)와 계약해 355쪽 분량의 현대 정치공작 연구를 진행한 경우가 있는데, 이 연구에서는 의도적으로 중국 위협에 초점을 두지 않았다. 실제로 보고서에서는 해당 연구에서 주안점을 둔 국가 목록에 중국을 포함시킬 수는 있었으나 의식적으로 다른 부분에 집중하기로 결정했다고 서술하고 있다.[13]

『중국은 괴물이다』의 저자 스팔딩은 중국공산당의 악의적 영향력에 대한 고의적인 묵인이 얼마나 심각한지 지적했다. 스팔딩은 NSC를 대표해 미국에서 '중국을 상대하는 주요 싱크탱크, 비정부기구, 법률, 감사, 홍보 업체 등'과 협력하고자 했고 '중국 정부의 영향력 작전을 폭로하고 불법 활동을 제재하는 일에 그들의 도움을 요청하고자' 했다.[14] 놀랍게도 그는 대부분 거절을 당했다. 스팔딩에 따르면 NSC 지원이 '중국 투자자나 기업 고객들을 화나게 할 수도 있다'는 우려를 일부 사람들에게 전해 들었다고 한다. 필자와 공개적으로 연관되는 것을 거부한 단체들도 있다. 바로 뉴욕 최고의 상류층 법률회사들이다. 민주주의, 자유, 인권 증진에 애쓰는 기관들은 필자의 '정치공작 관련' 임무를 지원하지 않을 것이다.'[15] 그런 기관 및 엘리트들에게 중국은 이익이 되었고, 그들은 그 관계가 드러나는 것을 원치 않았다.

하와이의 유명한 싱크탱크에서 일하며 스팔딩이 『중국은 괴물이다』에서 묘사했던 상당수 일들을 필자가 직접 목격하기도 했다. 대부분은 모두 가치가 부패한 현장이었으며 중국 정치공작과 첩보 활동에 고의적으로 무지한 모습을 보여주었다. 필자는 중국이 선출직/정부 공무원, 기업, 학술기관, 비정부기구, 시민단체들을 조종하는 것을 지켜보았다. 이처럼 상당히 성공적인 중국 정치공작 작전은 오늘날까지 계속되고 있다.

이런 일화들은 미국과 동료 민주주의 국가들과 동맹국들이 중국 정치공작에 대항할 때 직면할 도전 요소의 일부만을 보여주고 있다. 훨씬 더 본질적인 정보들이 이 책에 담겨 있고, 인용된 저자 및 기관 발간물에도 더 다양한 정보가 담겨 있다. 그러므로 이 책이 독자들의 관심을 자극하여 중국 정치공작에 대한 지식을 넓히기 위해 다른 문헌들을 찾아보기를 바란다.

이 책은 독자들이 중국 정치공작이라는 실재하는 위협을 억제, 대응, 격퇴할 수 있는 능력을 기르기 위해 중국 정치공작의 본질을 이해할 수 있도록 도와줄 것이다. 만약 우리가 중국의 전체주의적 통치와 미국을 분열, 파괴하려는 계획에 대항하지 못한다면 우리는 위험한 미래에 직면하게 될 것이다. 그리고 우리의 자녀들 그리고 그들의 후대는 현 세대의 오만한 무지로 인한 엄청난 대가를 치러야만 할 것이다.

1장
중국의 보이지 않는 전쟁

An Introduction to PRC Political Warfare

POLITICAL WARFARE

중국은 세계와 전쟁을 벌이고 있다. 그것은 주로 강압, 부패, 폭력적인 비밀 작전을 활용하여 통제력과 영향력을 위한 전쟁이다. 중국은 이 전쟁에서 총을 겨누지 않고서도 승리하기를 원한다. 하지만 점차 강해지고 있는 군사 및 준(準)군사 병력은 영향력 전쟁의 팽창을 조용히 지원하면서 어렴풋이 불길한 모습을 보이고 있다.

중국공산당 지도부는 '미들킹덤(the Middle Kingdom, 中原)으로서의 중국'에서 과거 제국주의적 위엄을 '부활'시켜 다시 한 번 최고의 패권을 누리는 '천하'가 되기 위해 이 전쟁을 벌인다. 다시 말해 이 전쟁은 중국이 역사적으로 '야만국'이라고 불러온 주변국 및 전 세계 타국의 인구와 자원뿐만 아니라 중국의 인구, 자원에 대해서도 완전한 통제력을 확보하기 위해 중국공산당이 벌이는 전쟁인 것이다.[1]

고대 중국의 전성기 시대(the Celestial Empire, 天朝) 황제들과 마찬가지로 중국공산당은 이 야만국들을 '중국의 헤게모니를 인정하는 조공국'이거나 '잠재적 적국'으로 여긴다. 시진핑 주석의 '중국몽(China Dream)'에 반영된 평화적 민족 부활이라는 숭고한 목적에도 중국공산당은 국가 간 평등을 바라는 마음이 없다. 오히려 중국공산당은 모든 것을 아우르는 자신들의 문명을 다른, 약소국들에게 강요하려고 한다. 중국몽의 이념적 기반은 결국 전체주의이자 레닌주의이며 마르크스주의적 원칙에 바탕을 두고 있다.[2]

중국공산당에게 있어 현재의 전쟁은 지역적, 글로벌 패권을 위한 전면전이며 군사전, 경제전, 정보전, 정치공작의 요소들까지도 포함한다. 특히 중국의 정치공작은 본질적으로 공격적이면서도 방어적인 성격을 띠며, 국제적인 규모로 행하는 무제한적 전쟁의 양상을 보인다.[3]

이 책을 본격적으로 읽어보기 전에 다음과 같은 몇 가지 핵심 질문들에 답을 구해보는 것이 매우 중요하다. 중국이 지역적 패권을 추구하고 궁극적으로는 글로벌 패권을 추구하는 것이 왜 중요한 문제인가? 왜 세계는 중국의 선전매체 및 해외 지지자들이 자주 사용하는 '부상하는 중국'이라는 용어를 받아들이지 못하는가? 왜 세계는 세계 초강대국으로서 미국을 대체하려는 중국의 장기적 전략을 걱정해야 하는가? '중국의 평화적 부상'과 '중국 주도의 세계질서'라는 중국공산당의 목표에 왜 두려워해야 하는가?[4]

답은 간단명료하다. 중국은 강압적이고, 팽창주의적이며, 초국가주의적(hyper-nationalistic)이며, 군사적으로 강하며, 잔인하게 억압적이고, 파시스트이며, 전체주의 국가이다. 퇴역한 미 해군 제임스 파넬(James E. Fanell) 대령에 의하면, "세계는 중국과 같은 팽창주의적 전체주의 정권이 도전받지 않고 견제되지 않았을 때 어떤 일이 벌어지는지 목격해왔다. 이런 유형의 패권적 질서에서 사람들은 단지 국가의 피지배자, 즉 소유물일 뿐이며 민주주의, 양도 불가한 권리, 제한된 정부, 법의 지배와 같은 이상들은 설 자리가 없다."[5]

개인이 국가의 피지배자로만 인식되고, 언론매체·경제 부문·교육 기관 통제, 정부의 지휘 체계와는 분리된 일당체제, 견제와 균형의 부재, 우상숭배와 군국주의, 초국가주의와 공격에 명분을 주는 굴욕에 대한 역사적 내러티브와 같은 전체주의 특징들을 여기서 일부 다룰 필요가 있다. 전 세계는 위와 같은 결정적 특징들을 20세기 레닌과 스탈린의 소련, 히틀러의 독일, 무솔리니의 이탈리아, 제국주의 일본, 폴 포트의 캄보디아와 같은 국가들을 통해 목격했다. 중국공산당 설립 훨씬 이전부터 이런 정치적 구조와 내러티브가 확립되어 중국과 같은 제국 및 독재 정권을 위한 통치의 틀이 형성되었다. 전체주의적 파시즘의 측면에서는 무언가 새롭거나 중국만의 고유한 특징이랄 것은 없다.

그러나 현대판 전체주의인 중국의 파시즘이 야기하는 위험은 전례가 없었다. 캐나다의 권위 있는 프레이저연구소(Fraser Institute)에 따르면, 현대 기술의 힘과 대규모의 정치, 군사, 경제력에 대한 중국의 신속한 융합은 중국을 '세계 자유에 대한 가장 큰 위협'으로 자리매김하게 한다.[6]

중국은 세계 자원을 통제하는 데에 열중하는 패권이 되었다. 이는 표면적으로는 중국에 득이 되는 일이지만 실제로는 중국공산당원 14억 명 중 약 9천만 명을 위한 것이다. 베이징 대학교의 2016년 연구는 중국의 부의 불평등을 보여주는 단적인 지표를 보여준다. 이 연구에 따르면 "가장 부유한 가정 1%가 국가 전체 부의 1/3을 보유하고 있는 반면, 가장 가난한 25%는 전체 부의 1%만을 보유하고 있다"고 밝혀졌다.[7]

중국공산당은 민주주의 체제의 개방성을 효과적으로 활용하여 민주주의 국가들에 대한 패권을 달성할 수 있다는 것을 입증해왔다. 중국공산당은 투쟁이 전혀 없는 것은 아니지만 가능하다면 물리적 충돌 없이 평화롭게 패권을 달성하는 것을 선호한다. 그러나 중국은 매우 큰 대가를 치러야 하더라도 패권전쟁을 벌일 만큼 강하고 자신감에 차 있다는 것을 지속적으로 시사해왔다.[8]

중국은 2030년까지 미 해군력의 약 두 배에 달하는 해군을 건설하고 현재 미국 본토 전체를 감당할 수 있는 3차 핵 타격 능력에 극초음속 미사일을 장착해 나가고 있다. 이럴수록 중국은 국제법을 무시하고 부패와 강압에 의존해 외교·경제·군사적 목표를 달성하고 있다.[9] 미국의 외교안보협의회(CFR)의 엘리 래트너(Ely Ratner)에 따르면, 중국의 전략은 '중국의 행동에 집단적 우려를 표할 수 있는 지역 기구들을 균열시키고 통제'하는 일과 '합법적으로 자원을 추출하고 주권을 수호하려는 아시아 해양 국가들을 위협하는 일'을 포함한다.[10]

중국의 정치공작 기구는 지역과 글로벌 패권 추구를 위한 핵심 무기이다. 정치공작이라는 독특한 노선을 잘 보여주는 사례로 무자비한 국내적 탄압을 들 수 있다. 국제사면위원회와 미국을 포함한 각국 정부와 정부 기구들은 최소 100만 명의 위구르인을 '재교육 캠프'에 수감시킨 일로 중국을 비난하고 있다.[11] 사실 위구르인과 여타 무슬림 종파들에 대한 억압은 훨씬 더 교활한 방식의 일부에 불과하다. 『워싱턴포스트(The Washington Post)』는 "기독교인 및 티베트 불교신자 탄압을 수반한 중국의 조직적인 반(反)이슬람 캠페인이 세계에서 가장 큰 규모로 종교적 자유를 공식적으로 공격했음을 의미할 수 있다"고 전했다.[12]

그러나 중국 내 정치 탄압은 종교적 탄압과 사상 통제보다 훨씬 더 치명적이고 잔인하다. 중국공산당은 대약진(1958-62), 문화대혁명(1966-76)과 같은 대규모 테러 사태 기간에 발생한 수백만 중국인들의 죽음과 1989년 천안문 광장 대학살과 같은 소규모의 잔혹 행위들에 책임이 있다. 홍콩 소재 역사학자 프랑크 디쾨터(Frank Dikötter)는 중국의 아카이브에서 발견한 내용에 근거하여 대약진 기간만 주목해도 '중국 농민들에 대한 조직적 고문, 만행, 기근과 살해' 행위가 일반적이었음을 확인했다. 4년이라는 시간동안 중국에서는 4500만 명 이상의 사람들이 '강제노역, 기근, 구타로 인해 사망'했고, 문화혁명의 경우 최소 100만 명이 더 살해되었다. 1950년대 토지개혁과 반우익 운동과 같은 다른 정치운동으로 인해서도 100~200만 명이 추가로 사망했다.[13] 이 살인적인 탄압 행위에는 '공산 당원들이 실질적으로 돈을 벌 수 있는 장기를 얻기 위해' 파룬궁(Falun Gong)의 관계자들과 다른 양심수(prisoners of conscience)들을 대량 처형했던 사례들도 포함된다.[14] 중국공산당 정치공작에 의해 직·간접적으로 희생된 사람들의 추정 수치는 논쟁이 되고 있지만 마오쩌둥 집권 기간만 해도 희생자는 7천만 명에 이른다.[15]

중국공산당이 자국 내 대량 살인에 대해 어느 정도 책임이 있음에도 여전히 그들은 중국 내 권력의 고삐를 단단히 쥐고 있다. 심지어는 가장 살인적인 탄압을 자행했던 인물인 마오쩌둥을 우상화한다. 2019년 10월 중화인민공화국 건국 70주년 기념행사에서 시진핑과 중국공산당은 마오쩌둥에게 전례 없는 존경과 충성을 보여주었고 『차이나데일리(the China Daily)』가 이를 묘사한 기사는 바로 마오쩌둥에 대한 중국공산당의 지속적인 찬양의 단적인 예를 보여준다.[16] 결국 스탈린의 살인적 집권을 비난했던 러시아와 달리 중국공산당은 이념적으로는 거의 제노사이드에 가까운 역사를 인정, 속죄할 수 없다는 점을 증명한 것이다.

중국의 선전기구는 '대중 매체와 소셜 미디어 시대에 상징(주의)

가 발휘하는 힘을 터득'했고, 많은 중국인들은 초국가주의적인 '애국적 교육' 프로그램을 열렬히 수용하고 있다. 중국에 사는 사람들은 자유민주주의 국가 대부분의 시민들로서는 상상할 수 없는 검열과 사상 통제에 직면해 있다.[17] 나아가 중국은 광범위한 선전과 영향력 매체를 통해 중국공산당의 관점에서 '중국의 힘을 제한하거나 중국 국민들의 감정을 상하게 하는' 규칙과 행동들을 공격하기도 한다. 한편, 중국 외교부 및 선전기구는 자신들의 인권 유린을 비난하는 사람들을 '부도덕'하다고 비판하거나 중국의 악랄한 해외 영향력 활동에 반대하는 이들을 '인종주의자'라고 비난한다.[18]

도널드 트럼프(Donald J. Trump) 대통령이 의회에 제출한 2020년 5월 보고서에서 트럼프 대통령은 중국의 정치공작의 위와 같은 측면을 다음과 같이 강조했다. "중국의 당-국가(party-state) 체제는 세계에서 가장 자원이 풍부한 선전기구들을 통제하고 있다. 중국은 미국과 전 세계로 확산되는 국영 TV, 인쇄물, 라디오, 온라인 기구들을 통해 자신들의 내러티브를 전달하고 있다."[19]

중국공산당의 검열시스템은 프로농구연맹(NBA)과 같은 미국 기관들을 꾀어 냈다. 그리고 최근 『워싱턴포스트』에서는 이들 기관이 '중국의 언론의 자유 거부행태를 미국으로 들이고 있다'면서 질책했다. 실제로 중국공산당은 메리어트(Marriott), 유나이티드항공(United Airlines), 캐세이퍼시픽항공(Cathay Pacific Airways), 지방시(Givenchy), 베르사체(Versace) 등 세계적인 유명 브랜드까지도 일상적으로 검열하고 있다.[20] 할리우드 영화계 역시 흡수되어 '중국공산당이 전 세계 관객들을 대상으로 중국을 긍정적으로 묘사하는 섬세한 선전적 영화들을 제작해왔다'는 문제를 회피해왔다.[21] 중국의 『글로벌타임스(Global Times)』는 '정치에는 관여하지 않는 것이 좋다'는 헤드라인을 내걸었던 적이 있다. 이처럼 중국은 자신들의 강압적인 검열 조건을 전달하는 데에 분명한 입장을 취하고 있다. 해당 기사는 이른바 '언론의 자유'를 비난하고, 중국공산당의 노선을 따르지 않는 사람들에게 노골적이고 암묵적인 위협을 가했다.[22] 중국은 또한 해외에서의 정치공작 활동을 지원하는 폭력적인 수단들을 외국에 수출하고 있는데, 이는 이 책의 뒷장에서 자세히 다뤄질 것이다.

경제적 강압은 특히 눈에 띄는 중국의 정치공작 도구가 되었다. 중국공산당은 일대일로 이니셔티브(BRI 또는 One Belt, One Road, 이하 일대일로) 약속을 활용해 『차이나데일리』가 '세계 경제 협력을 위한 새로운 플랫폼'이라고 설명한 네트워크를 구축하려고 한다.[23] 그럼에도 미 국무부의 동아시아태평양 차관 데이비드 스틸웰(David R. Stilwell)은 중국이 자국의 정치, 안보 의제를 받아들이도록 타 국가들을 설득하기 위해 '시장에서 경제 유인책 및 패널티, 압력 행사, 협박'을 사용하고 있다고 언급했다. 또한 그는 일대일로와 기타 중국의 경제적 강압 기획을 덜 자선적인 행태라고 묘사했다.[24] 더구나 미국의 마이클 '마이크' 펜스(Michael R. 'Mike' Pence) 부통령은 타국 정부의 순응을 강요하고자 공격적인 해외직접투자, 시장 접근성, 부채의 덫(debt trap)을 사용하는 중국의 행태에 대해 구체적인 우려를 표명한 바 있다.[25] 미국의 전(前) 국가안전보장회의(NSC) 관계자였던 로버트 스팔딩(Robert S. Spalding Ⅲ)의 경우, 일대일로를 '인프라 전쟁(infrastructure warfare)'이라고 정의했다. 또한 그는 일대일로에 대해, "중국의 무제한 공격 중에서 가장 교묘하고 소모성이 강할 것 같다. 일대일로가 늘 '윈-윈'하는 관대한 발전 계획으로 포장되곤 하지만 궁극적인 목표는 인프라는 제공하면서도 플랫폼에 대한 완전한 통제권은 결코 완전히 주지 않는, 즉 유인상술에 불과하다. 통제권은 중국의 손에 놓여 있다"고 분석했다. [26]

중국은 국내외 여론을 형성해 "학문적 자유를 훼손하고 외국 언론을 검열하며 정보의 자유로운 흐름을 제한하고 시민사회를 억제한다"는 사실 또한 우려할 부분이다.[27] 트럼프 대통령이 의회에 보고한 대로 "중국공산당은 미국과 여타 개방 민주주의 국가에서의 이익 증진을 위해 미디어 이외 다양한 행위자들을 동원한다. 중국공산당의 통일전선 조직 및 요원들은 미국과 전 세계의 기업, 대학, 싱크탱크, 학자, 언론인, 지역·주·연방 각료들을 대상으로 그들의 담론에 영향을 미치고 중국 내에서의 외부 영향력을 제한하고자 한다."[28]

호주와 뉴질랜드, 유럽, 오세아니아, 태평양 제도, 남미, 북극권 국가 그리고 아프리카는 중국의 악의적 영향력이 외교, 경제, 군사적 이익 추구 과정에서 자신들의 지역권에 놀라운 수준으로 침투했다는 점을 뒤늦게 깨달았다.[29] 캐나다와 미국은 중국의 통일전선 작전과 강압, 탄압, 국경 내 폭력이라는 다른 형태의 작전들의 효과에 대해 자각하며 불쾌해하기도 했다.[30] 유달리 공격적인 글로벌 선전 캠페인에도 COVID-19 팬데믹은 많은 국가들에게 중국의 유해한 의도를 경고하는 계기가 되었다.[31]

전(前) 호주 총리인 맬컴 턴불(Malcolm B. Turnbull)의 선임고문이었던 존 가아노(John Garnaut)는 중국 정치공작 대응 방법에 대해 합의가 없을 뿐만 아니라 많은 국가가 뒤늦게 자각하는 이유의 본질에 대해 다음과 같이 지적한다. "전 세계 10여 개국의 정치 지도자, 정책 결정자, 시민사회 활동가들은 뒤늦게 그리고 다소 갑작스럽게 '샤프파워(sharp power)', '통일전선 작전', '영향력 작전' 등 다양하게 표현되는 중국의 초국경적 영향력 행태에 합의를 이루기 위해 안

간힘을 쓰고 있다." 그는 "12개국이 토론에 참여하고 있지만 정치적 합의는커녕 이 중 어느 나라도 활발한 대화를 지속하지 못하고 있다"고 덧붙였다.'32

물론 중국만 정치공작을 활용하는 것은 아니다. 모든 국가는 자국의 국익 확보를 위해 전통 외교와 공공외교 같은 영향력 작전을 수행하고 타국의 정책과 행동에 영향을 미치려고 한다. 예를 들어, 냉전 기간 동안 미국과 미국의 우호국 및 동맹국들은 세계의 상당 부분을 분열시킨 소련의 철의 장막을 무너뜨리고자 성공적인 정치공작 작전에 참여했다. 그러나 중국의 정치공작은 다른 나라 사례들과는 다르다. 싱가포르 외교관인 빌라하리 카우시칸(Bilahari Kausikan)에 따르면, 중국은 영향력과 정치공작을 통해 훨씬 더 많은 것을 성취하려고 한다고 한다.

카우시칸은 중국의 악의적 영향력에 관해 매우 존경받는 전문가로, 중국이 '설득, 유인, 강요'의 연계 속에서 '법적 방식과 은밀한 방식이 융합된 전체론적 접근법'을 취하고 있는 전체주의 국가라고 지적한다. 그에 따르면 중요한 것은 중국의 목적이 단순히 '행동을 지시하는 것이 아니라 조종한다는 점'이다. "다시 말해, 중국은 당신이 자신들의 요구사항에 순응하기를 원하지 않는다. 훨씬 더 궁극적으로 중국은 당신이 중국의 요청이 없더라도 중국의 의지를 따를 수 있도록 앞서 생각하기를 바란다. 일종의 심리적인 조작인 것이다."33

국립민주주의기금(NED)의 연구에 상세히 기술되었듯이, 중국은 외교·경제·군사적 목표 달성을 위해 글로벌 정치공작을 수행하는 만큼이나 권위주의를 수출하기도 한다. 중국은 자신들의 전체주의 체제에 대한 지지도를 높이기 위해 민주주의와 개인의 자유에 대한 신뢰를 의도적으로 훼손하고 있는데, 중국은 자신들의 체제를 '차이나 모델(China Model)'이라고 부른다.³⁴ 2014년부터 2016년까지, 중국은 태국이라는 핵심이익 국가에서 자국의 정치적 이익을 공고히 하기 위해 미국-태국 간에 점증하던 균열을 성공적으로 이용한 적이 있다. 이 사례는 중국의 정치공작이 아시아 내 미국의 지위와 동맹관계를 약화시키는 데 특히 효과적이었음을 보여주었다. 게다가 중국은 대만의 중화민국(ROC)과 이들이 어렵게 성취한 민주주의, 주권, 정치·경제적 자유를 유지하는 능력을 파괴하기 위해 70년 이상 지속적인 노력을 들여왔다.

미국에서는 비교적 최근에서야 중국이 초래한 위험에 맞서야 한다는 점에 대해 초당파적 합의가 이루어졌다. 그러나 정치공작 위협에 대처하는 문제는 여전히 충분한 관심을 받지 못하고 있다. 필자가 미국 국가안전보장회의(NSC), 국무부, 국방부 고위 각료들과 논의했던 경험을 바탕으로 보면 위 기관들은 중국의 정치공작을 파악하고 맞서려는 의지가 부족하다. 결국 공동의 비전, 정책적 일관성 그리고 대응에 필요한 자원을 통합하는 작전 수준에서의 포괄적, 전략적 접근 방식이 없다. 이런 상황은 최근까지 미국 정부가 중국 정치공작의 범위나 태국과 대만에서의 정치공작 성공 사례를 거의 인정하지 않는 경향으로 인해 더욱 악화되었다. 이에 따라 이 책의 뒷부분에서는 태국, 대만을 상대로 한 중국 정치공작 작전에 주목할 예정이다.³⁵

미국 정부 차원의 무관심에 덧붙여서, 중국 정치공작의 중요성과 그것이 사실상 세계 모든 국가에 미치는 실존적 위협에도 상대적으로 정치공작에 대한 개방된 자료나 영문 학술 자료들은 거의 없다. 그러나 일부 단체와 개인들은 중국 정치공작에 대해 집요하게 저술 활동을 하며 두각을 보였다. 구체적으로는 프로젝트 2049 연구소

(the Project 2049 Institute), 허드슨 연구소(the Hudson Institue), 제임스타운 재단(the Jamestown Foundation), 미중 경제안보검토위원회(U.S.-China Economic Security Review commission), 전략예산평가센터(Center for Strategic and Budgetary Assessments) 등이 있다. 개별 학자와 기자로는 앤 마리 브래디 주니어(Anne-Marie Brady, Jr.), 마이클 콜(Michael Cole), 준 튜펠 드레이어(June Teufel Dreyer), 존 가아노(John Garnaut), 빌 거츠(Bill Gertz), 클라이브 해밀턴(Clive Hamilton), 러셀 샤오(Russell Hsiao), 피터 매티스(Peter Mattis), 로버트 스팔딩(Robert Spalding), 마크 스톡스(Mark Stokes) 등이 있다.

그럼에도 중국 정치공작에 대한 학술적 연구는 여전히 부족하다. 학문적 검열과 자기 검열이 학술적 관심의 부족의 주된 이유라고 볼 수 있다. 그로 인해 이 주제를 다뤘을 수도 있었을 다수의 학자들은 이런 연구가 자신들의 학술 환경에서는 심각한 반대에 직면할 것임을 분명히 이해하고 있다. 그러나 부분적으로는 영향력 작전 전문용어들이 다루기 어렵고 때로는 도움이 되지 않는다는 문제가 있기도 하다. 이 책은 정치공작 위협의 범위를 명확히 하고 더 나아가 정치적, 작전적 대응을 위해 주요 용어를 올바르게 정의하는 것을 목적으로 한다.

이 책은 중국 정치공작이라는 주제에 대해 새로운 토대를 마련하고자 한다. 하지만 정치공작이라는 주제는 심도 있는 추가적인 연구와 분석이 필요할 만큼 다양한 측면들을 내포하고 있다. 이런 분쟁에서의 공격·방어법뿐만 아니라 정치공작을 중국에게 되돌려주는 방법 등도 중요하지만 여기서는 다루지 않을 것이다. 중국 정치공작이라는 주제와 기타 관련 주제들은 수많은 민관 연구 및 교육 기관이 수행할 후속 연구의 초점이 되어야 할 것이다.

미국이 한때는 정치공작 작전을 제법 잘 수행했었다는 사실을 기억할 필요가 있다. 냉전기 미국 정부는 다양한 방법을 활용해 공산주의 블록에 대한 정치공작을 성공적으로 수행했다. 적대국 내 외국-우호적인 요소들과 저항군 세력 지원, 심리 작전 수행, 비공산당 자금 지원, 공산주의에 반대하는 지식인 및 예술인 조직화, 철의 장막 뒤에서의 반대자 및 자유 투쟁가들 지원과 같은 기밀 작전뿐만 아니라 정치동맹 구축, 경제발전 개시, 선전 확대 등과 같은 공공연한 작전들이 실재했었다.[36]

미국과 같은 생각을 하는 국가는 자신들의 자유 및 주권을 지키기 위해 중국 정치공작 대응에 상당한 투자를 해야만 한다. 중국 정치공작으로 인해 야기되는 실존적 위협에 대해 기관과 시민들을 미리 예방시키고 그 위협에 효과적으로 대처하는 것은 상당히 어려운 일이다. 이제는 정치공작 경쟁에서 밀리지 않고 지능적으로 전투에 임하여 궁극적으로는 전쟁에서 승리해야 할 때이다.

2장
정치공작이란 무엇인가
Terms and Definitions

POLITICAL WARFARE

클라우제비츠의 주장처럼 만약 '전쟁이 다른 수단에 의한 정치의 연속'이라면, 중국의 정치공작은 다른 수단에 의해 무력분쟁이 연속되는 것이라 할 수 있을 것이다.[1] 정치공작은 개방된 곳에서 수행하는 물리적 전쟁을 대체해 국력을 위해 선호할 만한 수단으로써 직접 전투하지 않고도 승리하려는 목적으로 활용된다. 이런 내용은 미국 외교관 조지 케넌(George F. Kennan)이 일찍이 주장했던 바와 같다. 케넌은 1946년 2월 22일 '장문의 전보(Long Telegram)'를 통해 냉전 기간 서양의 대전략을 상세히 묘사한 일로 잘 알려진 인물이다.[2]

케넌은 소련에 대한 '봉쇄' 정책을 제안하여 전체주의 체제 종식을 궁극적으로 성공시킨 바 있다. 2년 후 그는 「조직적인 정치공작의 개시(The Inauguration of Organized Political Warfare)」라는 제목의 또 다른 메모를 작성했다. 해당 메모는 그의 전략적 사고를 잘 보여주는 제2의 랜드마크로 미국에게는 "평화와 전쟁이라는 기본적인 개념 구분에 대중적 애착을 가지고 있고, 전쟁을 모든 정치적 맥락에서 벗어난 스포츠의 한 종류로 보는 경향이 있으며, … 그리고 국제사회 현실, 즉 '전쟁의 경계 내외로' 영속되는 투쟁의 리듬이 지속되는 현실을 인식하는 것을 꺼리는 경향이 있어 문제가 있었다"고

지적한다.³

또한 케넌은 소련 위협의 본질을 간략히 밝히고 **정치공작**을 '국가적 목적 달성을 위해 전쟁 없이도 국가의 지휘 하에 모든 수단을 동원하는 것'이라고 정의했다. '그러한 작전은 노골적인 동시에 은밀하다. 정치적 동맹, 경제적 조치 및 '백색' 선전 같은 노골적인 방식에서부터 외국에 '우호적인' 요소들을 지원하고 '흑색' 심리전을 수행하며 적대국 내 지하 저항 세력을 조장하는 등 은밀한 방식에 이르기까지 다양하다.'⁴

1948년에 그러했듯 위의 개념 정의는 오늘날까지도 유효하다. 그러나 중국의 정치공작의 형태는 케넌의 시대적 맥락으로는 완전히 이해되기 어려운 방식으로 발전했고 새로운 개념과 전쟁터가 출현했다. 따라서 이 책에서 사용할 정치공작과 핵심 용어들을 면밀히 검토할 필요가 있다. 물론 용어와 개념정의는 매우 중요하다. 예컨대, **영향력 작전**(influence operations)과 **정치공작**(political warfare)은 여러 측면에서 의미가 중첩되고 많은 사람들은 사실상 호환 가능한 용어로 간주하기도 한다. 하지만 두 용어의 범위는 다르다. 다음 표는 민군 수뇌부가 정치공작에 효과적으로 대처하기 위해 알아야 할 용어들을 정리한 것이다.

신뢰할 만한 여러 기관들은 다양하게 용어를 정의하고 있다. 하지만 각 용어마다 약간의 상이함이 있어 개념적 명확성이 떨어진다. 어느 순간부터는 공무원들과 학자들이 정의한 정치공작 용어들로 인해 오히려 역효과가 나기 시작했고, 실제로 정치공작을 수행하는 데 투자되는 게 더 나았을 시간, 지성, 에너지를 허비하게 만들었다. 따라서 이 책에서는 다음과 같이 선별된 개념정의를 적용했다.

〈정치공작 용어〉

공격적 패권 assertive hegemony	가짜뉴스 fake news	정보전 information warfare	여론전 public opinion warfare
사이버전 cyber warfare	잘못된 내러티브 false narrative	법률전 lawfare	샤프파워 sharp power
부채외교 debt diplomacy	그레이존 전략 gray zone operation	연락 업무 liaison work	소프트파워 soft power
기만 deception	하드파워 hard power	악의적 영향력 malign influence	특별조치 special measure
외교 diplomacy	하이브리드 작전 hybrid operation	심리작전 psychological operation	전복 subversion
허위 정보 disinformation	침투 infiltration	공보 public affair	삼전 Three Warfares
관여 engagement	영향력 작전 influence operation	공공외교 public diplomacy	통일전선 united front

미 해병대학출판부(MCUP)가 정리한 내용을 필자가 편집함

영향력 작전은 광범위한 정치공작 캠페인을 지원하는 전략과 전술을 제공한다. 이는 타국 정부 지도자, 기업 및 산업, 학계, 언론사 및 기타 주요 엘리트들에게 영향을 미치도록 고안된 조치이다. 늘 그런 것은 아니지만, 이 작전은 종종 작전을 지시한 국가의 이익을 희생하며 수행된다.

정치공작은 모든 것을 아우르는 무제한적인 전쟁으로 '중국 안보

전략과 외교정책의 중요한 구성요소'이다. 프로젝트 2049 연구소(the Project 2049 Institute)의 연구에 따르면, 정치공작은 무력충돌의 대안으로서 '(중국의) 정치-군사-경제적 목표에 유리한 방식으로 외국 정부, 조직, 단체 및 개인의 감정, 동기, 객관적 추론 및 행동에 영향을 미치려고 하는' 작전이다. 중국 정치공작은 중국을 지원하고 적들을 '해체'하기 위한 연맹 구축과 같은 전통적인 통일전선 및 연락 업무와 여론/언론전, 심리전, 법률전으로 구성된 삼전(Three Warfares)을 넘어선다. 또한 정치공작은 폭력과 더불어 강압적이고 파괴적인 공격의 다른 형태들과 같이 적극적인 조치들을 포함한다.[5]

정치공작이라는 용어는 정부 관계자들과 학자들이 중국의 광범위한 악의적 영향력 작전을 묘사하기 위해 사용해야 하는 용어이다. 중국의 작전을 정치공작이라 명명하지 않으면, 중국이 미국과 그의 파트너 국가들 및 동맹국들과 정치공작을 벌이고 있다고 인식한다는 사실 자체를 흐린다. 이 전쟁의 본질을 이해하지 못하면 위협을 개념화하고 적절한 대응 조치를 취할 능력이 심각하게 저하된다. 여기서의 실패는 궁극적으로 패배를 담보한다.

정치공작은 중국공산당이 일을 수행하는 일반적인 방법이라는 것을 인식하는 것이 중요하다. 미국에서 그런 작전들은 특별 권한과 감독을 필요로 하는 반면, 중국공산당은 정치공작을 일상적인 작업 방식으로 여긴다. 중국의 정치공작 작전에는 일반적으로 알려진 방법과 비전통적인 방법 모두 포함되며, 전형적인 영향력 작전에 간첩 활동, 기밀 작전, 폭력적인 적극적 조치 같은 기타 국가 기능들이 결합돼 있다.

중국의 영향력 정치공작 수단으로는 통일전선 활동이나 삼전과 같이 과거부터 확립된 작전과 더불어 선전, 외교적 강압, 허위 정보,

노골적이면서도 은밀한 언론 조작, 적극적 조치, 하이브리드전, 공공외교, 공보, 여론, 문화 업무, '인독트리테인먼트(indoctritainment)'*와 같은 소프트파워 기능들을 포함하고 있다.

이제 중국의 주요 정치공작 개념과 수단에 대해 간략하게 짚어보도록 하겠다.

초한전

중국공산당은 『초한전(Unrestricted Warfare)』에 준거하여 정치공작 활동을 전개하고 있는데, 이 책은 1999년 2월 광저우 군구 정치부의 인민해방군 공군 대령인 차오량(Qiao Liang)과 왕샹수이(Wang Xiangsui)가 발간했다. 이 책은 인민해방군이 발간한 『군사전략학(The Science of Military Strategy)』 및 『작전학(The Science of Campaigns)』의 학문적 위상에 미치지 않을 수는 있다. 하지만 중국공산당 고위급 인사들의 전략적 사고에 상당한 영향을 미쳤음은 확실하다.

차오량과 왕샹수이 대령은 『초한전』에 관해 "모든 방법이 활용될 수 있고 정보와 전장이 도처에 있으며, … 어떤 기술이든 모든 다른 기술과 결합될 수 있고, 무력과 비무력 사이의 경계 및 군사와 비(非)군사적 문제 사이의 경계가 체계적으로 무너져 내렸다"고 서술한다.⁶ 또한 중국에게 미국 공격 시 '비대칭전'을 활용할 것을 권고하며 미국의 행동과 정책 선택의 자유를 제한하기 위해 국제법, 국제기관,

---

* **옮긴이_** indoctrinate(세뇌시키다) + entertainment(엔터테인먼트)의 합성어로 '엔터테인먼트를 활용한 세뇌'라는 의미이다.

국제재판소 등을 이용하는 전쟁 방식인 법률전과 함께 금융전, 생물·화학전, 사이버 공격, 심지어 테러리즘 등을 소개하면서 미국과 같은 강대국을 물리칠 수 있는 비군사적 방법들'을 제시하고 있다.[7]

『초한전』은 중국에서 많은 관심과 찬사를 받았다. 그러나 2001년 9·11 테러 이후 미국의 친(親)중국 학계 및 기업 지도자들은 차오량과 왕샹수이가 "중국 사상에서 '비주류(fringe)'이며 그들의 생각은 무시되어야 한다"고 주장했다. 그러나 이런 주장은 솔직하지 못한 것이었고 이 주장들은 오히려 중국 정치공작을 지원했다. 이후 차오량과 왕샹수이 대령은 중국군과 민간 언론에서 칭송을 받으며 진급했다.

미국 학계 및 기업 지도자들은 알게 모르게 '중국 최고 지도자들이 감독'하는 '신중하게 관리되고 비밀스러우면서도 대담하게 (홍보 및)여론-형성 작전'을 지원하고 있었던 셈이다.[8]

삼전

중국 정치공작의 전통적 토대인 삼전(Three Warfares)에는 여론/언론전·심리전·법률전이 포함된다.[9] 케임브리지 대학교 교수 스테판 할퍼(Stefan A. Halper)는 삼전을 다양한 수단으로 전쟁을 수행하는 역동적인 3차원 전투과정이라고 설명한다. '특히 삼전이 매우 기만적이라는 특징은 미국 기획가들이 알아야 할 중요한 사실이기도 하다.'[10]

신미국안보센터(Center for a New American Security)의 엘사 카니아(Elsa B. Kania)는 삼전이 "중국의 이익을 증진시키는 동시에 상대방의 대응력을 손상시키는 방식으로 지배담론을 통제하고 인식에 영향을 미치려는 의도로 수행된다"고 말한다. 중국은 이 작전을 미국 등을 대상으로 수행하는데, 이는 여론을 통제하고 심리적 공격과 방어체계를 조직하며 법적 투쟁을 벌이고 민의와 여론을 위해 싸울 수 있는 '결정적 기회'를 포착하기 위한 것이다. 궁극적으로는 군사적 사고와 민간적 사고를 통합하고, 적을 파벌로 나누고, 적의 전투력을 약화시키며, 법적 공세를 조직하는 노력을 필요로 한다.[11]

카니아에 따르면 삼전 작전의 핵심 목표는 '여론 통제, 적의 결단력 손상, 감정 변화, 심리적 지도, (적의) 조직 붕괴, 심리적 방어, 법을 통한 제한'이다.[12] 할퍼는 중국이 미국을 상대로 행할 수 있는 삼전의 예를 다음과 같이 들었다. "미국의 목표가 특정 국가에서 [미 해군]을 위한 항구 접근권을 얻는 것이라면 … 중국은 여론에 악영향을 미치며 심리적 압박(즉, 보이콧의 위협을 가하는 것)을 가하고 법적 문제를 제기하는 방식으로 삼전을 활용할 것이다. 이 모든 작전들은 미국의 목표 달성에 불리한 환경을 조성하도록 설계되었다."[13]

여론/언론전

여론/언론전은 공공연하면서도 은밀한 언론 조작을 활용하여 인식과 태도에 영향을 미친다. 중국군 국방대학교 문서에서는 여론/언론전이 "적의 '투쟁의지'를 약화시키는 동시에 자국의 민군의 의지와 통합의 동력을 확보하기 위해 다양한 형태의 언론을 활용해 선전하는 방식으로 여론을 무기로 삼는 작업이 포함된다"고 서술되고 있다.[14] 여론/언론전은 '영화, TV 프로그램, 책, 인터넷, 글로벌 미디어 네트워크를 포함해 여론에 정보를 제공하고 영향을 미치는 모든 수단들을 동원'하고 '상대편 국민들을 직접적 대상으로 한다.'[15]

전략예산평가센터(Center for Strategic and Budgetary Assessments)의 로스 배비지(Ross Babbage)가 서술했듯이 중국은 현지 언론사의 맞춤형 사용, 강력한 소셜미디어 역량, 사이버 운영으로 한층 강화된 '중국의 소리(Voice of China), 신화통신(Xinhua News Agency), 수백 개의 간행물 등을 운영하고 있는데, 모두 특정 국가들의 최신 이슈에 초점을 맞춘다.' 게다가 '중국 정부 기관들은 미국, 호주, 영국 등 다수 서구 여러 국가 및 개발도상국 주요 도시에서 친중 보도[를 담은] 신문 보조 발간물들이 매월 발간될 수 있도록 자금을 대고 있다.'[16]

또한 여론/언론전은 '인독트리테인먼트'를 도입하기도 하는데, 이는 선전 블록버스터인 〈울프워리어2(Wolf Warrior II, 2017년)〉와 같은 영화에 전형적으로 나타난다. 게다가 중국은 서구 영화 산업의 상당 부분을 장악했다. 펜스 미국 부통령은 "할리우드에서 중국을 철저히 긍정적인 시각으로 묘사할 것을 자주 요구하며 따르지 않는 스튜디오와 제작자들을 응징한다"고 지적했다. 그에 따르면 "중국의 검열로 인해 중국을 비판하는 영화들이 재빨리 편집되거나 불법화된다." 리메이크작 〈레드 던(Red Dawn, 2012년)〉에서는 악당들을 중국인이 아닌 북한인으로 만들기 위해 디지털 편집이 이뤄졌고, 〈월드워즈(World War Z, 2013년)〉의 경우 '바이러스 관련 내용이 대본에서 잘렸는데, 그 이유는 중국발 바이러스였기 때문이었다.'[17] '국내시장 규모'를 앞세워 중국은 할리우드가 '중국공산당이 민감하게 여기는 이슈들'을 피하게 만들었다. 또한 〈만리장성(The Great Wall, 2016년)〉과 같이 중국을 긍정적인 시각으로 묘사한 소프트 선전영화를 제작케 한다.[18]

심리전

미 국방부가 정의하길, 심리전은 '해외 청중들에게 선택된 정보와 지표를 전달하여 그들의 감정, 동기, 객관적 추론 그리고 궁극적으로는 외국 정부, 기관, 단체, 개인들의 행동에 영향을 주기 위한 계획된 작전'이다. '심리전의 목적은 작전자의 목표에 유리하도록 외국의 태도와 행동을 유도하고 강화하는 것'이라고 정의된다.[19]

중국이 활용하는 심리전에는 불쾌감을 표출하고 패권을 주장하며 위협을 가하기 위한 '외교적 압박, 루머, 거짓 담화, 괴롭힘 등이 포함된다.'[20] 다양한 중국군 국방대학교 교재에서는 중국 정부의 심리전 전략에는 '심리 및 무력 공격의 통합, … 공격과 방어의 동시 수행, 공격을 우선시하며 … 여러 형태의 병력을 통합적으로 사용하는 전략'이 있다고 명시한다. 군사작전 도중에 수행되는 심리전은 '모든 형태와 단계들이 긴밀하게 통합'되어 '주도권을 선취하고자 '선제적으로 타격'하고 '기회의 순간'을 활용하는 동시에 재래식 공격의 효율성을 강화'시킨다.[21]

심리전에는 중국 해군의 대만해협 통과, 중국 공군의 대만 및 일본 영해 상공 비행, 시민권 및 리더십 약화를 목적으로 수행되는 대만 인근 군사훈련, 중국군-태국군 합동군사훈련 등과 같은 군사훈련과 더불어 비(非)전투작전들이 모두 포함된다.[22]

법률전

법률전(legal warfare, 또는 lawfare)은 '법적 우위'를 확보하고 적을 비합법화하기 위해 국내법, 국제법, 전쟁법을 포함한 법의 모든 측면을 악용한다.[23] 법률전 작전에 사용되는 도구로는 '국내법, 국제법, 재판권(judicial law), 법률 공시, 법 집행'이 있으며, 이들은 종종 서로 조합되어 사용된다.[24]

예를 들어, 중국이 남중국해 지배권을 주장하려 했을 때, (분쟁에서의) 필리핀 입장을 반대하고 중재 과정을 비합법화할 목적으로 국제법을 다소 왜곡해 해석하는 방식으로 법률전이 수행됐다.[25] 중국은 또한 남중국해에 대한 영토적 주장을 강화하기 위해 법률전을 사용하기도 했다. 이때 중국은 남중국해에서의 중국군 통제권을 더욱 확대하고자 분쟁 지역인 파라셀 군도에 위치한 산샤마을을 하이난 현으로 지정했다.[26] 또한 일본과 태평양 섬 영토 내 미군의 활동을 차단하기 위해 법률전을 사용하고 있다.[27]

중국의 법률전 활용 방식에는 치외법권 선언도 포함된다. 치외법권 선언은 '면책특권과 함께 국내법의 해외집행을 시도하여 타 동맹국까지도 중국 안보기관의 작전을 확대하는 작전'을 수반한다. 법률전 침투에는 폭스헌트(Fox Hunt) 및 스카이넷(Skynet) 작전들을 포함하고 있는데, 이 작전들은 중국 요원이 소위 부패한 재외중국인과 관리를 체포하기 위해 외국에 침투할 때 수행된다. 이러한 작전의 한 예로 중국 요원들이 뉴욕에 있는 재외중국인을 납치하여 중국행 비행기에 태워 밀입국하려고 시도한 일을 들 수 있다.'[28]

적극적 조치

중국 정치공작 캠페인은 첩보 활동과 더불어 냉전기의 비밀스러운 방식인 **적극적 조치**(active measures)를 포함한다. 케넌이 지적한 바와 같이 중국은 무력전쟁의 대안으로 정치공작을 수행함으로써

'전쟁은 다른 수단을 통한 정치의 연속'이라는 클라우제비츠의 격언을 재조명하게 했다. 많은 미국 정책입안자와 외교관, 그리고 우방·동맹국들은 이러한 적극적인 조치를 인식하지 못해 자국의 국가안보를 위태롭게 하고 있다.[29]

뒤에서 자세히 설명하겠지만 중국의 적극적 조치의 전술, 기법 및 과정에는 스파이, 뇌물수수, 검열, 기만, 전복, 협박, 강제 실종(enforced disappearance), 가두폭력, 암살, 태국군과 미얀마 와주연합군과 같은 대리군의 활용 등이 있다.

중국은 태국 내 중국공산당 비판자들을 침묵시키기 위해 강제실종을 활용한 경우가 있다. 이처럼 위 도구들은 특정 목적을 위해 사용될 수 있다. 그러나 비판자들만이 중국 정치공작의 표적이 되는 것은 아니다. 일단 그러한 강제 실종 문제가 대상국에 알려지면, 그로 인한 전반적 영향은 상당하다. 태국 시민들과 태국으로 도피한 중국인들은 '아나콘다가 감겨진 샹들리에'*를 직시하였고 태국 정부는 아나콘다로부터 그들을 보호해줄 수 없다는 것을 깨달았다. 페리 링크(E. Perry Link)는 이 표현을 최초로 사용한 것으로 유명해졌다.[30]

통일전선 작전

통일전선 작전(United Front work)은 고전적인 레닌주의 정치공작

---

* 옮긴이_ 페리 링크의 『China: The Anaconda in the Chandelier』라는 책 제목에서 따온 표현이다. 중국의 검열 행태를 다룬 책으로서 여기서 '아나콘다'는 중국을 뜻한다.

전략으로 러시아 내전 기간 볼셰비키가 성공적으로 활용한 바 있다. 통일전선*에서 공산주의자들은 '공동의 적을 물리치는 것과 같은 실질적 목적을 위해 비혁명가와 협력하고 대의를 위해 승리한다.' 중국공산당은 국민당이라고도 알려진 중국민족주의 세력을 무찌르고 1949년에 중화민국 정부를 본토에서 몰아내기 위해 통일전선 전략을 효과적으로 사용했다. 이후 통일전선 전략은 '중국 공산주의의 사상과 실천의 필수적인 부분이 되었다.'[31]

다음 장에서 자세히 설명하겠지만 통일전선 전략은 시진핑의 중국몽 달성에 있어서 '마법의 무기' 중 하나이다.[32] '통일전선은 중국 정치공작의 핵심 요소로서 종교와 소수민족집단과 화교 등 잠재적 문제 집단들에 대한 통제력을 유지하기 위한 것뿐만 아니라 중국의 해외 방해 전략의 중요한 부분이기도 하다. 캔터베리 대학교 정치학과 앤 마리 브래디(Anne-Marie Brady) 교수에 따르면 중국공산당은 수십 년간 국내외 정책에서 통일전선 작전을 수행했다. 하지만 자신의 아버지가 정치공작의 상당부분을 지휘하는 것을 지켜봐왔던 시진핑은 해당 전략을 더욱 확대·적용했다.[33]

중국공산당의 통일전선부(United Front Work Department)는 해당 작전의 운영 및 활동에 대한 기능적 책임을 지닌다. 하지만 중국의 통일전선 작전은 모든 중국공산당 기관 및 구성원의 업무이다. 모든

---

* **옮긴이_** United Front는 연합전선, 통합전선, 통일전선 등 다양하게 번역될 수 있으나 〈한국민족문화대백과사전〉에서는 '통일전선'이라 칭하며 북한 등 공산주의 사회에서 '공산당 세력의 힘만으로 주적을 타도하기 어려울 때 동조세력을 확보 동맹관계를 형성하여 투쟁하는 가장 기본적인 전술'이라고 정의하고 있으며, 여기서도 그 개념으로 번역하고 있다. 구체적 내용은 다음을 참조하기 바란다. http://encykorea.aks.ac.kr/Contents/Item/E0059408

중국공산당 기관들은 대외연락부(International Liaison Department)와 중앙선전부(Central Propaganda Department)부터 중국인민대외우호협회(Chinese People's Association for Friendship with Foreign Countries)에 이르기까지 중국공산당 당국과 지부와 마찬가지로 통일전선 임무를 담당한다. 중국 국영기업 임원들은 중국공산당 소속인데 중국공산당이 합작기업 경영에 점점 더 개입하고 있다는 점에서 중국이 통일전선 활동에 대한 사업적 관여가 한층 심해졌다고 보아도 무방하다.[34]

통일전선의 핵심 내용은 국제기구를 흡수하는 것이다. 예를 들어 중국은 세계보건기구(WHO)와 국제형사경찰기구(Interpol)와 같은 기관을 활용하여 정치공작 활동을 수행한다. 2018년 멍훙웨이(Meng Hongwei) 인터폴 총재가 구속되는 사건이 있었다. 중국이 구속을 허가하기 전에 미 법무부는 멍 전 인민안전부 차관이 중국 반체제 인사와 해외 활동가들을 괴롭히거나 박해하는 데 인터폴 직위를 남용했는지 조사하라는 요청을 받았다.[35] 동시에 세계보건기구는 중국의 COVID-19 글로벌 팬데믹 은폐를 외면한 혐의를 받고 있기도 하다. 이 책의 집필 시점인 2020년, 전세계적으로 약 120만 명이 글로벌 팬데믹으로 사망했다. 게다가 세계보건기구는 지난 몇 년간 헌장을 위반하면서까지 대만을 세계보건회의에서 배제하는 등 중국의 지시에 순응적 태도를 보였다.[36]

통일전선 작전은 중국의 자금 지원과 영향력 때문에 타협을 해온 환경단체를 대상으로 수행되기도 한다. 2017년 5월,『월스트리트저널(The Wall Street Journal)』의 그레그 러시포드(Greg Rushford)는 얼마나 많은 환경단체들이 '중국의 자금과 접근성을 위해 자신들의 이상을 배반하고 있는지' 폭로했다. 그의 연구에서는 많은 환경단체들이 준설기를 활용한 인공섬 건설 프로그램을 통해 남중국해에서의 대규모 환경 파괴를 자행하는 중국에게 반대 입장을 취하는 것을 주저하고 있음을, 남중국해에서 중국이 행하는 대규모 남획에 대해서도 활동가들은 침묵하고 있음을 집중 조명했다. 그중 대표적인 단체는 '그린피스'이다.[37] 2019년 10월에는 마이클 코헨(Michael K. Cohen)이 몇몇 운동단체들이 전략적 차원에서 필수적인 희토류 생산에 있어서 중국이 완전한 독점권을 확보하도록 돕고 있다는 사실을 『폴리티컬 리스크(Journal of Political Risk)』에 폭로하기도 했다. 희토류는 이미 중국이 일본에 대항하는 무기로 사용해왔고, 중국이 미국에 대항하기 위해서도 활용할 것이라고 공개적으로 밝혔다.[38]

연락 업무

연락* 업무(Liaison work)는 주로 중국군에서 사용되는 표현으로, '국력신장을 위한 군사적 장치의 정치적 효과를 강화 또는 약화시키기 위해' 군사작전, 정보, 재정을 연계함으로써 통일전선 및 여타 정치공작 작전을 지원한다. 마크 스톡스(Mark Stokes)와 러셀 샤오(Russel Hsiao)는 중국군 자료를 인용하여 연락 업무의 임무를 다음과 같이 설명했다.

---

* **옮긴이**_ liaison(리에종)은 프랑스어로 '연결, 연락'을 뜻하는 단어로 연락책, 혹은 특정 기관이나 국가 간의 연락을 담당하는 임무나 그 임무수행 요원을 뜻한다. 이 책에서는 해당 용어를 맥락에 따라 사람일 경우에는 연락관이나 연락 장교, 업무와 관련된 경우 연락업무, 관공서나 기관을 칭할 때는 연락사무소라고 표현했다. 실제로 국제사회에서 연락사무소는 원어 그대로 리에종오피스라고 칭해지기도 한다.

- 군사 연락 업무 정책 및 규정 설립과 대만(전복) 작전을 조직 및 실행
- 외국군 상황에 대한 조사 및 연구 수행
- 적군 해체작전을 위한 전군(All-Army) 지도
- 심리전 교육·훈련 조직 및 지도
- 외부 군사선전 작전 수행
- 관련 국제적십자 리에종 및 군사 관련 해외동포 업무 담당[39]

정치공작 전문가 마이클 월러(J. Michael Waller)는 "중국군이 미국을 상대로 연락 업무의 일환으로 '굿캅-배드캅(good cop/bad cop)'이라는 조직적인 캠페인을 수행하며 중국 관료들이 미국의 대중여론을 직접적으로 관리해왔다"고 보고했다. 그에 따르면 "중국은 글자 그대로 전쟁에 대한 위협을 가하면서 협력과 파트너십에 대한 정서적 차원의 호소를 시도하기도 했다. 이 작전은 다섯 층위의 사람들을 대상으로 한다. 구체적으로 미국 대중 전반, 대중과 정책결정자들에게 영향을 미치는 언론인들, 경제 엘리트들, 의회, 대통령과 그의 최측근이다."[40]

연락 업무에서는 적국 정부, 특히 적국의 군사조직 내 분열을 조성하고 활용하기 위해 정보를 수집 및 분석한다. 이를 위해, 연락 업무는 '교류활동을 통해 해외 군사엘리트들과의 라포를 형성, 유지'하며, '전략적, 작전적, 전술적 수준의 심리작전들(뿐만 아니라) 선전활동을 통해 대만과 기타 해외 대중들의 인식에 영향을 미친다.' 마지막으로, 연락 업무는 '중국 내에서의 인식을 형성'하려는 타국의 시도에 대해서도 대응한다.[41]

전복(subversion) 작전, 즉 중국이 더 흔하게 사용하는 표현으로

는 **해체 작전**(disintegration work)은 우호적인 연락 업무와는 정반대 방식이다. 스톡스와 샤오에 따르면, '연맹, 사회, 국방 조직들의 정치적 화합'을 상대로 수행된다. 정치공작 요원들은 정치적, 심리적 취약성을 발견하고 활용하기 위해 개인과 단체들을 대상으로 활동한다. 이때 요원들은 '적국의 이념, 심리, 사기를 표적으로 삼아 적국의 국가적 의지를 위축시키고자' 선전, 기만, 정보를 활용한다.[42]

연락 업무는 적대적인 정치공작에 대한 대응 태세를 꺾고자 행해지기도 한다. 중국은 '보편적 가치를 평화적으로 발전시키고 촉진함으로써 서구화하고 중국공산당의 통제력을 약화시키려는' 그 어떤 외부의 노력들을 전복의 행태로 받아들이고 있으며, 언론에 접근성이나 인터넷 사용을 모니터링하는 등의 심리적 방어조치를 통해 이에 대응하고 있다.[43]

공공외교, 소프트파워에서 샤프파워로

어떤 학계에서는 정치공작과 **공공외교**(public diplomacy)를 혼동하는데 이를 혼동하는 것은 적절하지 않다. 공공외교는 일상적인 미디어 채널과 공공교류를 통해 투명하게 진행되는 국제정치적 옹호활동(advocacy)이다. 공공외교는 목표와 의도 모든 측면에서 정치공작과 다르다. 공공외교가 대규모 청중의 의견에 영향을 미치는 것을 목표로 하는 반면 정치공작은 대상 국가의 지도자와 엘리트, 그 밖의 영향력 있는 시민들에 대한 계산된 조작을 통해 그들의 전략과 국방정책, 폭넓게는 국제규범을 훼손한다. 공공외교는 끌어당기는 행위인 반면에 정치공작은 억누르는 행위이다.

중국 정치공작은 **소프트파워**(soft power), **하드파워**(hard power),

스마트파워(smart power), **샤프파워**(sharp power)라는 용어의 렌즈를 통해서도 설명이 가능하다. 소프트/하드파워는 약 20년 동안 국제관계와 국가안보 분야 모두에서 중요한 용어들이었다. 그리고 세 번째 용어인 스마트파워는 2009년경에 인기를 끌었고 샤프파워는 최근 몇 년간 신뢰를 얻고 있다.

하버드 대학교의 조지프 나이(Josephy S. Nye Jr.)가 정의한 **소프트파워**는 문화, 이념, 제도적 영향과 같이 부드럽고 비강압적인 수단을 의미한다. 그는 세계의 많은 사람들이 미국과 비슷해지기를 원할 것이고 결과적으로 미국은 세계를 형성하는 데 일조할 것이라고 가정했다. 에릭 리(Eric X. Li)는 "조지프 나이의 입장에서 자유민주주의 정치, 자유 시장경제, 인권과 같은 가치들이 바로 미국 소프트파워의 기초였다"고 한다.[44]

국제관계 분야에서 소프트파워는 단순히 한 국가가 자신들의 문화, 정치적 이상, 경제, 심지어 군사에 대한 매력으로 타국의 정부와 국민에게 영향을 미칠 수 있는 능력을 의미한다. 그런 행동들은 종종 강압보다는 설득에 의해 행해진다. 반면 **하드파워**에는 군사공격 위협, 봉쇄, 경제 보이콧과 같은 강압적인 조치가 포함된다. **스마트파워**는 조지프 나이가 최근에야 정의한 용어이다. 이는 '하드 및 소프트파워의 도구를 결합하는 스마트 전략', 즉 대외정책 목표를 달성하기 위해 당근과 채찍을 모두 사용하는 전략을 활용하기 위해 제안되었다.[45]

중국의 정치공작에는 소프트파워, 하드파워, 스마트파워가 수반된다. 하지만 일부 작전과 기술들은 노골적으로 물리적이거나 굉장히 강압적인 **하드파워**이지도 않거니와 부드러운 '매혹과 설득'의 방식처럼 **소프트**하지도 않다. 상당히 공격적인 중국의 영향력 작전과 정치공작 활동은 최근 **샤프파워**라고 불리는 것으로 구성된다. **샤프파워**는 민주주의 사회의 개방성을 악용하는 비대칭 전쟁의 한 형태이다. 국립민주주의기금(NED) 보고서에 따르면, 샤프파워는 소프트파워와 달리 "원칙적으로 매력(attraction)이나 설득에 관한 것이 아니다. 대신에 샤프파워는 혼란과 분열(distraction), 정보의 조작(manipulation) 방식에 중점을 두고 있다."[46] 샤프파워는 개방적이고 민주적인 체제 내에서 사회적 화합을 은밀히 방해하여 마치 트로이 목마처럼 작용하는 것이다.

샤프파워는 해외 여론 형성을 목적으로 미디어와 특정 기관을 공격적으로 활용하는 권력이라고 정의할 수 있다. 이는 상대국의 정보(및 정치적 환경)를 간파, 침투, 관통하는 데 사용된다는 점에서 '샤프(예리)'하다고 할 수 있다. 이를 도입한 정권들은 '소프트파워' 노력의 핵심인 '마음(heart and mind)'을 얻기 위해 반드시 애쓰지 않는다. 오히려 적국 청중들이 접하는 정보를 조작하거나 오염시키는 방식으로 청중들을 관리하는 것을 추구한다.'[47]

NED 보고서는 뉴스미디어, 문화, 싱크탱크, 학계가 포함된 중국의 대규모 이니셔티브를 '매력 공세,' 또는 '대안적 아이디어를 공유'하거나 '논쟁을 확대'하려는 시도로 오해해서는 안 된다고 경고했다. 오히려 샤프파워를 통해 중국은 권력 독점, 하향식 통제, 검열, 강제되거나 구매된 충성을 조장하는 시도를 한다. 이를 통해 일반적으로 매력적이지 않은 권위주의 체제 가치들이 외부로 투사되고, 희생자들이라고 할 만큼 많은 청중들이 영향을 받는 것은 아니라고 한다.[48]

일각에선 샤프파워가 여론전의 새로운 전선을 보여준다고 여긴다. 그러나 이들은 1920년대부터 시작된 중국공산당의 은밀하면서도 공공연한 작전들에 주목하는데, 이 관점에서 샤프파워는 단지 현대적으로 포장된 중국 정치공작의 기본 요소일 뿐이다.

하이브리드전

북대서양조약기구(NATO)의 정치군사전문가 크리스 크레미다스-코트니(Chris Kremidas-Courtney)는 하이브리드전을 '전쟁으로 선언되는 공식적인 임계점 아래에 머물면서 구체적인 목표 달성을 위해 조정된 방식으로 도입된 전쟁 형태로, 전통적이면서 비전통적인, 군사적이면서 비군사적인, 공공연하면서도 은밀한 활동들의 혼합'이라고 정의한다.[49] 하이브리드전은 때때로 **그레이존 전쟁**(gray zone warfare)이라고 불리기도 하는데, 중국은 러시아처럼 정치적 목적 달성을 위해 이를 성공적으로 도입했다.

중국은 하이브리드 작전에서 '(자신들의) 목표 달성을 위해 경제, 법률, 정보, 사이버, 준군사적 수단이라는 스펙트럼 전체를 천천히 그리고 때로는 모호한 방식으로' 적용하고 있다. 일반적으로 중국은 '집단 군사행동을 촉발할 수 있는 임계점을 넘지 않기 위해' 신중한 태도를 취한다. 이로써 자신들의 공격적 팽창주의를 위해 치를 정치적 대가를 줄이고 있다.[50] 예를 들어, 중국은 인공섬을 건설하고 그곳에 군사기지를 구축하고, 무장한 어부들을 영해 순찰에 투입시키며, (방)공식별구역을 선포하여 남중국해에 대한 통제권, 영향력을 점진적으로 확대해왔다. 중국은 남중국해의 상당 부분에서 이렇게 '총 한 발 쏘지 않는' 방식으로 지배권을 행사해왔다.[51] 더 나아가, 주변국 선박 및 어선들과의 강압적인 무력충돌이 발발할 경우 해양경비대와 중국군 해양민병대를 투입시키는 것 또한 중국군의 하이브리드전 접근법의 또 다른 사례이다.[52] 게다가 미얀마의 와주연합군과 코캉군과 같은 대리군을 활용하는 방식도 그레이존 전쟁의 한 예이다. 전략지원부대의 사이버부대와 네티즌으로 구성된 '50센트군대(또는 50센트당)'*가 행하는 사이버 공격 사례에서처럼 이런 하이브리드 방식은 전쟁의 책임소재가 불분명해진다는 문제가 있다.[53]

자기검열, 전체주의 그리고 파시즘

마지막으로 중국공산당과 중국 사회를 특징짓는 것에서 자기검열이 무엇인지, 그리고 그것이 전체주의 및 파시스트라는 용어의 사용과 어떤 관련이 있는지 다루는 일도 중요하다. 미국 및 기타 민주주의 국가의 많은 정부 관계자, 학계, 기업 지도자들은 위 표현들로 중국을 묘사하려 할 때 침묵을 하며 일부는 이런 사실을 아예 부인하기도 한다. 침묵과 부인의 태도는 기껏해야 지적 부정직함을 보여줄 뿐이다. 중국공산당 정권의 성격을 적절히 규정하지 못하는 것은 국가 차원의 대응을 불분명하게 한다. 그러므로 이 정권의 성격을 규정하는 전체주의, 파시스트라는 용어 사용은 필수적이다. 그리고 중국공산당 정권의 성격을 제대로 규명하지 않을 경우 중국 지지자들은 '모든 국가가 그러는데 뭐 어쩌라는 말인가?'라는 식의 주장을 하게 되기도 한다.

'그래서 어쩌란 말인가(so what)'라는 말은 결국 중국이 파시스트

• 옮긴이_ 우마오당(五毛党)이라 불리는 50센트군대는 중국공산당의 비공식적 댓글 부대를 일컬으며, 댓글을 쓸 때마다 5마오(한화로 대략 85원)를 받는다 하여 이름 붙여졌다. 이들은 중국공산당에 우호적인 여론 조성을 위해 활용되고 있다.

적이고 전체주의적인 존재론적 위협을 인정하는 셈이다. 메리엄 웹스터(Merriam-Webster) 사전에서는 **파시즘**과 **전체주의**를 다음과 같이 정의한다.

- **파시즘(Fascism)**: 개인보다 국가, 많은 경우에는 인종을 우상화하고 독재자가 이끄는 중앙집권 독재정부나 심각한 경제·사회적 편제, 반대파에 대한 강제적 탄압을 지지하는 정치 철학이자 운동, 또는 레짐(예: 파시스트의 정치), 강력한 전제적·독재적 권력을 추구하고 때로는 실제로 행사하는 경향성[54]
- **전체주의(Totalitarianism)**: 독재적 권위에 의한 중앙집권화된 통제, 시민들이 절대적 국가 권위에 완전히 순응해야 하는 정치적 개념[55]

위의 정의를 토대로 중국공산당의 행태, 법, 문화를 봤을 때 중국은 이론의 여지없이 전체주의적이면서 파시스트적인 존재이다. 첫째, 중국공산당은 국민의 자유를 심각하게 억압하고, 국민은 통치자의 의지에 저항할 권리가 없으며 이에 반대하는 사람들은 (필요시에는 폭력적으로) 억압받는다. 둘째, 권력은 고도로 중앙집권화되어 있고, 시진핑이 주장하는 마르크스-레닌주의 교리에 의해 운영되며, 명목상 공산주의이다. 셋째, 국가는 국민 위에 존재한다. 초국가주의와 맹목적 애국주의 이념은 일반적으로 역사적 불만이나 피해의식에서 동력을 얻는다. 중국의 아이들은 중국이 서구 제국주의의 손아귀에 있던 '굴욕의 세기'를 이제야 극복하고 있으며 '국가의 굴욕을 절대 잊지 말라'는 훈계를 매일같이 듣는다.[56]

추가적으로 중국 인권변호사 텅 뱌오(Teng Biao)와 런던킹스 칼리지 정치외교학과 스타인 링겐(Stein Ringen) 교수 또한 중국을 **전**

체주의로 명명하는 것이 타당하다고 주장한다. 텅 뱌오는 시진핑의 '신(新)전체주의'와 마오쩌둥의 '구(舊)전체주의'가 크게 다르지 않다고 서술하며 이런 '도둑정치(kleptocratic) 체제 하에서 일반 시민들의 자산은 그 어떤 제도화된 보호를 받을 수 없음'을 지적했다. 이념적 차원에서 중국공산당은 언론을 독점하고, 장학금 접근금지구역을 만들고, 세뇌식 교육체제를 구축하고, 만리장성을 설치하고, 지식인들의 저술활동을 박해했다. 법적 차원에서 중국공산당은 항상 법을 무시해왔다. 비밀 감옥, 강제 실종, 고문, 비밀경찰, 감시, 사법부패, 통제된 선거, 강제 철거, 종교적 박해, 이 모든 것이 만연했었다. 텅 뱌오는 이러한 학대가 중국공산당의 통제 체제의 핵심 요소이며 중국은 혼란스럽지 않으면서 잔인하고 야만적인, 교묘한 전체주의를 시행하고 있다고 결론지었다.[57]

링겐은 2018년 9월, 동료 중국 분석가들에게 보낸 공개 서한에서 "중국 전체주의의 마지막 결정타는 극도의 감시, 지나치게 간섭적인 사상 통제, '재교육' 시설 대량구금 등과 같이 신장에서 노골적인 폭정을 행하는 것이었다"고 서술했다. 그에 따르면 "시진핑 이후 독재정치가 가차 없이 강화돼 용기와 시민성의 보루로 버티고 있던 인권변호사 공동체가 몰살되는 결과를 낳았다"고 덧붙였다.[58]

링겐에 따르면 전체주의의 주요 특징은 공포에 의해 통치가 유지된다는 점, 사적 영역에서의 자연스러운 인간적 유대를 관리하는 것까지도 통치의 영역이라는 점, 광범위하고 비인격적인 관료제를 통해 통치가 이뤄진다는 점, 국가는 명령적 이데올로기의 권위 하에서 운영된다는 점이다. 링겐은 "국가가 사적 삶의 규제까지 깊숙이 침투하여 이제는 사적인 행동 양상에 따라 포상과 처벌이 부과되는 '사회신용제도(social credit system)'가 한층 심화된다"고 지적했다. 시진핑은 '실용주의를 탈피하고 그의 임기를 국가주의와 광신적 애국주의(chauvinism)로 채우고 도처에 편재하는 중국몽 이념으로 뒤덮었다. 국가 통치에 있어서 전체주의 양상이 짙어진 결과는 중국의 사회적 삶이 원자화되고 공동체가 붕괴되는 것이었다.'[59]

링겐은 다음과 같이 글을 마치고 있다. '전체주의'라는 용어 사용이 솔직히 주저하게 된다는 것을 잘 알고 있다. 개방에 대한 희망과 기대가 있었다. 그러나 정치적 삶과 시민사회에서는 그런 일이 일어나지 않고 있다. 중국사회의 방향성은 개방보다는 폐쇄에 가깝다. 우리는 이제 우리가 사용하는 언어를 통해 이를 '인식'해야만 한다.'[60]

일각에서는 **전체주의**와 **파시스트**와 같은 개념이 중국에는 적용되지 않는다고 주장한다. 민주주의 국가에 있는 대부분의 주요 정부관계자들 및 상당수 학자들은 중국의 보복이 두려워 위 개념 사용을 주저할 수 있다. 그렇더라도 그들은 두 개념이 실제로는 정확하다는 것을 깨닫고 있다. 중국은 검열과 자기검열을 확실히 하고자 광범위한 조치들을 채택하고 있기 때문에 이러한 두려움은 어느 정도 이해가 된다. 허드슨 연구소는 중국이 취한 조치로는 '학생비자 거부 및 블랙리스트 작성'과 같은 강압적인 방법뿐만 아니라 '자기검열을 유도하는 교묘한 방법들'도 포함되어 있다고 보고한 바 있다. 예컨대, 출판사들은 시장 접근 차단이라는 보복을 받을 수 있기 때문에 중국의 검열 가능성 있는 책들을 피하게 된다.

많은 미국 대학들이 중국 정부기관, 기업, 개인에게서 상당한 후원금을 받고 있다. 그러므로 이런 중국과의 경제적 연계 또한 자기검열을 촉진할 수 있다. 미국 교육부 법무담당자는 "대규모 해외투자 규모로 인해 의존성이 높아졌고 상당히 많은 기관에서 자신들의 의사결정, 미션, 가치를 왜곡했다는 증거가 있다"고 주장한다.[61] 미국 대학들은 2017년 한 해에만 중국으로부터 5600만 달러 이상의 자금을 지원받았다. 그 예로 스탠포드 대학교는 6년 동안 중국으로부터 32,244,826달러를 받은 반면, 하버드 대학교는 계약금과 금전적 선물을 총합해서 55,065,261달러를 받았다고 한다.[62] 한편, 여타 미국 대학들은 자신들의 중국 수입원에 대한 연방정부의 조사에 협조하는 것을 거부했다.[63]

공자는 "이름이 적절하지 않다면 언어는 사물의 진리와 부합하지 않고, 언어가 사물의 진리에 부합하지 않으면 그 일은 성공으로 이어질 수 없다"고 했다.[64] 지금 우리가 벌이고 있는 싸움을 올바른 이름, 즉 정치공작이라는 중국공산당이 칭하는 그 언어로 불러야 한다. 이 용어를 일상적 어휘군에 추가하고 정부와 학계 또한 우리에게 위협을 가하는 국가의 성격을 설명하기 위해 **전체주의와 파시스트**라는 용어를 사용해야 한다. 중국을 따라다니는 이 용어들이 어떤 함의를 갖고 있는지에 대한 생각해야만 한다.

3장
중국 정치공작의 역사 되짚어보기

A Brief History of PRC Political Warfare

POLITICAL WARFARE

백 번의 전투에서 백 번의 승리를 거두는 것은 가장 좋은 용병법이 아니다. 싸우지 않고서도 적을 굴복시키는 것이 가장 좋은 용병법이다. … 전쟁수행에 있어서 최고의 방법은 적의 계략을 공격하는 것이고, 그 다음은 적의 동맹국을 공격하는 것이며 세 번째가 적군을 직접 공격하는 것, 그도 어렵다면 적의 요새를 치는 것이다. … 전쟁을 잘 수행하는 자는 전투 없이도 적군을 굴복시키고, 공격하지 않으면서도 적의 요새를 함락시키며 전쟁을 오래 끌지 않고서도 적국을 함락한다.

손자(Sun Tzu)[1] ●

중국 정치공작의 교훈은 적어도 기원전 500년까지 거슬러 올라간다. 정치공작에 관한 역사적 교훈은 위 인용문에서도 잘 드러나는데, 이는 중국의 장군이자 군사 전략가였던 손자의 어록 중 자주 인용되는 구절이다. 중국은 무서운 정치공작 능력을 급속히 발전시켰고, 이러한 작전을 세계적으로 수행할 수 있는 잠재력은 세계 역사

● 손자병법의 제3편 모공(謀攻)의 내용으로 최고의 전쟁수행은 부전승(不戰勝), 즉 싸우지 않고서도 승리하는 것임을 강조한다. 해당 인용문에 대해서는 원저의 인용문을 우선 번역한 후 손자병법 한국어판의 내용을 함께 참고하였다.

상 거의 전무후무하다. 중국의 정치공작 수행 방식을 이해하기 위해서는 중국 고유의 역사적 맥락에 대한 개괄이 필요하다.

중국은 새롭게 현대화된 군사·기술 강국이지만, 현재의 국내외 정책은 중국의 고대 역사에 깊은 뿌리를 두고 있다. 춘추전국시대(기원전 475년~221년)는 진나라 통일로 막을 내렸다. 당시는 '옛 패권을 전복하고 복수를 하는 것'이 강조되는 문화였다. 그리고 이런 역사적 문화는 전략, 정치공작, 속임수, 책략에 대한 중국의 현재적 방식을 규정하는 데에도 특히 중요한 역할을 한다.[2]

중국 전문가 마이클 필스버리(Michael P. Pillsbury)는 시진핑과 그의 전임자들이 중국의 패권을 추구하며 사용한 전략은 대부분 춘추전국시대부터 전해져 온 교훈에서 비롯됐다고 한다. 그리고 그 전략들은 다음 원칙에 기초하고 있다.

- 안일함을 유도하여 적이 경계 태세를 취하지 않게 하라.
- 적의 조언자를 조종하라.
- 승리를 쟁취하기 위해 수십 년 또는 그 이상을 인내하라.
- 전략적 목적 하에 적의 아이디어와 기술을 훔쳐라.
- 군사력이 장기적 경쟁에서의 승리에 가장 중요한 요소는 아니다.
- 패권국은 자신의 지배적 위치를 유지하기 위해 극단적이고 심지어 무모한 행동을 취할 것임을 인지하라.
- 당신의 명령을 위해 타인을 기만하는 것과 공격의 최대 기회 시점을 기다리는 것을 포함하여 절대 눈을 떼지 마라.
- 다른 잠재적 도전자들과 비교해 자신의 상태 측정 기준을 설립하고 적용해라.
- 다른 사람에게 둘러싸여 속지 않도록 항상 경계하라.[3]

중국의 역사가 현 전략 문화의 토대를 마련하는 데 미친 영향을 인식하는 것은 중요하다. 마찬가지로 현재의 정치공작이 중국공산당 역사상 가장 강력한 뿌리를 갖고 있다는 점을 인식하는 것 또한 중요하다. 중국공산당 역사에는 중국이 처했던 지전략적 상황과 20세기 전반의 소련 공산당과의 관계에 대한 깊은 두려움이 내포되어 있다.

터프한 이웃국, 외국인 혐오증을 조장하다

중국공산당의 공격적 팽창주의, 억압적인 외국인 혐오 정책을 변호하는 사람들은 종종 중국의 오랜 분쟁과 침략의 역사를 들며 그들을 정당화한다. 중국공산당의 편집증에는 역사적 근거가 있는 것은 사실이다. 전략예산평가센터(CSBA)가 발간한 연구에 따르면, "역대 중국 정권들은 수천 년간 유라시아 평원을 휩쓸거나 동부 해안을 공격했던 강력한 침략자들에 맞서 생존투쟁을 할 수밖에 없었다. 이 광대한 국토의 지리적 장벽 일부는 한정적으로만 중국을 보호해주었다. 그로 인해 겪었던 안보의 문제는 강력한 역사적 내러티브, 강한 문명 정체성, 뿌리 깊은 민족주의를 조장하게 되었다. 연이은 정권들은 이러한 역사적·문화적 강점을 동원하여 그들의 정통성을 강화하고 주기적으로 외국인 혐오증(xenophobia)을 조장해왔다."[4]

중국공산당이 외국인 혐오증을 대대적으로 조장한 첫 번째 독재정권이었던 것은 아니다. 하지만 중국공산당은 유난히 성공적으로 이를 활용해왔다. 현대 중국공산당은 초기 황제들로서는 상상할 수 없는 수단을 통해 중국 인민들과 타국 시민들의 정보, 사고, 행동을 통제할 수 있는 강력한 능력을 지니고 있다.[5]

이 전체주의적 관점은 춘추전국시대의 경험과 초대 황제 진시황제의 세계관에 바탕을 둔 것이다. 여기에서 현대 중국공산당의 정치공작의 토대를 마련한 중앙집권적 전제주의, 강압, 설득이라는 전략문화의 전통이 형성되었다. 상나라와 주나라 초기 통치자들로부터 독재정치는 매우 자연스러운 삶의 질서가 되어왔다.

고대 군주들: 중국공산당의 롤모델

진시황은 중국 최초의 전체주의 국가를 건설하여 철권통치를 하고 신하들의 모든 삶을 통제했다. 그가 마련했던 레짐은 훗날 전 세계 공산주의자들이 모방하게 될 것이었다. 자신의 레짐 하에 그는 정치위원회 위원들이 지방 군수들과 군 지도자들을 감시하게 했고 자신의 정책에서 이탈하거나 비판하지 않도록 관리했다.[6]

중국 전문가 스티븐 모셔(Steven W. Mosher)에 따르면, 진시황은 일상생활의 모든 측면에서 사람들을 통제했다. 예를 들어 그 시대는 엄격한 처벌이 곧 질서였다. 대형사범의 경우, 가해자와 그의 가족 전체가 전멸했다. 심지어 가장 사소한 범법을 저지른 수백만 명조차 황실 도로와 운하 건설과 같은 강제 노역 현장에 투입되었다. 황제가 '신' 같은 이미지를 심고 대내외에서 완전한 제국적 패권을 확립하기 위해 자신에 대한 인격숭배 구조를 구축했을 시기에는 사상 자체를 뿌리 뽑으려 시도했다. 그의 사상 탄압 과정에는 제국의 서고에서 그의 회고록을 제외한 모든 서적을 불태우라는 명령(분서갱유)도 포함되었다. 그 결과 책의 사적 소유가 금지되었다. 곧이어 책들이 모두 불탔고 책을 소유했다는 이유만으로 3백만 명의 사람들이 낙인찍히고 강제노동수용소로 보내졌다."[7]

진시황의 외교정책은 공격적 팽창주의의 일종이었다. 해당 지역, 궁극적으로는 전 세계를 지배하여 완전한 패권을 달성하려는 의도에 기반을 두었다. 전체주의의 자연스러운 연장선인 패권은 질서를 이끌어내며 중국 제국의 역사 상당 부분의 특징이었던 혼란기를 피할 수 있도록 보장했다.

무자비한 패권의 추구 또한 인종적 우월감과 우월주의적 권리감에서 비롯되었다. 이 두 개념은 훗날 많은 전체주의 정권의 기초가 될 것이었고, 대표적으로는 가장 심각한 제노사이드 사례를 보여주었던 히틀러의 제3제국이 있었다. 그러나 사라진 전체주의 정권들과는 달리 현재 중국에게는 이러한 개념들이 여전히 '중국몽'을 뒷받침하고 있다. 또한 이 개념들은 중국이 어떻게 은밀함과 능력, 중국공산당의 표현으로는 '비밀(secrecy)과 책략(stratagem)'을 활용해 미국을 능가하고 대체하는 '세계 선도국'이 될 것인지 미래의 윤곽을 그려준다.[8] 한자어 '中国(중국)'은 문자 그대로 '중앙에 있는 왕국'을 의미하며, 중국의 중심성과 한족의 우월성 관념이 중국 문학과 사상에 스며들어 있다. 역사적으로 중국의 통치자들은 자신들의 정당성을 강화하기 위해 인종민족주의(race-based nationalism)와 민족중심주의(ethnocentrism)를 장려해왔다.

세계의 지리적, 지정학적 중심뿐만 아니라 지배적인 권력축인 패권국이 되기 위해 중국은 다른 모든 국가를 속국이나 조공국이 되기를 바랐다. 모서가 언급하길 중국 엘리트들은 세계에서 "자신들의 황제만이 합법적인 정치 권위자라고 믿었고 자신들만이 문명화된 인류의 가장 숭고한 형태라고 여겼다"고 한다.[9] 이에 따라 중국은 막강한 종주국으로서 '야만족(barbarian)'을 상대했고, 자신의 문화, 경제, 군사력을 통해 불평등한 여건을 조성하고, 조공을 강요하고 그들의 지도자와 국민들에게 영향을 미치려 했다. 2천년 동안 이 지역 내 중국의 패권은 강력한 군대와 정치공작에 의해 유지되며 지속되었다.[10]

CSBA의 한 연구에서는 "중국의 통치자들에게는 사회의 모든 자원을 활용할 뿐만 아니라 혁신적으로 이를 이용할 수 있는 강한 동기가 있어 왔다"고 지적된다. 초반에 언급했듯이 손자는 "군대를 전투에 투입하기도 전에 적을 제압하기 위해서는 정치적·심리적·다른 비(非)전투 작전들이 필요하다"고 강력히 강조했다.[11]

20세기 초 마오쩌둥과 같은 중국 공산주의자들은 손자의 전략 분석과 진시황의 전체주의적 전술을 마르크스-레닌주의 이데올로기적 사고에 적용했다. 같은 기간에 소련의 지도자 레닌과 스탈린이 권력 쟁취 및 유지에 대해 가졌던 생각들 또한 신생 중국공산당에 큰 영향을 미쳤다.

중국공산당에 대한 소련의 영향

소련은 정책, 조직, 운영 등 거의 모든 면에서 중국공산당의 초기 롤모델이었다. 마오쩌둥과 그의 추종자들은 모스크바 주도 국제공산당(Comintern, 이하 코민테른)이 수행했던 정치공작과 유사한 작전술을 학습했다. 소련의 작전술을 중국 고유의 역사적 맥락에 맞게 변용했다. 그리고 '중국적 특징이 가미된 총력전'이라고 할 수 있는 그들만의 버전에 서구 혁명 이론과 실천을 결합시켰다.[12]

마오쩌둥은 중국의 역사적 전략문화에 클라우제비츠, 레닌, 스탈린, 트로츠키 등에게서 얻은 개별 통찰들뿐 아니라 코민테른의 가르침도 결합시켰다. 이후 그는 국공내전을 벌이는 동안 장제스의 국민당(KMT) 정부를 격파하고 대만으로 추방시키기 위해 새로운 개념의 혁명전을 전개했다. 2차 중일전쟁 기간에 마오쩌둥은 자신의 개념을 제한적으로 적용하여 일본군과 싸우기도 했다.

CSBA의 정치공작 연구에서 언급되었듯이 "작전 현장에서 갖는 초기 정치공작 개념의 중요성은 … 보다 광범위한 작전은 물론이거니와 혁명적이고 비전통적 전쟁을 위한 중국 군사교리의 토대가 되었다." 20세기 중국 지도자들은 이 정치공작 캠페인이 본국뿐만 아니라 적국에서도 매우 중요하다고 여겼다.[13] 소련 사례처럼 마오쩌둥은 자신의 혁명을 결국 영토팽창 기획의 일환으로 계획했다. 마오쩌둥에 따르면 "레닌은 자본주의 국가의 프롤레타리아들이 식민지와 반식민지의 해방투쟁을 지지해야만 세계 혁명이 성공할 수 있다고 가르친다. … 우리는 영국, 미국, 독일, 이탈리아 그리고 다른 모든 자본주의 국가의 … 프롤레타리아들과 단결해야 한다. 그래야만 우리가 제국주의를 전복시킬 수 있고 … 세계 인민들과 민족들을 해방시킬 수 있다."[14]

현대 중국은 소련에 기원을 두는 정치공작 개념을 지속적으로 활용하고 있다. 그리고 중국은 이를 통해 '새로운 국제 질서에서의 중국의 부상을 촉진하고 국가 안보적 위협에 대응하려고 한다.'[15]

통일전선: 마법의 무기

통일전선은 중국 정치공작 수단들 중 가장 중요한 무기이다. 마오쩌둥은 '동지들과 단결하고 적을 파괴한다'는 원칙하에, 중국공산당원을 동원해 적을 공격하는 통일전선 전략으로 전세계 혁명을 촉구했다. 그는 통일전선을 인민해방군(PLA)의 전신인 홍군(Chinese Red

Army)의 군사력에 필적할 수 있는 '마법의 무기'라고 묘사했다.[16]

통일전선 전략은 본래 러시아 내전에서 볼셰비키가 개발한 것이다. 해당 전략은 공동의 적 타도와 같은 실질적 목적을 위해 비혁명가들과 협력할 것을 요구한다. 그리고 비혁명가들을 혁명대의로 이끌 것을 요구한다. 중국에서는 1920년대에 군벌주의 종식을 위해 공산당과 국민당 간 동맹을 맺으면서 통일전선이 처음 활용되었다.[17] 통일전선은 적의 엘리트와 군사력에 영향을 주고, 적을 흡수하고 적의 사기를 떨어뜨리고, 전복시키는 데에 방점을 두고 있는데, 처음 활용된 이후 대략 100년 동안 일관되게 전략이 유지되었다. 물론 현재는 혁명 수출보다 전체주의 모델 수출이 더 중요하다. 하지만 비공산주의 세력을 흡수하는 것은 오늘날에도 통일전선 전략의 핵심으로 남아 있다.[18]

초기 중국공산당에서는 비밀스러운 정치 작전이 수많은 체계로 구분되었다. 마크 스톡스(Mark Stokes)와 러셀 샤오(Russel Hsiao)에 따르면 도시작전부(the Urban Work Department)는 "일반 시민, 소수민족, 학생, 공장 노동자, 도시 거주민'을 담당하고, 사회작전부(the Social Work Department)는 '적의 민간인 당국자들 중 상류사회 엘리트, 고위급 중국공산당 지도자들의 안보, 코민테른 리에종'을 담당했다. 마지막으로 총정치부(the General Political Department)는 '적군 작전 및 연락 업무'라 지칭되는 일들을 도입해 '반군 세력에 대한 정치공작'을 책임지고 있었다."[19]

제2차 중일전쟁 당시 일본 침략자들에 대항하기 위해 중국공산당과 국민당의 두 번째 통일전선이 결성되었다. 하지만 2차 동맹은 전쟁 도중 와해되었다. 국공내전 기간에는 중국공산당의 적군 작전 및 연락 업무가 국민당의 사기를 저하시키고 대륙에서의 전승을 위한 국내외 지원 획득에 있어서 매우 중요했다. 중국공산당은 1949년 중국 대륙에서 국민당을 재패하고 현재의 중화인민공화국을 설립했다.

1940년, 중국공산당은 '해외 화교 커뮤니티와의 관계를 특별히 담당하는 기관'을 설립했다. 1950년대에 이르러 이 화교 커뮤니티 활용 전략은 '중국 공산주의 사상과 실천의 필수적인 부분'이 되었다.[20]

통일전선 작전의 성공은 중화인민공화국 설립에서부터 1950년대 대약진운동, 1960년대 및 1970년대의 문화대혁명, 1990년대 매력공세, 마지막으로 오늘날의 일대일로 연계 정치공작에 이르기까지 여러 차례 변동을 겪었다. 성공 사례들 중 일부는 뒷장에서 자세히 다뤄질 것이다.

정치공작 작전에서의 적극적 조치

중국공산당의 정치공작 성공의 한 가지 열쇠는 적극적 조치(active measures)를 거침없이 활용한 것이다. 소련을 통해 학습한 적극적 조치에는 '슬로건, 왜곡된 주장, 허위 정보, 해외 대중 및 정부의 태도나 행동에 영향을 미치기 위해 사실을 조작적으로 활용'하는 작전이 포함된다. 적극적 조치는 세 가지 유형으로 분류된다. 첫째, 흑색선전은 '해외 대중 인식과 고위 지도자들의 태도를 형성하기 위해 영향력 작전, 은밀한 언론 조작'을 동원한다. 두 번째 적극적 조치인 회색선전은 '외견상 소련과 독립적 노선을 가능하게 하는 통일전선 조직, 싱크탱크, 기관 및 기타 비정부 기관들'을 활용하는 방식이다. 세 번째 적극적 조치인 백색선전은 '당 선전부에서 내는 성명들, 즉 노골적인 선전'이다.[21]

대만은 역사적으로 중국 정치공작의 주된 표적이 되어 왔다. 하지만 중국공산당은 대만이라는 기존의 적 외에도 정치공작의 대상을 확대해왔다. 지역적, 글로벌 패권이 중국의 궁극적인 목표이기 때문에 이제는 국제사회 전체가 표적이 되고 있다. 중국은 1949년 이후 지역과 전 세계를 상대로 적극적 조치 작전을 수행하고자 막대한 자원을 투입하고 있다.

미얀마 와주연합군(UWSA)은 중국의 대리군이다. 이들에 대한 중국의 지원은 많은 현대 외교관, 학자, 언론인들에게는 이례적으로 보일 것이다. 그러나 중국에게 이런 방식의 지원은 늘 기본이었다. 냉전기 40여 년 동안 중국의 '민족해방군'은 동남아시아 전역의 국가 건설을 방해하며 혁명전을 벌였고, 미국과 그 동맹국들에게 막대한 손해를 끼쳤다.

대표적인 반군 분석가인 로버트 테이버(Robert Taber)에 따르면 "전형적인 혁명 정치조직은 두 가지 지부를 갖게 된다. 하나는 은밀하고 불법적이며, 다른 하나는 눈에 띄고 준합법적인 기관"이다. 전자는 '활동가, 파괴공작원, 테러리스트, 무기 공작원, 폭발물 제작자, 비밀 언론사, 정치 선전물 배포자, 게릴라 활동메신저'로 구성된다. 후자는 '지식인, 무역인, 사무원, 학생, 전문가'로 구성되고, 이들은 '자금 홍보, 청원 유포, 불매운동 조직, 대중시위 제기, 우호 언론인에게 정보 제공, 루머 유포 등 모든 면에서 상상 가능한 대규모 선전활동을 할 수 있다." 이때 대규모 선전활동은 '반군 이미지 강화와 개선, 체제 신뢰도 저하'라는 두 가지 목적을 갖는다.[22]

관련 기술들을 활용하여 중국은 1950년대부터 현재까지 독립운동군과 반군 세력에게 자원, 병력 및 훈련을 제공해왔다. 지원 대상은 주로 동남아시아의 신흥개발국이었으며 아프리카, 중남미 지역에서도 약간의 추가적인 지원이 이뤄지고 있다.[23] 동남아시아에서 반군 세력의 대리군은 베이징 정치공작 수단들 중 가장 날카로운 것이었다. 결국 베트남, 캄보디아, 라오스에서 성공을 거두었고, 태국과 말레이시아와 같은 나라들은 각각 미국과 영국의 대규모 지원과 혁신적인 반군 대응 개념을 통해서만 현상을 유지할 수 있었다.

오늘날 중국은 미얀마의 와주연합군과 같은 대리군을 계속해서 활용하고 있다. 와주연합군은 1989년 중국이 후원하는 미얀마 공산당이 해체되면서 설립되었다. 와주연합군은 중국-미얀마 국경에서 벨기에 영토만한 지역을 관리하고 있는데 이곳은 아시아 마약 거래의 거점지이기도 하다. 중국의 직접적인 지원 덕분에 와주연합군은 현재 아시아에서 가장 거대한 비국가 군사행위자가 되었으며, 미얀마 군에 있어서 심각한 억제 수단을 보유하고 잘 갖춰진 주도적인 군대가 되었다. 또한 와주연합군은 오늘날 미얀마 내 주요 권력 브로커로 교착상태에 빠진 미얀마의 평화 과정에 영향을 미치고 있다. 코캉군(Kokang) 또한 중국의 후손이면서 중국을 배후에 두고 있다. 코캉 세력은 2014년 러시아 크림반도 합병과 유사한 방식으로 미얀마 코캉 지역을 병합하려 시도했고, 이 사실이 보도되면서 중국의 대리군으로 간주되기 시작했다.[24]

중국의 매력 공세와 통일전선의 재부흥

1980년대 말까지만 해도 중국은 국제사회에서 캄보디아의 폴 포트 정권처럼 잔인하고 악랄한 유혈혁명을 지원하는 공산주의 위협이자 파렴치한 존재로 여겨졌다. 대기근, 대약진(1958-62)의 완전한 실패, 문화대혁명으로 인한 무정부적 상황(1966-76)은 중국의 국제적 이미지를 손상시켰고 정치공작과 영향력 작전의 효력을 크

게 약화시켰다.[25]

1989년 천안문광장 대학살은 중국의 영향력을 더욱 약화시켰다. 특히 천안문광장 대학살을 둘러싼 국제사회의 반발로 인해 중국공산당은 내부 선전 및 진압과 외부 영향력 강화 측면에 있어서 전환점을 맞이했다.[26] 이후 중국은 글로벌 정치공작 작전에 있어서 소프트파워 활용 능력을 상당 수준으로 발전시켰다. 이런 전환은 1990년대 후반에 시작된 매력 공세 캠페인으로 발현되었다.

중국은 1990년대에 베트남을 향해 군사 행동을 하고 대만을 위협하는 등 국제적인 반발을 불러일으킨 바 있다. 그럼에도 지난 10년간 매우 정교한 글로벌 매력 공세 캠페인을 확대해왔다. 매력 공세 캠페인은 정치공작 목표 전반을 지원하기 위한 체계적이고 일관된 소프트파워 전략에 기초한다. 중국은 국제사회에 성공적으로 진입하기 위해 영향력 관련 개혁을 광범위하게 시행해 외교단을 질적으로 향상시키고 정교화하는 등의 노력을 들였다. 1991년, 냉전이 종식되자 이런 노력들을 감추기에 용이해지기도 하였다.

빌 클린턴(William J. 'Bill' Clinton) 대통령 임기 동안 미국은 세계무대에서 한 발 뒤로 물러나 있었다. 이런 환경은 중국이 위와 같은 발전을 이루는 데에 큰 도움이 되었다. 미국은 1999년 주요 공공외교 및 정치공작 대응기관이었던 미 정보국을 해체했다. 이들 기관은 냉전 승리의 희생양이 된 것이다. 게다가 클린턴 행정부는 제2차 세계대전 이후 설립된 다수의 다자기관들을 방치해 1994년 르완다 대학살이나 1997년 아시아 금융 위기에 개입하지 못했다.[27]

결과적으로 미국의 영향력이 약해지는 듯 보이자 '중국 부상'의 토대가 마련되었고 중국은 세계무대에서 적극적으로 나설 수 있게 되었다. '미국이 경제 호황, 인터넷, 미국 자체의 문화전쟁에 갇혀 세계로부터 멀어져 있는 것'을 지켜보며 중국공산당 지도자들은 자신들이 이제 미국을 능가할 수 있겠다는 자신감을 가졌다. 그 결과 중국이 '온화하고 평화적이면서 건설적인 행위자'임을 부각시킬 소프트파워에 집중함으로써 '지역적 환경 조성'에 착수했다.[28] 이후 중국은 '상호보완적 경제 이익을 강조하는 전 세계를 향해 더 적극적이고 실용적인 외교노선을 채택해 나가고 있다.' 중국은 영향력과 국가이미지에 긍정적인 외교단 정교화 전략 외에도 개발도상국의 인프라, 공공사업, 경제투자사업 등에 자금을 지원하고 있다.[29]

시진핑 시대의 정치공작

2012년 이후, 중국은 광범위한 전략적 목표를 달성하기 위해 훨씬 더 정교하고 야심차게 정치공작을 활용하게 되었다. 프린스턴 대학교 교수 아론 프리드버그(Aron L. Friedberg)에 따르면, "중국은 개발도상국뿐만 아니라 미국을 포함한 선진산업국들의 지도자와 엘리트 모두의 인식을 형성하기 위해 다양한 기법을 이용하고 있다"고 한다.[30] 프리드버그는 중국이 구사하는 방법이 다음의 것들을 포함하고 있다고 서술한다.

- 대학 의장 및 싱크탱크 연구 프로그램의 자금 지원
- 신뢰할 만한 '중국의 동료'라는 것을 증명한 전(前) 정부 관리들에게 유리한 고용 제안
- 외국 국회의원과 언론인을 위해 중국에 전액을 지불한 융커들
- 해외 시민들에게 중국에 대한 부정적 견해를 보여주는 외국 언론사 추방
- 탄탄한 재정 기반을 바탕으로 한 관영/준 관영/명목상 비관영 매체 플

랫폼을 정교하게 활용하여 전 세계를 향해 중국의 메시지 전달
- 영화 스튜디오 및 미디어 회사들을 압박하여 정치적으로 예민한 이슈들을 피함으로써 거대 중국 시장에 대한 지속적인 접근을 보장하는 것
- 중국의 이익을 지지하는 유학생 및 현지 중국 커뮤니티 동원과 활용[31]

중국공산당은 오랫동안 적에 대한 선전과 허위 정보를 이용해왔다. 하지만 최근 몇 년간 새로운 소셜미디어 세계를 통해 '오래된 정치·심리전 전술을 확대할 수 있도록 정보환경 비옥해졌다는 사실'을 발견했다. 소셜미디어를 이용해 적대국 사회에 선전 및 허위 정보를 쏟아 붓는 것은 궁극적으로 민주주의에 대한 신뢰를 약화시키고 정치적 불안정을 조성할 수 있다는 이점이 있다.[32] 중국은 소셜미디어 장악을 목적으로 30만 명에 달하는 사이버군과 약 200만 명의 네티즌으로 이루어진 '50센트군대'를 구축했다. 여기에 참여한 개개인들은 명목상의 수수료를 받아 소셜미디어 상에서 중국공산당 선전에 유리한 댓글을 단다.[33]

인민해방군 개혁과 '도처에서의 투쟁'

정치공작 및 정보·사이버 작전 활용에서 중국 인민해방군의 역할이 진화하고 있다는 점에 주목할 필요가 있다. 미국 국방대학교 연구에 따르면, 인민해방군은 2015년 말 "구조, 전쟁 모델, 조직 문화에 극적인 변화를 가져온 개혁을 시작했다."[34] 이 개혁 과정에서 인민해방군 내 사이버, 전자, 심리, 우주전 능력을 통합하는 전략지원부대(SSF)가 창설되기도 했다.

전략지원부대는 인민해방군이 정보 작전 및 정보화 전쟁을 수행하

는 계획의 측면에서 특히 중요하다. 전략지원부대는 '심리전과 정치전 임무의 요소들을 통합한 것으로 보이며, 구체적으로는 인민해방군 전반의 중국 정치전 병력을 대대적으로 재편성한 결과이다. 이 부대는 향후 심리 작전에서 보다 운영적인 역할을 할 가능성이 있다.'[35]

중국군은 전략지원부대가 '적대 행동을 예측함과 동시에 평시에는 분쟁의 조건을 규정하고, 전시에는 전투지에서의 군사적 우위를 달성하기 위해' 필수적이라고 보고 있다. 전략지원부대는 '전면전 직전 단계의 행동을 통해 적의 의사결정에 영향을 미치고자 한다. 뿐만 아니라 개방된 갈등으로의 확대 없이 전략 목표를 달성'함으로써 '전투 없는 승리'라는 정치공작의 목표를 지지한다. 중국은 '평화와 전쟁이 별개로 여겨지는 서구 분쟁 모델'을 고수하지 않는다. 반대로 중국공산당 모델은 '도처에서의 '투쟁'이다. 이는 '마오쩌둥주의-마르크스주의-레닌주의로 이어지는 패러다임으로, 광범위한 정치전선이 정치 제도와 이념의 끝없는 충돌 속에 있으며, 군사적 경쟁과 갈등은 일부일 뿐이라고 여긴다.'[36]

중국군 개혁의 또 다른 핵심 성과로는 2016년 2월에 난징대군구를 대체하는 동부전구사령부(ETC)의 창설에 있다. 동부전구사령부는 '대만에 대한 정치·군사적 강압을 지휘'하는 데 중요한 역할을 한다. 그리고 전구사령부 시스템이 확장·재편되면서 인민해방군의 운영 능력이 증가되었다.[37] 동부전구사령부 창설은 전략지원부대 설립에 수반된 것이었다. 동부전구사령부는 마오쩌둥 시기 정치공작 지원 체제 하에서의 능력 그 이상으로 중국군의 능력을 발전시키기 위해 필요한 조직과 자원을 제공하게 될 것이다.

통일전선의 본격화

중국공산당의 정치공작의 활용은 당 설립 초기까지 거슬러 올라간다. 그러나 정치공작 작전의 중요성, 특히 통일전선부를 활용하는 시도는 시진핑이 2012년과 2013년에 중국공산당과 중국의 지도자로 차례로 등극하면서 새로운 자극을 받았다. 중국공산당 혁명가이자 관료였던 시진핑의 아버지 시중쉰은 경력의 대부분을 통일전선 및 기타 정치공작 작전을 지휘하며 보냈다. 그리고 이 과정은 시진핑이 정치공작의 가치를 이해하는 데 분명히 영향을 미쳤다.

시진핑은 중국이 강성해지고 자신감을 얻었으므로 자산을 숨기고 적시를 기다리라던 덩샤오핑의 조언을 넘어설 때가 왔다고 보았다. 시진핑은 더 이상 중국의 능력이나 의도를 숨기지 않는 장기 전략을 개시하기 위해 그 자리에 올랐다. 그리고 이는 대부분의 서구 정치인들과 분석가들이 무시하기로 했던 부분이다. 중국공산당 18차 당대회의 대의원들은 통일전선 작업의 중요성에 대해 강의를 들었다. 그리고 관료 조직은 서둘러 그들의 요청에 응하기 시작했다.[38]

2018년 2월, 시진핑은 전 세계적으로 6천만 명으로 추정되는 디아스포라 중국인들 사이에서 더 큰 지지를 얻을 것을 지시했다. 그는 중국몽을 지지하며 해외에 거주하는 중국인들과 '긴밀히 단결'할 것을 독려하고 "중국 민족의 위대한 부흥을 실현하기 위해서는 국내외에의 자녀들과 함께 협력해야 한다"고 강조했다. 시진핑은 "당과 국가가 대규모 해외 화교, 귀국 화교, 그들의 가족을 결집시켜 중국 민족의 위대한 부흥에 긍정적인 역할을 하는 것이 중요한 과제"라고 강조했다.[39]

외부 세계를 겨냥한 중국공산당의 통일전선 작업은 지난 5년간 확립된 추세에 이어 19차 당대회를 계기로 더욱 공고해졌다. 켄터베리 대학교 앤 마리 브래디(Anne-Marie Brady) 교수는 19차 당대회 이후 "시진핑은 중국공산당과 중국이라는 국가 사이에 있던 장벽을 없앴다"고 한다. 그 결과 통일전선부가 중국공산당 통일전선에서 중요한 역할을 하게 된 것은 사실이다. 그러나 중국의 현대 정치공작 전술을 이해하려면 중국공산당의 모든 기관, 정책, 지도부, 방법론, 당-국가 체제가 작동하는 방식을 깊이 이해해야 한다.'[40]

브래디는 향후 시진핑 시기의 통일전선 활동이 네 가지 핵심 분야에 집중할 것으로 전망하고 있다. 첫째, 한족과 위구르족, 티베트족과 같은 소수민족 모두를 포함한 중국 디아스포라를 관리, 지도하기 위한 노력을 강화하여 그들을 중국 외교정책의 대리인으로 활용하고 비협력자에 대해서는 점점 더 가혹한 처우를 할 것이다. 둘째, 중국공산당의 글로벌 외교정책 목표를 지지, 촉진하기 위해 세계 각국의 대외 경제·정치 엘리트의 흡수 및 육성이 필요하다. 셋째, 중국공산당 아젠다 촉진을 위한 글로벌, 다중 플랫폼, 전략적 커뮤니케이션 전략이 필요하다. 마지막으로 중국 중심의 경제·전략 블록, 즉 일대일로 이니셔티브(BRI)를 형성하는 것이다.[41]

브래디는 시진핑의 일대일로 구상을 '고전적인 통일전선 활동'이라고 규정한다. 그녀는 그것이 '이데올로기를 넘어선 것'이며, 중국공산당 분석가들이 '세계화 2.0'이라고 묘사하고 있는 새로운 글로벌 질서 창출을 위해 고안되었다고 지적한다. 통일전선은 일대일로를 지원하고, 일대일로 또한 통일전선을 지원한다. '중국공산당은 여러 국가의 지방 및 국가 수준의 경제·정치 엘리트들을 통해 동맹과 고객들을 심어 왔으며, 각 국가에서 일대일로 수용을 촉진하도록 하고 있다.'[42]

중국 디아스포라에 영향을 미칠 목적으로 중국의 선전활동의 상당 부분은 고국에 대한 강한 애국심을 느끼는 해외 중국인 유학생과 화교 지역사회를 대상으로 한다. 중국 교육부는 2016년에 애국적 정서를 구축 및 활용하고자 '해외 유학생의 애국 역량을 함양'하고 '사람을 매개로 한 해외 선전모델을 구축해' 중국몽의 해외 확산을 최우선 과제로 삼았다.[43] 중국과 외신 기관 모두에 대한 통제력을 증대시켰고 해외 중국인들을 초국가주의적 열광으로 몰아넣으려 하고 있다. 또한 해외 중국인들을 활용해 중국의 행동에 반하는 모든 국가에게 영향을 주고, 방해하며, 정치적으로 마비시키려 한다.[44]

전(前) 미 해군 대령인 제임스 파넬(James E. Fanell)은 2018년 의회 증언을 통해 시진핑과 중국공산당이 '해외 중국인들을 이용해 전 세계의 군사적, 정치적 적대국들을 약화시키고 자신들의 정치적, 군사적 목표를 진전시킬 것'이라고 평가한 바 있다. '그중에서도 가장 중요한 것은 세계적으로 활동하는 인민해방군의 군사적 접근성을 더 높이기 위해 로비하는 것'이 될 가능성이 매우 높다. 인민해방군 해군은 아프리카 혼 지역의 지부티에 이미 구비된 작전기지를 활용해 현재 인도양과 지중해, 발트해, 북극해에서 활동하고 있다. 중국은 전 세계에 걸쳐서 장기 항만 계약을 체결했으며 여기에는 인도네시아, 파키스탄, 방글라데시, 탄자니아, 미얀마, 말레이시아, 호주, 스리랑카, 캄보디아, 그리스, 나미비아, 모리셔스, 지부티, 브루나이, 말라카 해협을 포함된다. 이 항구들은 인민해방군 해군에 '중요한 정박시설과 물류를 제공하기 시작했으며,' 유지, 식량, 급유도 포함된다.[45] 중국은 또한 아조레스 해군의 정박지를 얻기 위해 노력하고 있으며 현재 몰디브, 스칸디나비아, 그린란드에서 항만 계약 협상을 진행 중이다.

공세적으로 나아가는 중국의 정치공작

브래디는 세계가 중국의 정치공작과 영향력 작전 실태를 폭로하고 있음에도 중국이 물러서지 않고 있다고 경고했다. '반대로, 외부를 겨냥한' 중국 통일전선 과제는 "모든 전선에서 전투를 벌이며 공세를 펼쳤으며, 이는 중국공산당 지도부가 자신들이 강자의 위치에 있으며 자신들의 노력을 숨길 이유가 없다고 믿고 있음을 시사한다"고 지적했다.[46]

미국의 아시아정책연구소(NBR)의 나데주 롤랑(Nadège Rolland)이 기술한 바와 같이, 국경보호에서 출발한 중국은 점차 외부로 확장하면서 중층적 방어 체계를 구축하고 있다. '중국의 사이버 공간을 둘러싼 거대 방화벽'과 '국내 언론 및 정보 순환에 대한 당의 통제를 강화함으로써' 국내에 자유민주주의적 가치와 이상이 유통되는 것을 억누르고 있다. 중국공산당은 또한 1차 방어선을 통과할 수 있는 위험한 발상들을 차단하기 위해 국내선전과 소위 말하는 애국교육을 강화했다. '반격 모드' 상태에서 중국공산당은 '적의 영토를 집중 타격했고, 중국의 디아스포라들을 타깃으로 삼았다. 중국공산당은 외국인을 동화시킬 목적으로 '전선조직을 배치하여 외신·학계·기업계'를 적극 공략하고 있으며, 어느 수준에서든 자국의 핵심 이익을 위협하고 있다고 여겨지는 이들에게 보복을 감행한다.[47]

현재 중국은 자신들의 우월한 힘에 대한 믿음을 가지고 있다. 그래서 시진핑과 중국공산당 지도부는 그들의 노력이 대중들에게 노출되는 것을 더 이상 신경 쓰지 않는다. 예컨대 "재외 중국인을 영향력 에이전트로 활용하고, 외국 대학과 영화사가 중국의 검열 지침을 받아들이도록 압력을 가하며 해외 엘리트들이 중국을 지지하도록 동화시키려는 시도들이 있다"고 브래디는 주장한다. 브래디의 결론은 다음과 같다. "시진핑은 모든 균열을 이용하며, 모든 전선에서 싸우는 동시에 '미국과 다른 서구 민주주의 국가'라는 주적에 연합 대항할 파트너를 계속해서 찾고 있다. … 시진핑에게 여러 서구 민주주의 국가는 세계 질서의 '오래된 시대'를 뜻하며, 그 시대는 19차 당대회를 기점으로 공식 종언되었다고 선언한 셈이다."[48]

4장
중국이 정치공작을 수행하는 법

PRC Political Warfare Goals, Ways, Means, and Wartime Support

POLITICAL WARFARE

2019년 전략예산평가센터의 로스 배비지(Ross Babbage)는 중국의 정치공작의 전략 목표 네 가지를 분석했다. 그중 가장 중요한 것은 '공산당 통치의 공고한 지속'이다. 이를 달성하기 위해 중국공산당은 "국내 반발을 억누르고 당의 충성도를 강화하며 중국의 국제적 경쟁자들을 약화시킬 정교한 정치공작을 구사하고 있다"고 밝혔다.[1]

두 번째 목표는 '대륙과 해양 영역에서 인도-아시아-태평양의 압도적 강국으로서 합당한 지위를 재건하는 것'이다. 다시 말해 시진핑의 '중국몽'을 달성하는 것이다. 중국공산당은 '굴욕의 세기'를 극복하고 국력과 부와 영향력을 회복하겠다는 지도부의 결의를 강조하는 강력한 서사를 선전해왔다. 중국공산당은 이러한 목표 달성을 위해 검증된 최신 정치공작 방식을 채택하고 있다. 구체적으로는 '적진에 깊숙이 침투하고, 정보를 수집하며, 허위 정보를 심고, 동조자와 스파이를 모집하고, 분란을 일으키고, 사기를 저하시키며, 마지막으로 전략적으로 중요한 기반시설을 효과적으로 통제하는 작전'을 수행해오고 있다.[2]

중국공산당의 세 번째 목표는 '중국의 영향력과 위신을 구축'하여 중국이 '우월하지는 않더라도 미국과 동등한 존재로 존중받게' 하는 것이다. '미국과 민주주의 동맹국의 서태평양과 동인도양 내 지배권을 밀어내고 중앙아시아, 중동, 아프리카, 남미 등 현재까지는 비동맹인 지역에서 전략적 힘을 구축하고자' 정치공작을 전개하고 있다.³

마지막으로 네 번째 목표는 '국가관리를 받으면서도 비교적 개방적인 경제구조와 결합된, 엄격한 권위주의 정치통제 모델을 수출하는 것'이다.⁴ 중국은 거버넌스와 발전에 대한 자신들의 접근법이 서구 자유민주주의 국가들보다 훨씬 더 매력적인 선택이라는 내러티브를 전파한다. 프린스턴 대학교의 애런 프리드버그(Aaron L. Friedberg) 교수에 따르면 "중국은 이제 서구가 제시한 발전모델의 대안으로 시장 주도 경제 성장과 권위주의 정치를 결합한 중국적 발전모델을 제시하고 있다."⁵ 배비지는 중국공산당의 글로벌 의도와 관련해 '시진핑의 비전 중에 동일한 생각을 가진 수정주의 국가집단의 성장을 촉진하는 것'도 포함된다는 사실에 주목할 필요가 있다고 한다. 그리고 이런 국가집단이 "향후 국가 간 협력, 동맹, 심지어는 중화제국을 구성할 수 있을지도 모른다"고 평가한다.⁶

다소 비공식적이긴 하지만 허드슨 연구소 또한 2018년에 중국 정치공작의 목표, 대상, 전략에 대한 적절한 설명을 제공한 바 있다. 이에 따르면 "중국은 궁극적인 위협으로 인식하는 미국의 지전략적 권력을 대상으로 장기적인 개입 및 영향력 캠페인을 수행하여 표현의 자유, 개인의 권리, 학문적 자유와 같은 … 미국적 권력과 자유를 길들이는 것을 목표로 하고 있다." 작전 대상에는 정치인, 학계, 사업가, 학생, 일반 대중이 포함된다. "중국공산당은 큰 재원과 서구 조력자의 도움을 받아 공산주의 이념이 아닌 자본을 영향력의 강력한 원천으로 삼고, 장기적 의존이라는 기생 관계를 형성하고 있다." 미국과 다른 민주주의 국가들이 중국을 어떻게 생각하고 어떤 식으로 말하는지 그 방식에 변화를 야기해 "중국이 지속적 통치를 할 수 있도록 '세계를 안전하게' 바꾸고 있다."[7]

하지만 중국 정치공작의 목표는 당의 자기보존의 수준을 훨씬 넘어섰다. 특히 유라시아 동부뿐만 아니라 먼 대륙과 해양 영역에서 중국공산당이 생각하는 중화제국으로서의 중국을 복원하는 것이 포함되기 때문이다. 또한 중국의 대만 점령, 즉 대만과의 '재통합'은 아시아태평양 지역에서 미국을 추방하려는 목적과도 밀접하게 관련된다.

대만은 여전히 중국 정치공작의 중심이다. 스톡스와 샤오는 "중국에게 대만 민주정부는 중국의 권위주의 모델에 대한 대안이기 때문에 이에 중국공산당의 국내 정치적 독점에 있어서 실존적 위험이라"고 주장한다.[8] 중국 국공내전 당시 중국공산당이 원하던 결론은 중화민국을 붕괴시키고 중국으로 대만을 흡수하는 것이었다. 따라서 대만 점령은 시진핑이 '민족 통일'이라고 묘사하는 과업의 중요한 이정표를 의미하며, 그는 목표 달성을 위해 무력을 포함한 모든 수단을 사용할 것이라고 분명히 밝혔다.[9]

프리드버그는 미국 및 기타 선진산업국가에 대한 추가적인 정치공작에 두 가지 목표가 있음을 확인했다. 하나는 '중국의 지속적인 경제 성공에 필수적인 시장, 기술, 아이디어, 정보 및 자본에 대한 접근성을 확보하고 유지하는 것'이며, 다른 하나는 '개별행동을 하든 중국에 협력하든, 외국 정부가 중국의 전략적 목표 달성을 방해할 만한 정책을 추진하지 못하도록 막는 것'이다.[10]

그는 또한 중국이 크게 두 가지 메시지를 통해 자국의 목표 달성을 모색하고 있다고 서술했다. 첫 번째로 "중국은 '윈윈협력'을 원하는 평화롭고 비위협적이면서 여전히 발전 중인 국가이며 중국의 부상은 불가피하고 멈출 수 없는 것으로 급성장하는 강대국"이라는 것이다. 두 번째 메시지에서는 "신중한 지도자들이라면 중국의 요청에 반대해 중국의 분노를 유발하기보다는 '중국 열차'에 올라탐으로써 비위를 맞추려고 노력(해야 한다)"는 내용을 담고 있다. 프리드버그는 중국이 "우월한 지역강국으로서 미국을 대체할 목적으로 빠르게 성장하고 있으며 군사, 경제, 정치 또는 정보전 능력을 결합하여 아시아 내 미국의 입지를 약화시키려 한다"고 평가했다.[11]

이제 중국이 목표 달성을 위해 정치공작을 어떻게 구성하고 있는지 간략히 살펴보겠다. 구체적으로는 중국 정치공작의 특성, 방법 및 수단, 조직, 정치공작의 전시 및 군사작전 지원방식이다.

중국 정치공작의 특징

전략예산평가센터는 중국 정치공작의 특징을 다음과 같이 정리한다.

- 통일전선부(UFWD), 인민해방군 등의 조직을 바탕으로 고도로 중앙집권화된 정치공작 지휘체계 구축
- 정치공작 수행에 있어서 '분명한 비전, 이념, 전략' 설정
- 노골적인 수단과 은밀한 수단의 동시 활용을 통해 적국의 순응과 붕괴를 야기할 목적으로 영향력 행사, 강압, 협박, 분열, 파괴 작전 수행
- 국민에 대한 엄격한 관료제적 통제
- 정치공작 대상에 대한 철저한 이해
- 통합 작전에서 정치공작 수단을 포괄적으로 배치하여 활용
- 정치공작 활동 노출이라는 고위험을 감수하겠다는 의지[12]

방법과 수단:

자금확보 및 경제적 측면

중국은 세계 2위 경제대국이다. 그리고 중국공산당은 해외 영향력 작전에 막대한 자원을 투자해왔다. 투자 규모는 2015년에 연간 100억 달러에 달했고 2020년에는 그 액수가 훨씬 더 높아진 것으로 추정된다.[13] 중국의 일대일로(BRI)는 글로벌 통일전선부 전략의 일환으로 여겨지기 때문에 일대일로 프로그램 또한 정치공작 지원에 필요한 대규모 추가 자원에의 접근을 가능케 한다.[14]

글로벌 정치공작에 있어서 **현금 규칙**(cash rules)은 군사, 경제, 여타 공격위협에 따른 필요성으로 인해 더욱 강조된다. 냉전기와 달리 현재 중국과의 정치적 갈등에서 이데올로기는 일부 기능만 담당한다. 『중국과 미국: 글로벌 영향력 비교(China and the U.S.: Comparing Global Influence)』의 저자에 따르면, "국가들은 단 한 번도 '차이나 모델'을 열망했던 적이 없다. 마오쩌둥의 대약진, 문화대혁명, 집단농장, 국영기업, 당내 인사를 제외한 모두의 빈곤(equal poverty), 억압적 정부라는 특징들은 기타 독재 정권들에게만 매력이 있었다."[15]

그러나 지난 30년간 중국이 괄목할 만한 경제 성장을 이루자 다른 모델을 제공하게 되었다. 새로운 '차이나 모델'은 '베이징합의(Beijing Consensus)'에 기반하고 있다. 베이징합의는 서구의 경제적, 정치적 가치와 모델 대부분을 거부한다. '차이나 모델'의 주요 특징은 '빈곤에서 벗어나기 위해 반드시 법적 자유를 가질 필요가 없는 사람들'을 위한 것이라는 점이다.[16]

실제로 중국공산당은 중국 경제규모와 상대적으로 빠른 성장, 표면상의 관대함을 바탕으로 전 세계의 많은 정치, 뉴스 미디어 그리고 영향력 있는 다양한 엘리트들이 빈곤에서 벗어날 수 있도록 돕고 있다. 현금을 지원한다는 현금 규칙은 특히 중국의 세계적 야망을 지원하고 가능하게 하는 가장 강력한 동기로서, 중국의 군사 역량과 아직까지는 신중하게 활용되는 정치공작, 정보기구의 대규모 확장세와 발맞춰 사용된다.

또한 중국은 정치공작 캠페인에 경제적 수단을 자주 활용한다. 중국은 거의 모든 서태평양 국가들의 최대 교역 파트너이며, 중국의 호의는 이 국가들의 발전과 번영에 중요하다. 배비지는 "따라서 중국 정권이 역내 국가나 주요 기업 지도자들에게 압력을 가하고 싶을 때 많은 경제적 수단을 동원할 수 있기도 하거니와 실제로도 정기적으로 그렇게 해왔다"고 서술했다. "눈에 띄는 사례로는 한국 정부가 미국과 미사일 방어시스템 유치를 약속했을 때 중국정부는 관광 규제, 롯데 유통망 불매운동, 기타 보복을 가한 경우가 있다."[17]

조직

모든 당과 국가 조직은 중국공산당의 정치공작 작전을 지원한다. 여기서 핵심요소들이 어떻게 상호 관련되는지 검토할 필요가 있다. 제임스타운 재단(Jamestown Foundation)의 피터 매티스(Perter Mattis)는 중국의 시스템이 세 층위로 이뤄져 있다고 분석한다. 첫 번째는 중국공산당 관계자, 두 번째는 간부 및 실행 기관, 마지막 층위는 '통일전선 및 선전업무지원 플랫폼과 역량을 갖춘 지원기관'이다. 일부 중국공산당 간부들은 정치공작 및 당의 영향력 작전 담당 부서들을 관리한다. 이 조직은 정치국 상무위원회(Politburo Standing Committee, PSC) 휘하에 있다. 최고위 통일전선 간부는 중국인민정치자문회의(Chinese People's Political Consultative

Conference, CPPCC) 위원장을 맡고 있으며 PSC에서 서열 4위이다. 다음 정치국 최고위원 두 명은 각각 선전부(현재의 홍보부)와 통일전선부를 지휘하고, '당국의 일상적인 기능을 위해 의사결정을 할 수 있는 권한을 부여받은' 사무국에 자리하고 있다.[18]

매티스는 통일전선부를 중국 내에서의 '통일전선 업무를 수행하는 집행기관'이라고 소개한다. 통일전선부의 활동 범위는 '당 체제의 모든 수준에서 운영된다.' 화교사무소(the Overseas Chinese Affairs Office, OCAO)뿐만 아니라 '홍콩, 마카오, 대만 문제, 민족·종교 문제, 대내외 선전, 기업가 및 당외 유력인사, 지식인, 대민 교류' 임무를 포함한다. 통일전선부는 중국과 외국 기업 내에서 당 위원회 설립을 주도하기도 한다.[19]

화교사무소는 특히 전 세계 디아스포라를 규합하는데 중요한 역할을 한다. 화교사무소의 임무는 '전 세계 화교 커뮤니티 간의 연합과 우정을 강화하고, 화교 미디어 및 중국어학교와의 교류, 지원을 유지한다. 그리고 경제, 과학, 문화, 교육' 관련 문제에 있어서 해외 화교와 중국인들 간의 '협력 및 교류를 증진하는 임무도 수행한다.'[20] 화교 사무소는 그 목적상 화교 커뮤니티 출신 연구원, 언론인, 지역 사회 지도자들을 정기적으로 중국에 데려옴으로써 학회나 회의에 참여케 한다.

미중 경제안보검토위원회(the U.S.-China Economic and Security Review Commission, ESRC)의 알렉산더 보웨(Alexander Bowe)는 통일전선부 산하에 핵심 소조(bureaus)가 9개, 부차적인 조직이 4개 있다고 분석한다.

- 소수정당영도소조: 중국의 비공산정당 8개 담당
- 민족·종교영도소조: 소수민족 문제 담당
- 연락업무영도소조(홍콩, 마카오, 대만, 해외): 홍콩, 마카오, 대만 지역 및 해외 중국인 디아스포라 담당
- 핵심간부소조: 통일전선 작전 개발
- 경제소조: 중국의 저개발 지역과의 연락 담당
- 비당파독립지식인담당소조: 중국 지식인과의 연락 담당
- 티베트담당소조: 티베트의 충성심 배양 및 분리주의운동 억압
- 신사회계층대변소조: 중국 중산층 정치지원 담당
- 신장영도소조: 신장의 충성심 배양 및 분리주의운동 억압
- 총괄 사무소: 경제 및 행정업무 협력
- 당위원회: 이데올로기 및 규율 담당
- 정책연구소조: 통일전선 이론 및 정책 연구와 선전 지원
- 은퇴간부소조: 은퇴(예정)인사 정책 이행[21]

보웨는 '다양한 중국공산당 민군 조직들도 통일전선부와 직접적으로 일하거나 폭넓은 CPPCC의 지도에 따라 일을 수행함으로써 통일전선 업무수행에 매우 적극적'이라고 덧붙였다. 대만에서 중화민국 통일을 추진하는 중국평화통일촉진협의회(The Council for the Promotion of the Peaceful Reunification of China, CPPRC)는 "중국평화통일협회(The National Association for China's Peaceful Unifi- cation, NACPU)에 등록된 33개 미국 지부를 포함해 90개 나라에서 200개 이상의 지부를 갖고 있다"고 알려졌다.[22]

매티스에 따르면 중국공산당 선전/홍보부는 '당의 이론 연구, 여론 지도, 중앙언론사 지도·조정 업무와 선전·문화체제 지도, 중국

사이버우주국(Cyberspace Administration of China)과 언론, 출판, 라디오, 영화, TV 부문 국가행정처' 업무 수행을 담당하고 있다.[23]

많은 당-국가 조직들이 중국공산당의 영향력 작전에 협력하고 있다. 기타 조직들은 통일전선이나 선전 업무에 특별히 중점을 두고 있지는 않아도 관련 목적으로 사용될 수 있다. 매티스는 "이 조직들 중 상당수는 영향력 작전 참여시 대표조직이나 전방조직을 공유하며 필요에 따라 다른 기관에도 플랫폼을 빌려주기도 한다"고 보고했다.

위와 같은 당-국가 조직의 대표적인 예로는 민정부(Ministry of Civil Affairs)와 문화부, 교육부, 외교부, 국가안전부, 국가해외전문가부(State Administration of Foreign Expert Affairs), 신화통신, 중국군정치부 소속 연락담당국 등이 있다.[24]

중국군은 중국의 정치공작 조직에서 중요한 역할을 한다. 중국공산당 중앙군사위원회 주도로 정치부는 중국군의 원칙적인 정치공작 사령부 역할을 수행한다. 글로벌 대만 연구소(Global Taiwan Institute) 소속 마이클 콜(J. Michael Cole)은 정치부의 전신인 중국군 총정치부(PLA General Political Department)를 '정치, 재무, 군사작전, 정보 부문이 상호 연동된 이사국'이라고 설명한다.[25]

스톡스와 샤오는 정치부 연락 업무가 "통상적으로 국제관계에 있어서 가장 중요한 측면으로 여겨지는 전통적인 국가외교뿐만 아니라 공식적인 군관계도 강화한다"고 지적한 바 있다.[26] 정치부, 통일전선부, 기타 영향력 관련 조직들은 다수의 우정 및 문화협회 활동을 설립, 촉진시키는 데 주요 역할을 한다. 대표적으로 외국군 관계자 흡수를 담당하는 중국국제친선접촉협회(China Association for International Friendly Contact, CAIFC)가 존재한다.

소련이나 현 러시아식 정치공작 모델과는 달리, 중국 정보국, 국가안전부 등과 같은 정보기관들은 대외 영향력 작전에 종속적인 역할을 수행하는 것으로 보인다. 영향력 작전임무를 수행하는 개개인들은 대부분 정보요원이 아니다. 일반적으로는 중국공산당의 국제적 목표를 이해하고 외국인을 관리하는 데 능숙한 당 엘리트들이 이를 담당한다. 그럼에도 첩보 수집은 정치공작 작전의 성공을 위한 토대이며 항상 정치공작 업무에 필수적인 요소이기 때문에 중국 정보국과 국가안전부도 이런 적극적 조치에 관여한다.[27]

정치공작과 중국 전투작전 지원

중국은 정치공작과 속임수를 사용하여 전투 없이도 전략적 승리를 달성했다. 그러나 정치공작만으로는 원하는 결과를 이끌어내지 못하는 경우가 있을 수 있다. 예를 들어 대만, 남동국해, 인도에서 원하는 결과를 도출하지 못한다고 판단되면 중국지도자들은 전통적, 비전통적 전투 작전을 파격적으로 이용해 목표를 달성하려 할지도 모른다. 그리고 그 결과 우연히 전쟁이 발발할 수도 있다.[28]

제임스 파넬(James Fanell)은 아시아태평양 지역이나 다른 지역의 무력분쟁에서 '중국의 여론전은 제2의 전장이 될 것'이며, 여기서 중국은 '다양한' 정치공작 작전을 수행할 것이라고 주장했다.[29] 중국은 과거에도 수많은 군사작전을 지원할 목적으로 정치공작을 사용한 경험이 있다. 구체적으로는 1950년 한국전쟁 개입, 1951년 티베트 병합, 1962년 및 1969년 중·소 국경 분쟁, 1974년 베트남 파라셀 군도 전투, 1979년 중·베트남 전쟁, 1988년 베트남 스프래틀리 군도 공격, 1995년 필리핀 팡가니방 산호초 점령, 2017년 도클람에서 인도 및 부탄과의 교착상태, 2020년 인도군과의 라다크 교전 사례가 있었다.

중국공산당은 국제 담론을 주도하고 우방과 적대국 모두의 정책에 영향을 미치도록 사건, 행동, 정책 내러티브를 구상하고 있다. 그러므로 무력충돌이 발생할 경우, '우방국과 연합하고 적을 해체한다'는 중국의 원칙이 적극적인 정치공작 대응을 이끌어낼 것이다.[30]

손자병법에서는 분쟁이 발발하기 전에 적을 제압하거나 분쟁 발발 시 승리를 담보하기 위해 삼전(여론/언론전, 심리전, 법률전)의 역할을 특히 강조한다. 신미국안보센터의 엘사 카니아(Elsa B. Kania)에 따르면 삼전은 "전장에 대한 인식 면에서 대비시킨다. 그리고 삼전은 평시와 전시 모든 상황에서 중국의 이익 증진에 매우 중요한 전략으로 여겨진다." 중국군 장교들은 군생활 초기부터 정치공작에 대해 접하고, 지위가 올라갈수록 중국군 군사과학아카데미와 다양한 군사전략에 서적들을 통해 그 개념을 깊이 있게 공부하게 된다. 이 때 그들이 읽는 군사전략 서적으로는 『여론전·심리전·법률전 입문』뿐만 아니라 『군사전략학』의 중국군 국방대학교 에디션들이 있다.[31]

삼전과 더불어 중국은 '하이브리드전'을 펼칠 가능성이 높다.[32] 하이브리드전은 2014년 크림반도 합병 때 러시아가 사용한 것과 유사한 방식이기도 하다. 코르테즈 쿠퍼 3세(Cortez A. Cooper Ⅲ)는 중국군의 정치공작 독트린과 역량에는 "분쟁 해역에 어선단 주둔을 늘리고 해양 민병대와 해군함정을 지원하는 등 전쟁 이하의 수준을 유지하며 작전을 수행하는 군사 및 준-군사 부대가 포함된다"고 한다. 그리고 이러한 상황에서 "필리핀, 베트남, 일본과 같은 상대국이 이에 대응할 경우 무력충돌의 가능성이 있다"고 한다.[33] 중국은 이미 대만을 상대로 하이브리드전을 벌이고 있기 때문에 대만 공격에 대비해 하이브리드 작전이 증가할 것이라고 예측된다.[34] 일단 무력충돌이 개시되면, 중국공산당은 하이브리드전을 지속할 가능성이 높다.

파넬은 중국이 '전복, 허위 정보(disinformation) 및 현재 가짜뉴스(fake news)로 통칭되는 오보(misinformation), 사이버 공격과 같은 비전통 작전을 활용해 전통적인 군사작전을 보강할 것'이라고 주장한다. '사이버와 함께하는 [심리전]의 작전화가 이 전략의 핵심이다.' 중국은 중국군 전략지원부대 예하에서 사이버군과 긴밀히 협력하는 푸젠성 내의 푸저우 311기지를 중심으로 심리전 병력을 확대하고 있다.[35]

중국은 적대행위를 개시 이전, 도중, 이후라는 세 단계에 따라 정치공작 작전을 벌일 것이다. 군사적 대결에 앞서 통일전선 조직들과 기타 지지세력들을 동원해 시위를 벌이고 이를 지원하며 인터넷, TV, 라디오를 이용해 선전·심리 작전을 펼치는 세계적 차원의 정치공작 캠페인을 개시할 것이다. 역사가 보여주었듯 정치공작 조치는 종종 중국의 전략적 기만작전과 결부되는 경우가 많았다. 그리고 정치공작은 효과적 대응하기에 너무 늦은 시기까지 적의 방어조치를 혼란스럽게 하거나 지연시키도록 설계된다.[36]

중국은 '1차 공격을 가함으로써' 개전 국면에서 주도권을 잡을 것이다. 워싱턴 DC 전략 및 국제연구센터의 외교안보 전문가 안토니 코데스만(Anthony H. Cordesman)은 중국의 정책은 "군사적 대응을 촉발하는 첫 번째 공격이 반드시 군사적일 필요는 없으며, 정치/전략적인 영역의 이슈들도 중국의 군사적 대응을 정당화할 수 있다"고 규정하고 있다.[37] 경미한 외교적 오해 또는 정부 관계자의 사소한 진술이 방아쇠를 당길 수도 있다. 물론 중국의 대응을 정당화할 만큼 충분히 중국을 화나게 하는 경우가 될 것이다.

중국군은 적군을 상대로 물리적 싸움을 벌이면서도 '제2의 전장'에서 전 세계 여론을 얻기 위해 투쟁할 것이다. 영향력 작전은 적에게 혼란을 야기하고 단념시키는 동시에 초기에 입장을 정리하지 못한 국가들로부터 중국의 지지를 얻기 위해서도 수행될 것이다. 파넬은 기본적인 선전 외에도 허위 정보와 속임수가 사용될 것이라고 한다. 즉 국가 정부 및 군의 항복, 잔혹행위, 여타 국제법 위반에 대한 허위보고, 미국과 그 우방국들의 결정을 마비시키기 위한 보고서 등이 사용될 것이다. 중국공산당의 '의로운' 행동에 대한 대중적 지지를 모아주는 이 정치공작 캠페인은 작전의 성공 여부와 상관없이 군사작전 기간과 그 이후에도 계속될 것이다.[38]

5장
태국에 대한 중국의 정치공작: 적에서 아군이 되기까지

PRC Political Warfare against Thailand: An Overview

POLITICAL WARFARE

태국과 중국의 관계사를 이해하려면 중국이 최근 영향력 작전의 효과를 증대시키는 과정을 살펴봐야 한다. 중국이 어떻게 태국 정부와 기관에 침투하여 상대적으로 용이하게 그들의 사고와 행동에 영향을 미칠 수 있었는지에 대해서도 이해할 필요가 있다.

태국-중국의 관계(혹은 태중관계)는 역사적 뿌리가 깊다. 중국이 태국 위에 있던 조공국 시기, 중국의 패권이 약해지자 시작된 태국의 무관심의 시기, 극도의 긴장과 전쟁의 시기, 이렇게 세 시기로 분류된다. 양국관계에 영향을 미쳤던 요소는 지리적 근접성, 이웃 국가들과의 관계, 미국이나 소련 등 외부 권력들의 영향력 등이 있다. 또한 제국주의 세력의 진출을 막아낼 수 있었던 태국의 '대나무 외교(Bamboo Diplomacy)'와 경제적으로 강한 태국의 화교 커뮤니티, 제2차 세계대전 이후 공산진영의 이념적 강박이 양국관계에 중요한 요소로 여겨진다.[1]

1984년에 출간된 라젠드라 자인(Rajendra K. Jain)의 『중국과 태국, 1949-1983(China and Thailand, 1949-1983)』에서는 양국에 대한 역사적 문헌분석을 통해, 20세기 중반의 중국과 태국을 연결한 지리적, 사회적, 역사적 요인을 검토한다. 자인의 편집본은 주요 문서들과 보고서의 사본을 첨부하고 있다. 그리고 현재 중국-태국 관련한 다수의 글에서 수정주의(revisionism) 관점이 많이 발견되는데 이와는 다른 설명을 제공한다는 점에서 특히 가치 있는 연구이다. 2017년 벤저민 자와키(Benjamin Zawacki)가 출간한 저서『태국: 미국과 부상하는 중국 간 지각 변동(Thailand: Shifting Ground Between the U.S. and a Rising China)』또한 매우 유용하다. 자와키의 책은 2014-17년 사이 태국과 미국 관계를 악화시켰던 주요 사건이 무엇이었는지, 어떤 결정들이 핵심적으로 행해졌는지를 규명하고 있는데, 이는 주로 위키리크스가 입수한 외교 전보와 그 밖의 문서들, 관련 인터뷰들을 바탕으로 한다.

중국-태국 관계의 기원

자인에 따르면 현재 중국의 윈난성인 지역에는 태국의 난차오 왕국이 수세기 동안 존재했다. 난차오 왕국은 서기 900년 경 중국의 속국이 되었다. 그러나 13세기에 몽골이 중국을 침략하자 태국민족은 남쪽으로 추방됐고 수코타이 왕국이 설립되었다. 수코타이 왕국은 1294년에 조공 사절단을 보내고 원나라에 복종했다. 1350년 아유타야 왕조가 권좌에 오르자 중국 명나라로부터 승인을 받아야 했고 조직적인 조공 사절단을 명에 파견하기 시작했다. 사절단은 1853년까지 파견되었으나, 이후 양국의 외교관계는 중단되었다.[2]

태국이 남부로 이주한 후 수백 년간 많은 중국계 사람들, 특히 19-20세기에 현재의 태국으로 이주했다. 열악한 생활환경으로 인해 많은 사람들이 고향을 떠났고 때로는 해로를 통해 건너갔다. 태국으로 이주한 중국 이민자들 중에는 티슈족, 하카족, 하일람족, 호킨족, 광

둥족이 많았다.³

　동남아시아 학자인 베네딕트 앤더슨(Benedict Anderson)은 이런 중국인들의 이주가 현재 태국의 군주제 형성에 직접적인 영향을 미쳤다고 주장했다. 근대 태국의 역사는 1767년 버마군이 아유타야 왕국의 고대 수도를 약탈하고 불태우면서 시작된다. 정복지의 상당 부분이 버마의 점령 하에 들어갔고 귀족들은 전멸했다. 이후 톤부리의 시암 왕국은 수년간 혼란과 황폐화를 겪었으나 이윽고, 톤부리 왕조의 탁신 대왕이 버마인들을 몰아냈다. 앤더슨은 탁신이 청나라 태생으로 "시암 남동부에 정착한 경험이 풍부한 중국 선원들을 이용해 버마인들을 물리쳤다"고 주장한다.⁴ 탁신은 오늘날까지 태국에서 존경을 받고 있지만, 14년의 통치 끝에 쿠데타로 전복되어 그의 온 가족과 함께 처형되었다. 이후 라마 1세(Rama I)로 더 잘 알려진 풋타엿파 쭐라록이 1782년 차크리 왕조를 세워 오늘날까지 맥이 이어지고 있다.⁵

　탁신과 라마 1세 모두 차오저우(Teochew) 민족 혈통이었다. 차오저우는 시암에 있는 재외중국인들 사이에서 지배민족이 되었고, 상류층 가문과 결혼을 하거나 법정에서 중요한 일자리를 제공받곤 했다. 앤더슨에 따르면 "태국과 중국의 민족주의 부상으로 인해 그들의 왕이 이주민일 수도 있다는 사실을 인정하는 것이 당황스러운 일이 되자, 차크리는 중국계 태국인 혈통을 감추기 시작했다."⁶

이주 증가와 민족주의의 부상

　수백 년간 중국인들이 시암 지역(현재의 태국)으로 이주한 일 외에도 많은 중국 남성들은 태국 여성과의 결혼을 통해 태국에 동화되어

왔다.[7] 라마 5세(Rama V) 재위기간에 태국 정부는 설탕 상업농장이나 항만시설 및 신(新) 도로·철도 교통망을 건설을 위해 빈곤층이고 문맹인 중국인의 이주를 장려했다.[8] 정부는 중국인 이주를 제한하지 않고 자유로운 이동을 허용했으며 낮은 세금을 부과했다. 그러나 중국 이주민들은 종종 시암 당국에 반란을 일으키기도 했다. 그런 경우 남녀, 어린이를 포함해 1만 명을 한 번에 학살하는 등 가혹한 응징이 행해졌다.[9]

결국 중국인은 태국인과 동화되는데 실패했다. 그리고 태국 민족주의와 청 왕조가 육성한 중국 민족주의가 결합해 부정적인 결과를 초래했다. 중국 민족주의는 1909년에 중국국적법이 공표되면서 공고해졌다. 중국국적법은 '영토 주권을 넘어 해외 또는 치외법권 지역에 있는 사람들이 청나라 국적을 유지할 수 있는 도구'가 되었다.[10] 실제로 이 법에서는 재외중국인들에게 중국을 지원할 것을 요구했는데, 이는 현재 중국군의 통일전선 작전의 시초라고 할 수 있다. 재외중국인들에 대한 중국지원령은 시암에 있는 중국인들의 사고에 큰 영향을 미쳤다.

1910년 방콕 소재 중국 비밀협회가 3일 파업을 조직한 적이 있다. 이로 인해 수도권의 경제생활이 모두 중단됐다. 파업의 이유는 중국인들이 태국 시민들에게 부과되는 세금을 똑같이 내야 한다는 사실에 불만을 가지고 있었기 때문이었다. 태국 정부는 왕국 내 경제권을 쥔 중국인들의 뻔뻔한 시위에 충격을 받았다. 이를 계기로 태국은 중국인들이 태국법 하에 있지 않다고 여긴다는 사실을 알아차렸다. 그리고 스스로가 태국법을 신경쓰지 않는다는 중국인들이 나중에 정부에 대항하여 반란을 일으킬 수도 있다는 점을 이해하기 시작했다.

중국과 태국은 인종, 민족, 경제, 전시 동맹 문제를 놓고 다퉈왔기 때문에 앞으로 40년은 힘든 시간이 될 것이었다. 1912년 청나라가 멸망하고 중화민국이 수립되면서 화교들 사이에 중국민족에 대한 인식이 높아졌다. 이들 중 상당수는 독자적인 문화적 정체성을 보존하고 사실상 태국에 동화되는 것에 저항하고자 화교학교와 신문사를 설립하기 시작했다. 태국은 1913년 태국국적법을 포함해 왕국에 거주하는 모든 중국인들이 확실히 동화되도록 다양한 법을 통과시켰다. 그럼에도 이듬해 라마 6세는 '아스바바후(Asvabahu)'라는 필명으로 '인종적 충성심과 우월감' 때문에 중국인들은 태국에 동화되기 어렵다는 내용의 논설을 냈다.[11]

1911년 국민당이 중국을 장악한 초기 중화민국은 태국과 외교관계 수립을 시도했다. 그러나 조약 작성과정에서 태국을 중국의 '속국'으로 언급해 실패로 끝이 났다. 1920년대와 1930년대에도 외교관계 수립은 실패했다. 태국은 양국이 공식적 관계를 맺으면 중국으로 하여금 중국민들을 활용해 태국에 내정간섭의 기회를 제공할 것이라고 우려했고 중국의 외교적 제의를 계속 거절했다.

1920년대 후반에는 이미 시암 공산당이 태국에 존재했던 것으로 알려져 있다. 하지만 태국공산당이 공식적으로 창당된 것은 1942년이다. 태국공산당은 초기 이념적 지도를 소련으로부터 받았다. 그럼에도 태국공산당은 1927년 국민당-중국공산당 분열 이후 중국에서 망명한 중국 좌파들의 도움을 많이 받았을 뿐 아니라 1960년대 초 소련-중국 분열의 시기에는 중국의 편을 들었다. 1932년 6월 태국 내 쿠데타는 절대군주제를 입헌군주제로 전환했다. 이후 집권 과두정권은 1933년 반공법을 제정할 정도로 중국공산당의 위협에 걱정하고 있었다.

전쟁기

1938년 피분 송크람(Phibun Songgram)은 태국의 총리가 되어 군사 독재정권을 수립하고 이듬해 공식 국가명을 시암에서 태국으로 바꾸었다. 일본 제국주의(이하 일제)를 지지했던 그는 일제의 중국 침략을 승인하고 태국 내 항일 중국인들을 탄압했다. 일본의 중국 침략에 화교 커뮤니티가 항일 보이콧을 지지하자 태국 정부는 중국의 항의에도 많은 화교 기업과 학교, 신문사를 폐쇄했다. 심지어는 정치적으로 활동 중이던 중국인들을 추방했다.[12]

제2차 세계대전이 발발하자 태국은 일본과 동맹을 맺어 영국과 미국에 선전포고를 하고 자국의 화교 커뮤니티 규제를 강화했다. 화교들은 특정 직업에서 배제되었고, 상당수 '군사지역'에서 추방되었다. 중국 내 민족주의자들과 협력한 화교인들은 투옥되기도 했다.[13] 1944년 피분 송크람 총리가 축출된 이후 중국인들에 대한 규제가 다소 완화되었다. 한편, 태국 정부가 일본에 협력하자 자유태국운동(Free Thai Movement)은 태국-일본동맹을 종식시키려 했다. 1942년에 소련과 마오쩌둥의 공산당과 협력했던 태국인들이 태국공산당을 설립했다.

1945년 9월 일제는 패망하고 제2차 세계대전은 종결되었다. 이후 세니 쁘라못(Seni Pramoj)과 쁘리디 파놈용(Pridi Banomyong)은 태국의 국제적 위상 재건에 힘썼고 1946년 태국의 유엔 가입을 위해 중국과 소련의 비위를 맞추었다. 태국은 1939년 이전에 중국계 태국인이 누렸던 대부분의 권리를 회복하고 반공법을 폐지했다.[14]

공식 관계와 불화

1946년 1월 태국과 중국은 '평등과 주권 상호존중의 원칙'에 입각한 외교관계 수립을 위해 태국-중국 우호통상조약(Siamese-Chinese Treaty of Amity and Commerce)을 체결했다.[15] 초대 태국 주재 중국 대사가 1946년 9월에 방콕에 도착했고, 1947년에는 태국-중국 우호협회(Thai-Chinese Friendship Society)가 설립되었다. 쁘라못 전 총리는 주요 인사로 협회에 소속되었는데 전시 독재자였던 피분과의 권력투쟁에서 패한 후 중국으로 망명해 윈난에 '(대)태국자유자치구역(Free (Greater) Thai Autonomous Region)'을 세웠다.[16]

1948년 피분 송크람은 또다시 태국의 총리가 되었다. 이듬해 중국의 국공내전에서 중국공산당이 승리해 현재의 중국이 설립되었다. 중화민국 정부는 대만으로 후퇴했고 태국 주재 5개 영사관을 폐쇄해 방콕 주재 대사관은 그 영향력을 상당 부분 상실했다. 그럼에도 태국은 1975년 7월 1일까지도 공산 중국을 인정하지 않았다.

그동안 중태관계는 불신과 의심 그리고 유혈사태로 가득했다. 중국은 발 빠르게 태국 전역에서의 민족해방운동과 해방전쟁을 후원했다. 태국 정부는 공산주의 위협을 우려해 공산주의자와 중국 소수민족을 대상으로 조치를 취했다. 수백 명의 화교 노조 지도자들이 체포되었고, 학교와 협회가 급습 당했다.[17] 1949년까지 태국 정부 관료들은 중국이 태국 북동부 지역에서 분리주의 분파와 협력하는 베트남 및 라오스 공산주의자들을 지원하고 태국 내 5만 명의 베트남 난민들을 정부 전복에 활용할 것이라고 우려했다. 당시 태국 내 대부분의 공산주의자가 중국인이었기 때문에 태국 정부는 중국의 반발에도 태국의 화교 커뮤니티의 활동을 억제했다.

1950년 8월 한국전쟁이 발발하자 태국은 아시아에서 유엔에 지상군을 파견한 두 번째 국가가 되었다. 당시 유엔은 중국과 소련의 지원을 받는 북한군에 맞서 싸우고 있었다. 같은 해 미국과 경제·군사지원협정을 체결함으로써 태국은 중국과 소련에 맞서는 미국 주도의 '자유세계'에 확실히 동조했다. 또한 1950년 중국 국영 라디오 방송인 중국국제방송(China Radio International)은 태국공산당이 벌이게 될 30년 내전의 토대를 마련하기 위해 태국어로 반미·친중 선전을 방송하기 시작했다.

중국에 망명한 쁘리디 파놈용 전 태국 총리의 도움을 받아 중국이 국제적인 선전전을 펼쳤음에도 1954년 태국은 동남아시아조약기구(SEATO)의 창립 회원이 되었다. SEATO는 공산주의 위협에 맞서기 위해 비공산주의 국가들이 협력하기 위해 설립된 기구였다.[18]

당시 중국은 태국 내에서의 반미주의, 중립주의, 1955년 반둥회의에서 주창된 '평화공존 5원칙'과 중국의 '평화적 의도,' 중국에 대한 공식 승인 요청을 중점적으로 선전했다. 반둥회의는 중국이 정치공작의 일환이었던 1990년대 매력 공세의 초기 버전으로 불릴 만한 작전을 시작할 수 있도록 해주었다.[19] 일례로 태국 사회주의 야당의 지도자이자 전 장관이 이끄는 '우호 증진을 위한 태국인민대표단(Thai Peoples' Mission for the Promotion of Friendship)'이 1956년 1월 중국에서 마오쩌둥과 주석 저우언라이(Zhou Enlai)를 만났던 사례가 있다. 또한 중국은 대외 무역접촉을 촉진시키기 위해 '인민 외교' 캠페인과 다른 노력들을 시작했다. 영향력 작전 덕분에 중국에 대한 국가승인을 반대하던 태국의 태도가 완화되기도 했다.[20] 물론 이는 오래가지 못했다.

태국을 발전시키고 중립화하기 위해 노력을 하면서도 중국은 태국 왕실과 군 지도부를 '파시스트 반동주의', '제국주의 추종자' 등 경멸적인 명칭으로 불렀다. 또한 중국은 미국이 '태국과 남베트남을 선동한 것'을 지속적으로 비난하고, 태국 내 베트남 거주민 처우에 대항해 북베트남이 태국을 공격할 때 이를 지원했다.[21]

  1958년 태국과 국경을 접한 캄보디아는 중국을 공식적으로 승인함으로써 태국 엘리트들에게 충격을 안겨주었다. 태국 지도자들은 캄보디아의 수도 프놈펜에 중국대사관이 생기면 캄보디아뿐만 아니라 태국에서도 전복적 활동이 증가할 것이라고 추정했다. 중국이 베트남과 라오스 내 베트민(Viet Minh)과 파테 라오(Pathet Lao) 공산주의 세력에 대한 지원을 강화함에 따라 이들의 의구심은 정당화되었다. 이런 상황은 이후 10년간 지속될 격한 적대감의 서막이었다. 1959년 즈음에는 중국 윈난의 '태국자치구역정부(Thai Autonomous People's Government)'가 태국 북부에 침투해 주민들 사이에 불안을 조장하고 있기도 했다. 그 결과 태국은 중국과의 모든 교역 및 사적 여행을 금지하고 자국의 화교 커뮤니티에게 충성심의 대상을 전환할 수 있도록 대만의 중화민국과의 관계를 강화했다.

  중국을 배후에 둔 파테 라오 세력이 라오스 동부 지역을 점령하자 태국 지도자들은 미국과 긴밀히 협력해 태국에서의 공산주의 내부 전복과 외부 침략에 맞서 싸웠다. 1962년 5월 태국-미국 합의(Thai-U.S. agreements)에 따라 미군 부대가 남베트남 민족해방전선(National Liberation Front of South Vietnam) 태국에 주둔하기 시작했다. 미군은 주로 대항 작전에 투입될 것이었다. 예상대로 중국은 인민일보와 같은 선전기관을 통해 태국이 '미 제국주의의 인도차이나 인민 침략의 적극적 공범'이며 '라오스 내정에 간섭'하고 있다며 비난했다.[22] 중국은 미군의 태국 주둔이 '중국 안보에 대한 심각한 위협'일 뿐만 아니라 미 제국주의가 '태국 점령의도'를 가지고 있다고 주장했다.

중국의 지원과
태국 내 게릴라전

중국의 외무장관 천이(Chen Yi)는 1965년 1월 유럽 방문외교관에게 '올해 안에 태국에서 게릴라전쟁'을 원한다고 발언했다. 태국 지도부와 태국 우방국의 관점에서 천이는 사실상 태국에 선전포고를 한 셈이었다.[23] 호주-뉴질랜드-미국(ANZUS) 동맹은 중국이 태국을 다음 목표로 삼았다고 결론을 내렸고, '중국의 한국식 침략, 즉 아마도 태국 북부를 공격하는 것'에 대한 두려움이 현실로 다가왔다.[24]

중국과 태국은 유엔과 미디어 플랫폼 등 선전 전투에서 서로 정치공작을 벌였다. 중국의 주요 선전기관 중 하나는 1962년 윈난에 설립된 '태국인민의소리(the Voice of the People of Thailand)' 라디오방송국이었다. 중국 선전은 태국군의 라오스, 캄보디아 침공과 베트남전쟁 당시 남베트남 전투에 지상, 항공, 해군 부대를 지원한 것을 비판하며 태국이 '미국의 인도차이나 침공의 전진기지'가 됐다고 강조했다. 베트남전쟁 지원에 대한 태국의 입장은 단지 '자유국가에 대한 공산주의 음모가 야기한 침범으로부터 남베트남의 권리와 자국의 핵심 이익'을 방어하는 것에 불과하다는 것이다.[25]

한편, 태국공산당은 1965년 1월에 중국을 배후에 둔 태국애국전선(TPF)을 창설했다. TPF는 이는 '당-군-전선' 삼각 전략의 통일전선 역할을 충당할 예정이었다. 태국 국경에서 북쪽으로 약 120km 떨어진 윈난캠프에서 훈련을 실시해 태국공산당이 태국 정부를 대상으로 한 전투작전이 확대되었다.[26] 중국은 태국공산당의 무력투쟁을 지원하는 사실을 숨기지 않았고, 『베이징리뷰(Beijing Review)』, 『인민일보』와 같은 매체를 통해 자신들의 성공을 축하했다. 중국 언론들 또한 '대중을 선동하고 농촌 지역에서의 무력투쟁을 촉진시키기 위해' 노력했다.[27]

중국 정부는 태국 내 중국인들을 대상으로도 선전을 했다. 1965년 방콕 인구의 대략 절반이 중국 출신이었고 동남아시아에서 가장 큰 '화교' 커뮤니티를 구성하고 있었다. 이 인구집단이 심각한 위협이 되는 동안, 태국 관료들은 태국공산당이 중국으로부터 자금이나 기타 지원을 받지 못하도록 하는 것은 민족성보다는 정치에 기반한 노력이 필요하다고 강조했다. 태국 정부는 화교학교에서 태국어를 사용하도록 하거나 방콕 차이나타운에서 중국어 표지판을 내리게 하는 등의 조치를 취했다. 그럼에도 인구 통제조치를 적용하지 않았고 심지어 중국계 태국인의 태국군 입대를 허용하기 시작했다.[28]

그러나 태국은 중국의 적대적 행동에 정당한 방식으로 대응했다. 중국의 '개방적 공격, 간접 공격, 전복 활동'의 영향을 받아 태국은 1966년부터 1971년까지 중국의 유엔 가입을 반대했다.[29] 당시 중국에서는 마오쩌둥의 문화대혁명으로 대외정책에 혼란이 야기되고 있었다. 이로 인해 결국 동남아시아에 대한 중국의 영향력이 상당히 약화되는 수준까지 이르렀다. 그러나 중국은 세계 곳곳에 있던 '문화혁명가'들의 열정으로 태국을 포함한 세계 공산주의혁명 운동들을 더욱 지지하게 되었다.

중국의 공격성이 증대되자 태국은 지역적 집단정치방어 노력의 일환으로 1966년 동남아시아국가연합(ASEAN)을 설립하는 데 일조했다.[30] ASEAN에 대한 중국의 정치공작이 잇따랐고, 이런 노력은 ASEAN이 '미 제국주의와 소련 수정주의가 아시아 내에서 신(新)식민지 건설을 목표로 설립한 기구'라는 주장에 일부 기초했다.[31] '소련 수정주의' 용어는 당시 심화되던 중소 라이벌 관계를 반영하고 있었다. 그리고 당시 중소관계는 훗날 경쟁하던 양대 공산주의체제의 완전한 균열을 초래하게 될 것이었다.

1969년 태국공산당은 태국인민해방군(PLAT) 창설을 발표했다. 푸미폰 국왕(King Bhumipol)과 태국 정부는 태국의 공산 반군과 싸우고 중국 침략에 저항했다. 태국인들은 미국이 지원할 것이라 자신했으며 미국의 지원은 군사 및 정보전 모두에서 성공할 수 있었던 정부 역량의 핵심이었다. 당시 7개의 태국 공군기지에서 대략 50만 명의 미군이 주둔했고 동남아 작전에 투입된 병력은 4만 8000명이었다, 미 국무부와 정보국, 중앙정보국도 태국의 반군대응작전을 지원하고 있었다.[32] 미국에서는 베트남전쟁이 어떻게 전개되는지에 대한 대중의 우려가 심화되고 있었다. 미국 내 정치분열이 커지고 사회적 붕괴가 야기되었으며, 미국의 남베트남 지키기 작전에 대해 대중과 의회의 지지가 점차 낮아졌다.

닉슨 독트린과 중태관계의 재평가

1969년, 새로 선출된 미국의 대통령 리처드 닉슨(Richard M. Nixson)은 닉슨 독트린을 발표했다. 괌 독트린으로도 알려진 이 독트린의 원칙은 비록 미국이 물질적, 훈련, 기타 지원은 지속하더라도 동남아시아에서의 전투작전 책임을 전쟁 중인 당사국에게로 돌린다는 것이었다. 닉슨은 베트남에서의 부분 철수를 강행했고 중국에게 관계정상화 의지가 있다는 신호를 보냈다.[33] 이에 따라 당시 태국의 총리 타놈 키티카촌(Thanom Kittikachorn)과 태국 정부는 중국과의 관계를 재검토하고 중국에 손을 내밀기 시작했다. 타놈의 외무장관은 '공산 중국이 국내문제에서 대외적 이익으로 시선을 돌리고 미국은 아시아에서 몰래 철수하게 될 경우 중국은 아시아의 평화, 안보, 자유에 있어서 중추적인 역할을 하게 될 것'이라고 예측했다.[34] 1971년 닉슨의 중국방문 발표가 있었다. 미리 전달받지 못했던 태국 정부는 충격을 받고 동요했다. '평화적 공존'을 위해 중태관계를 강화하고자 추가적인 노력이 이뤄졌지만 중국은 이를 거절했다. 같은 해 중국의 유엔 가입 투표에서 태국은 중국을 구두로만 지지하고 결국 기권표를 던졌다. 태국은 대만이 유엔에서 지위를 유지할 수 있도록 개별 투표 진행을 요청했으나 해당 요청은 논의에서 배제되었다.[35]

1973년이 되자 태국 정부는 공산주의 반란이 "효과적으로 진압되었다"고 공개적으로 발표하여 중국에게 양국의 긴장 완화와 중국과의 무역을 제안했다. 이는 태국공산당에 대한 중국의 지원을 줄이기 위함이었다. 연말까지 석유 거래가 성사되었고, 태국 의회는 1974년에 1959년 이래 금지됐던 '정상무역' 허가법안을 통과시켰다. 그러나 1973년 태국 군부 주도의 유혈적인 내부 유혈탄압으로 인해 3천명의 대학생, 지식인, 노동자 지도자 등이 방콕에서 탈출하는 사건이 발생했다. 이들은 모두 태국공산당 대열에 합류했으며 태국공산당과 태국인민해방군 통일전선을 형성하여 더 나은 리더십과 기술적 역량의 계기가 되었다.[36]

지각 변동:
뜨거운 전쟁에서 차가운 평화로

1975년 6월, 태국의 큭릿 쁘라못(Kukrit Pramoj) 총리가 중국을 방문했다. 그리고 바로 다음 달 태국은 중국과 공식 관계를 맺었다.[37] 양국이 관계 정상화를 했다고 해서 중국이 태국공산당 지원을 즉각 중단하지는 않았다. 대신 중국과의 교역량이 1974년 기준 470만 달러 규모에서 1977년 기준 1억 6900만 달러로 증가했다.

1975년 4월 남베트남의 사이공, 캄보디아의 프놈펜, 라오스의 비엔티안이 공산주의 세력에 함락되며 아시아에서 지각 변동이 일어났다. 북베트남이 전쟁에서 승리하자 중국 정부는 지지를 했으나 새로운 베트남사회주의공화국(이하 베트남)은 소련과의 돈독한 관계를 추구했기 때문에 그에 대한 부담도 컸다. 베트남-소련 동맹에 대응하고 아시아 내 소련 영향력 증대에 대응하기 위해, 태국과 중국은 더욱 긴밀하게 협력했다. 1975년 중반 즈음까지 중국이 태국 정부와 동맹을 맺기 위해 취했던 조치들 중에는 태국공산당 반군 지원을 중단하겠다는 약속도 있었다.[38]

중국이 마오쩌둥에서 덩샤오핑으로 리더십이 교체되고 적대적인 소련-베트남에 맞서는 동안 아이러니하게도 중국은 미군의 태국 주둔을 유지하도록 독려했다. 당시 중국은 자국의 안보를 포함해 지역 안보에 있어서도 미국이 필수적이라고 여겼다. 북부와 동부에서 공산주의가 승리하고 냉전이 얼마나 지속될지 모르는 가운데, 태국의 푸미폰 국왕(King Bhumibol)은 미국과의 긴밀한 관계 유지를 강력히 지지했다.[39]

그럼에도 태국의 큭릿 총리가 내걸었던 조건에 따라 1년 내로 태국의 마지막 미군기지가 결국 태국으로 반환되었고, 미군 작전부대 또한 태국을 떠났다. 한 가지 더 아이러니한 상황으로는 중국이 30년 가까이 지속된 태국공산당 반란을 종식시킨 공로를 인정받았다는 점이다.[40] 그리고 큭릿은 '하나의 중국'을 지지하기 위해 대만과의 국교 단절에 동의했다.[41]

하지만 1976년 선거에서 큭릿이 패하고 군사 쿠데타가 발발하면서 중태관계는 재차 악화되었다. 반공주의자 타닌 끄라이위치엔(Thanin Kraivichien)이 총리로 취임했고, 그는 곧바로 중국과의 교류를 축소하기 위한 조치를 취했다. 그 결과 중국은 태국공산당 지원을 늘렸고, 반(反)태국 라디오방송을 활용하는 등의 정치공작 작전이 재개되었으며, 태국사회당(SPT)을 흡수해 태국공산당 통일전선을 확대했다.[42] 그러나 끄리앙삭 차마난(Kriansak Chamana) 장군은 1977년에 타닌을 대신해 총리가 되었다. 끄리앙삭은 반공주의자였다. 그럼에도 베트남이 위협받는 상황에서 중국을 이용해 태국-캄보디아 관계를 개선하기를 원했다.

끄리앙삭은 1977년 덩샤오핑과 두 차례 만남을 가졌고 태국에서 금지되었던 중국어 신문의 재발행을 허가했다. 이후 그는 1978년 3월 무역협정 체결을 위해 베이징을 방문했다. 당시 중국공산당은 그에게 태국공산당과의 관계를 지속할 것이지만 중국은 태국의 공산주의 반란을 '국내 문제'로 여기고 있다는 입장을 전했고 중국의 '제국주의와 패권주의 반대'에 동참할 것을 요청했다.[43]

1978년 12월, 베트남군은 캄보디아를 침공한 후 '민주 캄푸치아(Democratic Kampuchea)'라고 국가명을 변경했다. 이듬해 1월에는 중국을 배후에 둔 폴 포트(Pol Polt)의 크메르 루주 정권이 축출됐다. 그리고 중국과 미국은 공식적인 외교관계를 수립했고, 2월이 되자 중국은 태국의 지원을 받으며 베트남을 침공했다.[44] 태국 정부는 베트남을 두려워했으므로 태중협력은 가속화되었다. 중국의 베트남 침공은 '베트남에게 교훈을 줄' 목적으로 수립된 간단한 계획이었다.[45]

중국-베트남 전쟁과 캄보디아-베트남 전쟁이 치러지는 동안, 태국 정부는 중국이 자국의 항로와 육로를 이용해 폴 포트의 캄보디아군을 지원하도록 허용했으며, 이 역시 태국공산당에게 지원을 받았다.[46] 동남아시아 학자인 그레고리 빈센트 레이먼드(Gregory Vincent Raymond)에 따르면 태국군은 '국경 인근에서 정보를 수집하고, 캄보디아와 중국 지도자들 간의 접선을 가능하게 했으며 크메르 루주에게 상당한 양의 군사 원조를 보내는' 방식으로 캄보디아를 지원했다. 레이먼드는 '중국과 적대적 관계를 청산하고 동맹관계와 유사한 정도로 관계를 발전시킨 일이 태국에게는 가장 중요한 수법'이었다고 주장했다.[47]

중국의 입장에서는 중국-베트남 전쟁에 대한 지원을 얻고자 태국 정부와 타협을 한 셈이었다. 예를 들어, 『베이징리뷰』나 『인민일보』에서는 오랫동안 태국 정부를 '파시스트 반동주의자'와 '제국주의의 추종자'라고 비난해왔었다. 그러나 베트남의 침공에 대항해 태국이 '자국의 안보, 주권, 통합성을 지키기 위해 싸울' 준비가 된 것을 열렬히 강조했다. 중국의 고위급 관리들 또한 '침략과 팽창으로부터 스스로를 보호하기 위한 노력을 들이는' 태국을 지지한다고 선언했고, 중국이 ASEAN 국가들과의 관계 강화를 위해 노력할 때 태국을 '우선순위'로 둘 것임을 밝혔다.[48]

중요한 것은 태국공산당에 대한 중국의 지원이 중단됨에 따라 태국의 국내 안보 문제가 줄어들었다는 점이다. 중국은 태국인민해방군에 대한 무기 공급을 중단하겠다고 공표했다. 태국 지도자들은 태국이 중국-캄보디아 갈등에서 중립을 표명했음에도 크메르 루주로 운반되는 무기가 태국 영토를 통과할 수 있도록 계속 허용하기도 했다. 1980년 중반 베트남이 태국을 공격하자 중태관계를 더욱 공고히 해주었다. 베트남에 대응하기 위해 태국은 대(對)전차 무기훈련, 대규모 연합훈련 등 군사훈련을 미국과 함께 했으나 동시에 중국과의 군사협력을 급격히 확대했다. 실제로 베트남의 태국 침공을 억제한 것 또한 결국은 중국이었다.[49]

경제-정치적 융합: 중태관계의 부상

1980년대 중반은 태국 정부와 태국왕실의 관계가 상호강화되던 시기이다. 그런데 이 즈음 태국의 화교 커뮤니티는 태국에서 '가장 가치 있는 경제자원'으로 인식되기 시작했다.[50]

태국의 식품산업의 CP그룹(Charoen Pokphand Group)은 1949년에 처음으로 중국에 진출했었다. 그러나 1980년대 초반이 되어서야 태국 지도부가 중국사업 확장을 장려하기 시작했다. 태국의 쁘렘 띤술라논(Prem Tinsulanonda) 총리는 중국진출을 돕기 위해 CP그룹과 면담을 가졌고 태국계 중국인들 또한 외교부 고문으로 임명되어 상당한 영향력을 행사하게 되었다.[51] CP그룹은 오늘날까지 중국에서의 비즈니스 이익을 위해 태국 정부에 큰 영향력을 행사하고 있다. 정부 관계자 및 기타 비즈니스 지도자들에게 직접 로비하면서도 광고 구매를 지시하는 등의 간접적 방식으로도 정부에 영향을 미치고 있다.

중요한 특징으로는 당대 중국계 태국인들이 비즈니스 인맥과 기술을 정치적 영향력 행사의 수단으로 활용하는 것에서 더 나아가,

그들 스스로가 정치인이 되려 했다는 점을 들 수 있다. 태국에는 왕실, 군부, 기타 엘리트들로 구성된 '준-정치제도'가 확립돼 있었는데, 중국계 태국인 기업가들은 자신들의 자본력을 기반으로 이러한 '네트워크 왕정(Network Monarchy)'에 진입하고자 했다. 태국군 인사들이 중국계 경제인들의 영향력 억제를 위해 이사회에 배치되곤 했으나, 그들 중 상당수는 기업인들의 감시를 받았다.[52] 물론 그 외의 사람들은 중국의 사업적 영향력, 그들 간 협력, 훈훈해져가는 중태관계에 반발심을 가졌다. 이런 반발세력들이 결집해 1981년에는 쿠데타 시도로 이어지기도 했다.

　1980년대 말 중국은 태국인민해방군 라디오 방송국을 윈난에서 철수하고, 중국군-태국군 최고사령부 사이의 통신망을 구축했다. 양국 간에는 고위급 민간인과 군 간부들의 상호 방문이 정기적으로 이뤄졌으며 종종 중국군 무기와 군수품들이 태국 군부대로 유입되었다.[53] 무역협정을 토대로 중국은 태국 농산물을, 태국은 중국 석유와 기계를 수입했다. 물론 태국 지도부는 중국이 캄보디아-베트남 전쟁을 치루는 크메르 루주 지원을 지속하고 1989년 6월 중국공산당이 천안문광장 학살을 통해 야만적모습을 보였다는 사실에 우려를 표했다. 그럼에도 중태관계는 계속해서 개선됐다. 1989년과 2001년 기간 동안 여러 태국 지도자들은 미국-중국 사이에서의 관계 균형을 추구했다. 그중 추안 릭파이(Chuan Leekpai) 총리의 역할이 특히 두드러졌다. 그는 '야심차고 팽창주의적인 중국에 대한 대항권력'인 미국과 좋은 관계를 유지하려 했기 때문이다.[54]

　1991년 태국에서는 군사 쿠데타가 발발했고 이듬해 5월에는 정부가 정치시위를 무자비하게 진압했다. 이후 국왕의 직접 개입으로 사태가 진정되고 '태국의 봄(Thai Spring)'이 진전됐다. 그 속에서 현대적이고 민주적인 태국 시민사회가 설립되고 있었다. 새로운 태국 시민사회의 대중들은 중국과의 긴밀한 관계를 지지하지 않았다. 그러나 1997년 태국발 아시아 금융위기의 발발은 태국의 관점을 극적으로 바꾸는 계기가 되었다. 태국 경제가 붕괴되자 중국은 자금지원을 제안했지만 미국은 긴축정책을 내걸었고, 그 결과로 태국에게는 두 국가 중 누가 지속적인 우정인지 분명해졌다.[55]

물론 푸미폰 국왕은 중국이 태국에 지정학적 설계를 하고 있다는 의심을 품었다. 하지만 그는 자신의 딸인 황태자비가 한 달에 한 번 정도 중국을 방문하도록 허용했고, 2000년에는 여왕이 중국을 방문하도록 했다. 인구의 약 10~14%를 차지했던 중국계 태국인들 또한 '돈의 정치'를 통해 과거에는 성취할 수 없었던 수준으로 성장할 수 있었다. 그들은 비즈니스, 공직, 군 분야로 계속 진출했다. 벤저민 자와키(Benjamin Zawacki)는 당대 중국계 태국인들은 "여타 지역에서처럼 태국에서도 자신들의 명성과 권력을 키웠다"고 지적했다.[56]

중국계 태국인들이 행했던 '돈의 정치'의 대표사례가 있다. CP그룹이 중국을 대신해 태국 신당 창당을 돕고 로비를 벌였던 일이다. 태국 고위급 정부 관계자에 따르면 CP그룹은 "중국과의 긴밀한 관계를 통해 얻은 유일한 회사였다. CP그룹은 최고의 인재들을 채용했다. 외교관들도 CP를 위해 일했고, 이들 모두는 중국에 로비를 했다." 예컨대 중국공산당이 본격적으로 파룬궁을 박해하기 시작한 1998년에 CP그룹은 태국 내에서도 중국이 파룬궁을 탄압할 수 있도록 협조했다. CP그룹과 중국의 상호교류가 얼마나 깊었는지 단적으로 보여주는 사례이다.[57]

1997년 경제위기와
탁신의 부상

1997년 아시아 금융위기는 태국 역사상 중요한 전환점이라 할 수 있는데 이는 태국인들의 미국/중국 인식을 바꾸는 데 중추적 역할을 했기 때문이다. 1997년 금융위기는 지역적 수준의 경제비상사태로 확대되었고 여기서 미중은 대조적인 반응을 보였다. 구체적으로, 태국은 금융위기를 기점으로 미국을 '독단적이고 오만하며 잘못되었다고' 인식하기 시작한 반면, 중국에 대해서는 무조건적인 지지를 표하기 시작했다. 태국 대중들도 당시 미국 정부의 대응이 부적절하고 '소극적이고 느렸다'고 평가했고 중국에 대해서는 10억 달러를 지원하겠다던 정책이 실현되지는 않았어도 대응의 타이밍이 적절했고 유용했다고 평했다.[58]

중국의 재정지원을 해주겠다던 제안은 무조건적이었지만 실현되지는 않았다. 그럼에도 이런 제안이 가져온 정치적 영향은 상당했다. 태국의 한 고위급 정치인에 따르면 "태국인들 모두가 '중국 감사합니다'라고 말하고 있었다"고 한다. 실질적으로 태국에 큰 도움을 줬던 일본은 태국 대중의 신뢰를 크게 얻지 못했는데, 이를 고려하면 중국의 제안은 '영리한 마케팅'이었다고 여겨진다. 그 때문인지 경제위기로 가장 큰 타격을 입었을 중국계 태국인들은 자신들의 권력과 영향력을 계속 확대해 나갈 수 있었다.[59]

1999년 2월 양국은 '21세기를 위한 행동계획'에 합의했다. 중국은 ASEAN 국가와 최초로 협정을 체결한 셈이었다. 이 행동 계획은 '미국의 영향력이 감소되길 바라는' 중국의 '갈망'이 반영된 것이었고, '무역과 투자, 국방과 안보, 사법, 과학기술, 외교, 문화 분야에서의 협력'의 골자를 보여주었다.[60] 2000년 전후 태국 총리는 중국과의 실질적 교류를 대폭 늘렸다. 1998년부터 2000년 사이, 양국 간에는 1,500회 이상의 회의가 있었다. 다른 나라들과 비교해보면 회의들과 비교했을 때 당시 태국 정부는 중국과 가장 많은 회의를 개최했다고 한다.

1990년대 후반 양국의 상호교류 과정에서 간과되던 것이 하나 더 있다. 바로 크라 운하(Kra Canal) 계획이다. 크라 운하 계획은 수백 년간 논의되었던 것으로 태국만의 동쪽과 서쪽 안다만 해를 연결하기 위해 태국의 좁은 크라 이스무스(Kra Isthmus)를 가로질러 50~100킬로미터 가량의 운하를 건설하는 계획을 일컫는다. 자와키에 따르면 이 운하는 말라카 해협을 추가로 관통해 미군이 중국의 에너지 및 무역이익에 가할 수 있는 위협을 줄이는 이점이 있다고 한다. 1997년 이래 중국은 이 사업에 대한 태국의 관심을 유도하는 유인책을 증가시킴에 따라 태국의 역대 총리들 또한 이 계획의 실현 가능성을 재검토해왔다.[61]

한편 2001년 1월, 태국 총선에서는 태국경찰 중령이었던 탁신 친나왓(Thaksin Shinawatra)이 41%의 표를 얻어 태국 역사상 최다 득표율로 선거에서 승리했다. 그는 과거에 자신이 창당했던 타이락타이(Thai Rak Thai, 태국인은 태국인을 사랑한다) 정당을 대표해 출마했다. 탁신은 하카 출신이라고 알려진 부유한 중국계 태국인 혈통이었다.[62] 그리고 그 해는 9·11 테러를 기점으로 아시아에 대한 미국의 관심이 줄어든 해이기도 했다. 탁신의 승리와 미국의 테러와의 전쟁 선포는 태국 지도부와 엘리트들의 마음을 미국이 아닌 중국으로 점차 기울게 만들었기 때문이다.

21세기 초반 또 하나의 요인이 태국 내에서 구조적 지각변동을 야기했다. 바로 미 국무부 동아시아태평양담당국(이하 동아태담당국)

이 '역량의 공백기'를 겪고 있었기 때문이다. 동아태담당국은 방콕 주재 미국대사관과 태미동맹을 유지하는 역할을 수행했다. 역량의 공백은 방콕 주재 중국대사관 외교부 전문인력들의 훌륭함과는 큰 대조를 이루었다. 중국 정부는 주로 태국어를 유창하게 구사하고 영향력이 상당한 당 고위급 간부들을 태국 주재 외교직에 배치했다. 태국 주재 미국 대사였던 랄프 보이스(Ralph L. Boyce)에 따르면 중국 인력들은 "중국계 태국인들과 능숙하게 교류했다"고 한다. 태국에 대한 중국의 접근방식이 갈수록 정교해졌고, 그들은 소프트파워도 적절히 활용했다. 대표적으로 중국 정부가 태국 동물원에 자이언트 판다를 선물하여 태국 사람들에게 큰 인기를 끌었던 사례가 있다. 일명 '판다 외교'였다.[63]

태국이 중국으로 마음을 돌리게 된 결정적 기점으로는 탁신 총리가 있었다. 앤더슨은 탁신이 "거의 독점적인 휴대폰 사업권을 따면서 태국 최고의 부자가 됐으며 이는 지난 군사 정권에서 얻은 것이라"고 설명한다. 타이락타이당 창당 이후 탁신은 '오랫동안 지도자가 되기를 열망'하던 과거 좌익세력들을 대거 영입했다.[64] 그는 집권을 하며 중국과의 관계 개선에 최우선 순위를 두고 태국의 전략적 초점을 서구에서 북부로 신속히 전환했다. 물론 그는 나중에 태국을 분열시키고 쿠데타로 축출되었다.

탁신의 집권 하에, 중국계 태국인의 정치 개입은 포괄적이고 지전략적으로 변모했다. 이 모든 상황은 태국과 미국, 태국과 대만 간 교류에는 부정적 영향을 미쳤다. 중국이 외교, 경제, 선전 환경을 구축하려고 노력하자 탁신은 점점 우세해지는 중국계 태국인들의 지지를 얻었다. 그리고 이들은 타이락타이당에게 '결정적 대중집단'이 되었다. 중국이 '가장 중요하다'는 내러티브를 수용함에 따라 중국계 태국인들도 '태국계 중국인' 정체성보다는 중국민족 정체성에 방점을 두게 되었다.

탁신은 중태관계 30주년 기념행사에서 자신의 내각에 태국인보다 중국인이 더 많다는 점을 자랑하기도 했다. 중국의 격려를 받으며 그는 중국과 강력한 전략관계를 발전시켰고, 중국을 중심으로 하고 미국을 배제하는 새로운 지역구조를 구상했다. 2003년에는 전례 없는 중태 무역협정을 체결했다. 그리고 친중국파 장군인 차왈릿 용짜이윳(Chavalit Yongchaiyudh)을 첫 국방장관으로 임명했고, 중국과의 군사 교류를 대규모로 늘렸다. 중국 또한 탁신 집권기에 동남아 국가와는 처음으로 군사훈련을 시작했다.[65]

민주주의에 대한 탁신의 공언은 자신의 권력유지라는 목적에만 국한되었다. 중국이 그의 안보정책에 상당한 영향을 미쳤고, 그는 권위주의 정부와 '자유주의' 경제의 혼합인 '차이나 모델'을 수용했다. 결국 1957-1963년 사이에 행해진 야전사령관 사릿(Sarit)의 인권탄압 이래 탁신은 인권 측면에서 최악을 기록했다. 마약과의 전쟁을 명분으로 최소 2500명을 사망에 이르게 했기 때문이다. 사망자들 중 대부분은 비사법적 절차로 사망했고 상당수는 단지 정치적 반대파이거나 사업적 경쟁자였다. 또한 태국 남부에서 지속되던 이슬람 테러리스트에 대응을 이유로 탁신은 2004년부터 중국에게 국내 안보에 대한 조언을 구하기 시작했는데, 중국의 조언은 위구르인 탄압 경험을 바탕으로 하고 있었다. 이에 탁신은 강제 실종, 조직적 고문, 비사법적 처형, 독단적 구금 등 중국과 같이 무자비한 전술을 구사하며 이슬람 반군의 전쟁범죄에 대응했다. 탁신은 언론인들과 언론매체를 공격하기도 했다. 중국과 마찬가지로 태국에서도 언론의 자유가 급격히 사라졌다.[66]

탁신이 집권하던 시기, 중국이 행했던 선전술을 설명하자면, 중국이 태국에서 언론매체 수를 급격히 증가시켰다는 점에 주목해야 한다. 태국 내 선전의 확대는 태국뿐만 아니라 더 많은 지역에까지 영향을 미쳤다. 중국공산당 선전부는 다양한 조직들을 통해 태국 언론과 관계를 긴밀히 발전시켰고, 다른 나라들과 마찬가지로 태국 언론인들의 중국방문자금을 지원했다. 영어 방송인 중국중앙텔레비전(CCT)이 태국에서 큰 인기를 끌어 중국어 방송들도 쉽게 이용할 수 있게 되었다. 신화통신은 1975년부터 태국 외 지역에서 운영되었었는데 신화통신은 영문 일간지인 『차이나데일리』가 방콕에 지역허브를 구축하면서 2005년에 합병됐다. 얼마 지나지 않아 인민일보, 광명일보 언론그룹, 차이나라디오인터내셔널 네트워크가 태국 외 지역에서 운영되기 시작했다. 이에 따라 태국의 취재 패턴도 변화했다. 예컨대 중국 언론사들은 신장, 티베트의 '분리주의자' 탄압 관련 중국공산당 선전을 일상적으로 다뤘다는데 2004년에 중국이 후원하는 태국 언론인이 티베트를 방문한 이후로는 태국 언론들도 유사한 선전 기사들을 실었다.[67]

중국 관영매체가 이렇게 노골적으로 태국에 침투하는 동안, 태국 언론들은 중국의 자금과 중국의 직·간접적 영향력에 점차 굴복해 갔다. 예컨대 중국계 기업들의 '당근과 채찍'을 구사해 태국 언론사들이 중국에 점차 손을 내밀게 만들었고, 이로써 중국 기업이나 중국으로부터 직접적인 광고 자금을 지원받기도 했다. 협조하지 않으면 광고 지원을 받지 못했다.[68]

태국의 '차이나 모델'

2000년대 초까지 중국어 방언을 자제하던 태국계 중국인들은 중국어를 공개적으로 사용하기 시작했다. 동시에 사람들은 중국어를 배우기 위해 노력했다. 중국대사관과 영사관의 지원 덕분에 화교학교와 화교협회 수가 급증했다. 급격히 확장하던 중국의 공자학원의 언어교육 프로그램을 지원하기 위해 중국은 수백 명의 교수를 태국으로 보냈다. 태국에는 다른 모든 ASEAN 국가들의 총합보다 더 많은 공자학원이 자리 잡았다.[69]

2006년 9월 19일 군사 쿠데타로 탁신 총리가 축출됐다. 이 즈음 서로 경합하던 태국 엘리트들 사이에서도 '차이나 모델' 관념은 뿌리깊이 박혀 있었다. 민주주의인민동맹(The People's Alliance for Democracy, PAD) 지도부(일명 '노란셔츠')는 1970년대 마오주의 게릴라 지도자들로 일부 구성되었다. 중국을 동경했던 이들은 탁신의 타이락타이당의 지지자(일명 '빨간셔츠')만큼이나 '차이나 모델'에 심취해 있었다. 방콕 주재 중국대사관 또한 "중국 정부에게 상업적 연계의 확대, 문화적 유대, 대학 간 외교적 관계, 군사협력 프로그램 확대 등 다양한 상황을 고려했을 때 태국에서 중국의 영향력은 여전히 강했다"고 전한 바 있다.[70]

태국의 전 외무장관인 카싯 피롬야(Kasit Piromya)에 따르면, 이 무렵 중국은 '정부·정치적 리더십을 사수하고' 태국 기업에 고문을 보내는 것과 같은 영향력 작전이 정교해진 것을 보여주며 더 큰 영향력을 행사하기 시작했다고 한다. 카싯은 "많은 중국 학생들이 태국인들의 사고에 영향을 미치고 반미 감정을 형성하기 위해 태국으로 왔다"고 언급했다. 이런 중국의 활동들을 미화하고 미국과 서구의 행동을 비판하는 사설들을 통해 이를 알 수 있다.[71]

미국의 역할

태국에 대한 중국의 영향력의 증대에 대처할 유일한 방법은 미국이었다. 하지만 좌우를 막론하고 태국의 정치 엘리트 상당수가 '차이나 모델'의 묵시적 권위주의를 수용했기에 미국 지도부는 언제나 효과적으로 대처하지 못했다.

지난 20년간 미국은 중국의 정치공작을 파악하고 대항할 준비가 제대로 되어 있지 않았고, 기저에서 빠르게 변화하는 지형을 대부분 인식하지 못했다. 역대 미국 대사들 중에서 두 명 정도만이 중국에 대한 이해가 있었고 나머지 세 명은 이를 '전문성에서 벗어난' 영역으로 여겼다. 위키리크스로 정부의 전보들이 유출되었을 때 신뢰가 더욱 저하됐고 모든 정책이 계류됐다. 70년간 동남아시아에서 가장 확고한 미국의 동맹이었던 태국 국왕의 영향력 또한 중국을 지지하는 파벌들에게 자리를 내주게 된 것이다.[72]

2001년부터 4년간 태국에서 근무한 대릴 존슨(Darryl N. Johnson) 대사는 이 지역에 대한 문화적 이해가 높은 편이었다. 그럼에도 '매우 제한적인' 수준에서만 중국의 권력과 영향력 문제를 이해하고 있었다. 이와 더불어 미국대사관은 태국 남북부에 있는 영사관을 폐쇄하기도 했다. 선전대응 임무를 수행하던 미 정보사무소 또한 1997년에 폐쇄됐고 미국대사관 파견 경험이 있는 태국 전문인력의 수도 훨씬 적었다. 결과적으로 태국에 대한 대사관의 견해는 '중앙집중화'되고 '근시안적'으로 바뀌었다. 랄프 보이스(Ralph L. Boyce) 대사는 존슨 대사(2005-07년)의 뒤를 이었다. 그는 뛰어난 태국어 실력을 토대로 군, 추밀원, 재계 인사, 학계, 모든 성향의 정치인들과 긴밀한 관계를 맺었다. 그럼에도 국무부 방향성의 편협함과 참모진

들의 얕은 지식이 결국 방해가 되었다.⁷³

미국의 제도적 역량 부족과 태국에 대한 중국의 영향력을 파악하지 못하던 무능함은 후임인 크리스티 케니(Kristie A. Kenney, 2011-14) 대사까지 지속되었다. 케니 대사는 2013년 하와이 호놀룰루 연설에서 양국 간에 "동맹의 에너지가 부족하"며, 양국의 관계가 "절대 전과 같지 않을 것"이라는 사실을 인정했다.⁷⁴ 양국의 관계 개선을 위해 그녀가 할 수 있는 일이 무엇인지 질문이 들어왔으나 그녀는 답하지 않았다. 케니의 공공외교 비전은 아마 태국에서 점차 문제가 되던 정치붕괴 문제로 방해를 받았을 것이다. 하지만 동시에 케니의 비전 자체가 약하다고 인식되기도 했다. 한편 케니의 상대인 중국은 약 125억 달러의 철도개발 계약을 태국과 체결했다는 소식을 공식 발표하고 있었다. 케니가 재임하는 동안 명망있는 태국인들은 미국이 "냉전 기간에 공유했었던 안보이익만이 아니라 복잡한 이해관계들을 연결하고, 설명하고, 밀어붙일 능력을 상실했다"고 결론지었다. 그 결과 미국-태국 관계는 '그 어떤 좋은 협력이나 방향감각 없이 미끄러지고' 있었다.⁷⁵

미국의 부시 대통령과 오바마 대통령은 각자의 임기 동안 태국에게 여러 관심을 기울이려 노력했다. 대표적으로 부시 대통령은 2003년에 태국을 주요한 비(非)NATO 동맹국으로 지정했고 오바마 대통령은 2012년에 태국 방문을 대대적으로 공표한 바 있다. 그럼에도 그들의 행보는 불충분했다. 특별히 관심을 끌었던 이슈로는 2012년에 오바마의 아시아 중시 정책인 '아시아로의 중심축 이동(Pivot to Asia, 이하 피봇)' 선언이었다. 피봇은 나중에 아시아로의 '재균형(rebalance)'이라고 재선언되었다. 오바마 대통령의 피봇 선언은 점점 더 위협적인 중국의 행보와 변화하는 세계 상황에 적절히 대응한 것이었다. 하지만 안보, 경제적, 정치적으로 실질적인 투자가 뒷받침된 것은 결코 아니었다. 사실상 오바마의 '비(非)피봇'*에 대응해 '피봇,' 즉 중심축을 옮긴 것은 중국이었다.[76]

2012년에는 미국과의 동맹이 지닌 가치에 대한 태국의 인식에 부정적 영향을 끼친 중대한 사건이 발생했다. 바로 2012년 4월부터 6월간 지속된 스카버러 암초(Scarborough Shoal) 사건이다. 수빅 만(Subic Bay)에서 서쪽으로 193km 떨어진 스카버러 암초는 중국과 필리핀을 포함한 많은 국가들이 관련된 분쟁지역이며, 2012년 5월말부터는 필리핀이 실질적 지배를 하고 있다. 당시 중국 선박이 인근에서 불법 조업을 하다가 발견되자 필리핀은 대응에 나섰던 것이 계기가 되어 필리핀군과 중국의 해경 및 해군함정들과 대치하는 사태가 발생했다. 중국은 경제적 강압 작전을 통해 필리핀 농산물의 중국 수출을 지연시켰고 필리핀에 대한 관광 규제를 통해 중국인 관광객을 대폭 줄였다. 미국은 중국과 필리핀 간 타협을 중재했지만 양국이 모두 타협안을 철회했고 중국은 즉각 암초를 점령했다. 당시 필리핀 대통령이었던 아키노 3세(Benigno Simeon Cojuangco Aquino Ⅲ)는 워싱턴으로 날아가 오바마 대통령의 도움을 요청했다. 그럼에도 구체적인 지지 성명은 받지 못했다.[77] 중국은 총을 한 발도 쏘지 않고서 미국 동맹국의 영토 주권을 침범했고, 모든 동남아 국가들은 이 사건에 주목할 수밖에 없었다.

암초 점령을 이를 주도했던 중국 지도부의 수장은 서구에서는 아

---

* **옮긴이_** '비-피봇(non-pivot)'은 저자가 오바마 대통령이 '피봇 투 아시아'를 선언했으면서도 실제로는 정책 중심축을 아시아로 옮기지 않은 상황을 빗댄 표현이다.

직 잘 알려지지 않았던 시진핑이었다. 그 시기는 그에게 정치적 정당성이 가장 필요했던 순간이었는데, 이 사건으로 그는 국민적 영웅이 되었다. 미국이 중국을 묵인한 사실은 시진핑과 시진핑의 국가비전에 중요한 전환점이 되었다. 시진핑은 이미 중국의 영토를 '복원하고' 오랫동안 중국의 팽창주의를 억압하던 미국 중심의 동맹체제를 파괴하겠다는 비전을 가지고 있었다. 중국에게 스카버러 암초사건은 진정한 '피봇,' 즉 중심축 이동을 의미했다. 오바마 행정부가 스카버러 암초를 경시하고 이 암초 분쟁을 경미한 어업 분쟁으로 취급하는 동안 중국학자들은 이 분쟁을 '스카버러 모델'이라고 칭하며 시진핑을 높이 평가했다. 학자들은 협정의 신뢰를 떨어뜨려 미국 동맹관계를 문제 삼는 시진핑의 전략이 중요하다고 인정했다.[78] 필자는 그 후 몇 년간 태국왕립육군사관학교와 탐마삿 대학교에서 친미 태국 고위급 인물과 군 관계자들과 교류한 적이 있다. 당시 필자가 만났던 태국 인사들은 스카버러 모델을 언급하며 태국이 신뢰할 수 없는 미국에게서 탈피해 중국과의 관계 개선에 집중해야 한다고 강력히 주장하기도 했다.[79]

태국에 대한 중국의 정치공작에 무관심했던 미국 외교관들의 무능함과 의지 없음은 그 이후로도 지속됐다. 2014년 11월 케니 대사가 복귀한 이후로도 지속됐다. 필자가 케니 대사와 인터뷰를 했을 때 케니는 '태국에서 중국의 정치공작은 문제가 되지 않으며' 실제 위협은 '러시아의 정치개입'이라고 자신 있게 주장했었다.[80]

2014년 쿠데타와
두 번째 지각변동

탁신 이후로 5명의 총리들이 내각을 책임지는 동안 중국으로의 세력권 이동은 지속되었다. 2012년까지 태국의 민주주의인민동맹은 중국의 반미선전을 일상적으로 확대했다. 예컨대 미국이 태국 왕정 타도를 시도하고 있고 '중국의 영향력을 막기 위해 불안정성을 조성하여 미군기지 건설을 희망하고 있으며, 자연재해를 일으킬 수 있는 우주무기를 개발해 중국과 태국 간의 소통을 중단시키려 했다는 식의 선전이 행해졌다.[81]

공교롭게도 중국공산당 관영지인 『인민일보』는 2012년에 태국에서 첫 해외판을 창간했다. 창간식은 방콕에서 개최되었으며 양국의 학계, 재계, 문화계, 정치계 인사 300여 명이 참석했다.[82]

2013년, 태국민주당 또한 중국의 반미 선전 내러티브를 모방했다. 태국민주당은 미국 해군기지를 설립할 목적으로 더 나은 무역거래를 제시해 태국 정부 관계자들과 공모했다고 비난했다. 이 주장은 중태전략대화 첫 회의가 마무리되자마자 제기되었다. 그리고 태국이 남중국해 분쟁을 ASEAN-중국 관계에서 분리할 목적으로 중재자 역할을 담당할 때, 태국은 계속해서 중국을 대변하며 행동했다. 게다가 태국 정부는 고속철도나 크라 운하 사업과 같은 여타 계획들에 점점 더 매료되었는데, 사실상 이 사업들은 중국의 일대일로 구상에 유리한 것들이었다.[83] '중국계 태국인들은 태국 인구의 14%만 차지하고 있는데도' 2014년 3월 총선거에서 '전체 의석의 78%가 중국계 태국인이 장악했다.'[84]

중국의 왕이 외교부장(왼쪽)과 태국의 쁘라윳 총리(오른쪽)의 만남 2017년 왕이의 태국 공식 방문을 통해 양국은 중국의 일대일로 프로젝트의 일환으로 동남아시아-중국 간 고속철도 프로젝트 사업 추진을 약속한 바 있다.

2014년 5월 7일, 대규모 시위, 폭력, 정치적/법적 공작이 수개월 간 지속된 후 잉락 친나왓 총리가 법률 위반 혐의로 총리직에서 물러났다. 그리고 태국군은 일주일 뒤에 계엄령을 선포했다. 오랫동안 지속된 폭력과 시위를 종식시키기 위한 대화에서 국회의원들 간 합의 도출이 실패했고 태국군 총사령관이었던 프라윳 찬오차(Prayut Chan-ocha)는 쿠데타를 주도했다. 2006년과 달리 이번에는 미국 대사관도 기습을 당했다. 태국과 미국 정치인, 외교관들의 잇따른 실패는 양국 간 심각한 균열을 낳았다. 물론 중국에게 이 상황은 지정학적 승리를 의미했다.[85]

예상했던 대로 미국은 태국 2014년 쿠데타를 규탄했으나 그 방식은 부적절하고 미숙했다. 미 국무부의 관계자에 따르면, 미국의 아마추어적 대응은 "태국에서의 미국의 역할을 지지해왔던 사람들, 즉 미국에게 가장 우호적인 인사들을 당황하게 만들었다"고 한다. 반면 태국 주재 중국대사는 6월 초 군사정권 지도부를 만나 우호관계를 맺겠다는 중국 정부의 의지를 확신시켰다. 이후 총리가 된 프라윳은 대중연설에서 중국과 "'모든 수준에서의' 전략적 파트너십"을 공언했다.[86]

탐마삿 대학교의 티티난 퐁수티락(Thitinan Pongsudhirak) 교수가 지적했듯이 '2014년에 관찰된 미국의 대응은 너무 강경했던 탓에 쿠데타 세력에 대한 중국의 포용도 그만큼 두드러졌다. 서구는 군사정권에 대해 하나된 비판의 목소리로 분노했으며 태국의 최고권력자들은 중국으로부터 지원을 갈망했다.'[87] 군사정권이 중국과의 무역 및 기타 관계 발전을 가속화함에 따라 중국은 계속해서 태국의 쿠데타 정권 상황과 이에 대한 미국의 실책을 악용했다. 프라윳 총리는 '중국과 '모든 수준에서의' 전략적 파트너십에 있어서 변함이 없음'을 강조했다.[88] 태국 시민단체와 여타 기관들은 중국의 내러티브를 지지했으며 미국 '식민주의'와 쿠데타에 대한 미국의 대응을 비난했다.[89]

케니 대사가 2014년 11월에 태국 대사직을 떠나고 거의 1년간 대사직은 공석이었다. 태국과 중국은 이처럼 중요한 시기에 오바마 행정부가 가장 기본적인 요구 사항을 이행하지 못하는 것에 대해 많은 생각을 하게 됐다. 2014년 쿠데타 이후 정치, 경제, 군사·안보, 교육, 문화적 차원에서의 중태 교류가 급격히 증가했다.

2017년에 이르기까지 중국의 정치공작과 여러 관련 조치들이 누적된 결과는 상상할 수 없는 결과를 낳았다. 바로 다수 태국군인들이 중국은 태국에게 가장 유용하고 신뢰할 수 있는 동맹이라고 인식하게 된 것이다. 이런 군부의 인식 전환은 시사하는 바가 크다.

1932년 이래 근대 태국에서는, 군부가 통치의 중심축을 이뤄왔으며 종종 정부의 가장 중요한 정치적 행위자가 되었다. 그리고 군부는 미군과의 긴밀한 협력관계를 맺었으며 태국 정부 안에서 가장 친미적인 세력 중 하나였다. 공통된 교리, 무기, 장비, 미국 훈련 등이 양국간 협력의 사례들이었다.

호주국립대학교(Australian National University)가 3년간 태국 국방 인력 1800여 명을 대상으로 조사한 보고서에 따르면, 미국과 중국에 대한 태국인들의 인식에서 놀라운 변화가 나타났다고 한다. 태국군은 '아직도 안보에 있어서 미국을 비중 있게 여기며' 영어와 미국식 군사교리 및 절차를 선호한다. 하지만 중국은 영향력이나 권력 인식 측면에서 미국을 압도했다. 이 보고서에서는 "태국이 자신들의 역사 속에서 냉전기 미국이 주었던 보호와 포용의 기억을 지웠고 태국공산당 무장 반군에 대한 중국의 지원으로 적대적이었던 양국관계의 역사를 망각"하고 있음을 지적했다. 또한 이 설문에서 태국관료들은 '중국의 군사력 증대에 대한 불안감'을 느끼고 "미국의 안전보장이 여전히 태국에 중요하다"는 견해를 유지하였다. 그러면서도 미국에게 상당한 양가감정이 있다는 점이 드러났다. 중국의 강력한 정치공작 내러티브에 미국과 태국이 제대로 대응하지 못했다는 증거들을 토대로 설문응답자들은 중국을 포함한 그 어떤 강대국보다도 미국의 군사적 위협이 더 크다고 평가했다.[90]

2018년 6월 『타임(Times)』과의 인터뷰에서 프라윳 총리는 태국이 미중관계에서 지각변동이 있었음을 인정했다. 그는 "태국과 중국의 우호관계는 수천 년이 넘었고, 미국과는 약 200년 정도 됐다"고 언급했다. 그는 '미국과 그 외 국가들을 2, 3위 국가들로 두면서 중국은 태국의 1위 파트너'임을 밝혔다.[91]

전 외무부 장관이었던 카싯은 태국 사람들은 태국의 대나무 외교에 굉장한 자부심을 갖고 있다고 주장했다. 여기서 대나무 외교란 다른 나라들과 균형을 유지하면서 '바람에는 몸을 구부리는' 외교방식을 뜻한다. 그에 따르면, 현재는 베이징에서 강풍이 불고 있는 상황이다.[92]

6장
중국은 태국에게
무엇을 얻고자 하는가

PRC Political Warfare against Thailand: A Contemporary Analysis

POLITICAL WARFARE

6장에서는 현재 중국이 태국을 상대로 펼치는 정치공작 작전의 목적, 목표, 전략, 전술, 주제 등을 상세히 검토한다. 대부분은 태국/미국의 전·현직 정부 관계자, 학계, 언론인들과 필자가 나눴던 여러 논의에 바탕을 두고 있다. 다수는 이름이나 직책으로 신원을 밝히지 않는다는 조건으로 인터뷰에 응했다. 각 인터뷰 대상자에게 일련의 질문을 했고, 그에 대한 답은 아래에 요약되어 있다. 6장에서의 분석은 또한 다양한 문서, 책, 보고서들을 검토하는 것뿐만 아니라 탐마삿 대학교, 태국왕립육군사관학교, 태국왕립해군사관학교에서 6년 이상 근무하며 겪은 필자 개인의 경험을 바탕으로 하고 있기도 하다.

중국의 목표와 전략

중국 정치공작의 주요 목표는 순응적이고 신뢰할 만한, 중국을 지지해주는 동맹국으로서의 태국을 얻는 것이다.[1] 구체적 전략은 다음과 같다.

- 필요에 따라 무력, 경제적 압력, 군사적 위협 및 외교와 더불어 전통적인 통일전선, 연락, 이외 정치공작 수단을 활용한다.
- 경제, 정치, 외교, 군사, 왕정, ASEAN 회원국을 포함한 모든 전선에서 태국을 포괄적으로, 또는 부수적으로 참여시켜 강세인 다른 영역이 한 영역에서의 약세를 상쇄하도록 한다.
- '불가피하게 승리하게 될 중국에게 편승하는' 전략을 강조한다. 구체적으로는 민족사적, 이념적, 무역, 안보 유대관계를 활용하는 것은 물론이거니와 약해지고 신뢰가 저하되는 미국과 달리 중국은 현재 가장 강력한 위치에 있다는 점을 강조해 중국과 함께하는 것이 현재로서 최선임을 시사한다.
- 태국 통치자들에게 '차이나 모델' 기반의 권위주의적 통치체제를 채택하도록 독려한다. 여기에는 민주주의, 언론의 자유, 표현의 자유 등 '부패한 서구적 이상'에 대한 저항을 포함한다.
- 군사적 개입과 무기 거래를 증대함으로써 미군의 주둔을 무의미하게 만들고 미군을 철수시키려는 중국의 노력을 지지하도록 태국을 설득한다.[2]

중국이 얻고자 하는 결과

중국은 태국이 기본적으로 중국의 전략목표에 철저히 순응하고 ASEAN, 남중국해 그리고 그 외의 이슈들에서 중국의 외교, 안보, 경제적 목표를 지원하는 속국이 되는 것을 원한다. 특히 중국은 다음 결과들을 얻고자 한다.

- 태국은 COVID-19 전염병에서의 중국의 역할, 인도양과 동중국해/남

중국해 분쟁을 둘러싼 국제사회의 분노와 이에 대한 중국의 선전 대응 등등 논쟁적 이슈에서 중국을 지지하거나 중립을 유지한다. 또한 태국은 '하나의 중국' 정책, 대만 통일, 티베트 및 홍콩 통제에 대한 중국의 정책 입장을 지지하며 중국의 메콩강 상류 사용과 지역 차원의 일대일로를 추종한다.
- 태국은 중국의 '집행관(enforcer)' 역할을 하고 중국 정치공작을 지원한다. 태국의 직접적인 지원이 실현 가능하지 않더라도 태국은 최소한 저항이나 간섭은 하지 않을 것이다.
- 태국-미국 동맹은 완전히 분열된다.[3]
- 태국은 중국이 지역 전반에 걸쳐 정치적, 군사적, 경제적, 외교적, 문화적으로 압도적 우위를 점할 수 있도록 지원한다.

정치공작 테마와 대상

중국 정치공작의 주요 테마는 다음과 같다.

- 태국에게 중국은 위협도 경쟁자도 아니며, 오히려 경제성장을 위한 파트너이다.
- 중국민족과 태국민족은 벗이자 가족같이 가까운 존재이다.
- 중국은 강하지만 미국은 약하고 의지하기 어렵다.
- 중국이 모범적으로 '아시아인을 위한 아시아'를 추구한다. 그리고 원시적인 서구적 가치는 아시아에 적용되지 않는다.[4]
- '차이나 모델'의 정치, 경제 정책은 '태국 모델'로서 태국에서 채택되어야 한다.

태국에 대한 중국의 정치공작은 1차적으로는 국가/지방 선출직 공무원, 중국과 가까운 왕족들, 고위 군간부, 국가 추밀원, 모든 분야에 흩어져 있는 중국계 태국인 엘리트 등을 대상으로 한다. 2차적으로는 학계와 영향력 있는 언론인, 소셜미디어 이용자들을 대상으로 하며, 3차적으로는 학생과 일반 태국 시민들이 있다. 흥미로운 점은 태국에서는 불교의 영향력이 강한데도 중국의 정치공작에 있어서 종교 지도자는 크게 중시되지 않는 것 같다는 사실이다.

수단, 전술, 기법 그리고 절차

중국 전문가 피터 매티스(Peter Mattis)는 중국이 "세계에 영향력을 행사하고 세계를 형성하기 위해 많은 조치를 취하고 있으며, 이를 위해 모든 국력을 동원하고 있다"고 지적했다. 또한 그에 따르면 '활용되는 외교·경제적 수단은 적어도 통일전선 작전과 선전 수단만큼이나 많다.'[5] 그 과정은 폭력과 여러 형태의 강압적, 파괴적 공격과 같이 적극적 조치를 도입하는 총력전의 일환이기도 하다.

우선 태국을 중국의 입맛대로 바꾸기 위해 중국이 사용하고 있는 정치공작 활동의 일부를 간략히 서술하겠다. 여기서 제시되는 사례들은 중국에게 상당히 호의적인 국가 내에서조차도 중국은 여전히 일상적으로 정치공작 작전을 수행한다는 점을 잘 보여준다. 태국에서의 정치공작의 효과는 전 세계 많은 다른 나라들이 겪은 결과와 유사하다. 태국 정부는 모든 분야에서 순응하기를 바라는 중국의 요구를 일상적으로 충족시키려 한다. 태국 학자들도 중국 정부가 민감하다고 여기는 주제를 피하고, 태국 학생들은 자유롭게 발언하는 것을 두려워하며 태국 언론과 학자들은 자체검열을 한다. 기업과 영향력 있는 기관들도 자유로운 연설을 자제하고 있다. 그리고 거의 7천만에 이르는 태국 시민들은 중국공산당이 온라인, 텔레비전, 인쇄 및 라디오 매체를 통해 전파하는 중국 선전물에 매일같이 노출되고 있다.

검열

프랑스 국제관계연구소 소속 소피 부아소 뒤 로셰(Sophie Boisseau du Rocher)의 경우, 태국 정부는 중국을 대신하여 검열의 의지를 명시적으로 표명했는데, 여기에는 COVID-19 팬데믹 관련 중국의 입장을 지지하겠다는 내용도 포함된다고 주장했다. 그는 또한 '(중국과 척을 지지 않기 위해 태국 정부가) 바이러스 확산에 대한 강력한 조치를 취하지 않았을 때, 분노를 표출한 시민사회 일원들은 '전복'이라는 명분으로 감옥에 가거나 음모·선동 혐의로 고소될 수 있다는 점'을 우려했다.[6] 태국 정부는 팬데믹의 책임을 중국이 아닌 타국에게 돌리는 중국의 선전물에 동의했다. 이때 "태국 정부는 '더러운 백인 관광객들(dirty Caucasian tourists)'이 샤워를 하지 않고 마스크를 착용하지 않아" 태국을 최초로 감염시킨 것이라며 비난했다."[7]

태국 정부의 검열은 다양한 류의 조치들로 나타나고 있다. 예를 들면 2016년 10월 홍콩 민주화 운동가 조슈아 웡(Joshua Wong)을 억류 및 추방한 사례나 프라윳 총리가 영화 〈메콩작전(Operation Mekong, 2016)〉에 중국이나 태국 군부를 저격하는 장면이 포함되어 있다면 상영금지를 하겠다고 압박한 사례를 들 수 있다. 영화 〈메콩작전〉은 마약 관련 학살을 다룬 영화로 중국계 검은조직과 태국 군부가 연루된 사건을 다루고 있다.

태국은 분명히 중국의 검열 및 언론의 자유 통제 방식을 따라하고 있다. 구체적으로는 '하나의 포털(Single Portal)'과 같은 인터넷 수단을 활용하거나 언론인들에게 자기검열을 하라고 강압하는 일, 언론에서 군부를 불쾌하게 하는 이슈를 다루는 경우 관련자를 재교육 캠프에 보내는 방식들 모두 중국을 모방한 것들이다.[8] 『방콕포스트(The Bangkok Post)』와 『더네이션(The Nation)』 등 일부 간행물에서는 비교적 편집의 자유를 유지하고 있지만 이런 자유조차도 점차 사라지고 있는 것으로 보인다.

학계도 일상적으로 자체검열을 하고 있다. 중국과 태국인뿐만 아니라 태국 정부와 그외 교수진들로부터 종종 압력이 들어오기 때문이다.[9] 방콕 주재 중국대사관은 전·현직 고위급 태국 관료들의 비판을 검열하는 것을 주저하지 않는다. 예컨대 2017년 10월에 전 태국 외교부 장관이 대만을 방문해 중국의 역내지배의 전망에 관한 연설을 행했다. 중국대사관은 곧바로 태국 외교부를 질타했고 결국 장관은 침묵하게 되었다.[10]

협박

중국의 요원과 중국에 협조하는 사람들은 태국 학계와 시민들을 은밀하게 위협하고 있다. 학계와 시민들은 사실상 중국요원들처럼 행동하게 되는데 필자의 목격담을 공유하자면, 2016년 6월 탐마삿 대학교에서 열린 포럼에서 만난 어떤 교수의 일화가 있다. 그는 호치우 찰렘쁘라낏 대학교(Huachiew Chalermprakiet University)의 법대 선임교수였는데 포럼에서 태국이 남중국해 대부분에 대한 중국의 영유권 주장을 지지해야 한다는 주장을 강력히 펼쳤다. 그는 중국대표로부터 태국이 남중국해 문제에서 중국을 지지하지 않을 경우, 중국은 태국만에서 거주했던 역사를 근거로 영유권을 주장하고 이를 '핵심이익'으로 지정할지도 모른다는 내용을 통보받았다고 주장했다.

다른 태국 학자들 또한 중국 학계에서 태국이 중국의 크라 운하 계획을 지지해야 한다고 말해왔다고 보고하고 있다. 크라 운하 계획은 중국의 무역과 안보 모든 측면에서 중요하기도 하고, 만약 싱가포르가 중국의 입장을 지지하지 않을 경우 '싱가포르 때리기'가 가능하기 때문이라고 한다. 중국 학계의 이런 의견에 대해 태국 학자들은 중국의 정책과 행동을 지원하지 않을 경우 태국에게도 비슷한 처벌을 가할 수 있음을 암시하고 있다고 받아들였다.[11]

구금, 추방 그리고 납치

태국 정부는 중국 평론가 납치와도 연루돼 있다고 알려졌다. 중국을 위해 블랙리스트 작성, 추방, 조력을 하며 했다고 한다.[12] 2016년 10월에 홍콩 활동가 조슈아 웡이 방콕 소재 한 대학교에 연사로 초청받았는데, 태국 정부는 중국의 요청에 따라 그를 태국에서 억류, 추방한 사례가 대표적이다. 이틀 만에 태국 당국은 웡이 대학 청중들과 스카이프 통화를 할 수 있도록 허락했다. 물론 중국을 비난하지 않겠다는 조건 하에 가능한 일이었다. 스카이프 통화가 연결되었을 때 학생 청중들이 있던 곳에는 태국 무장경찰이 있었다.[13] 위구르족이 중국으로의 복귀를 강요받았던 사례도 있다. 이 경우는 앰네스티 인터내셔널이 비판을 가했던 사례이기도 하다.[14] 유사한 상황들에 대해 국제 비정부 기구인 휴먼라이츠워치(Human Rights Watch)

는 "중국 정부가 태국 및 홍콩 정부에 대한 공공연한 간섭을 하며 사람들을 납치하려 하고 있어 우려가 높아진다"고 논평했다.

오늘날 태국 내 중국 비판론자들은 '어디에나 중국 요원들이 있다'며 그들이 안전하지 않다고 확신한다. 중국이 '불쾌하게 느낀다면 언제 어디서나 우리는 당신을 데려올 수 있다'는 강력한 메시지를 전달하고 있는 것이다. 그런 점에서 중국은 심리전에서 이미 상당한 승리를 거뒀음을 보여준다.[15]

뇌물수수, 협박 및 강청

2017년 태국의 중국산 위안급 ST26-T 잠수함 구매와 관련해 비리 의혹이 제기됐다. 관련 의문들은 소셜 및 뉴스미디어뿐만 아니라 필자의 개인적인 대화를 통해서도 종종 제기되었다.[16] 뇌물, 협박, 강청은 태국 내 중국 정치공작 수단으로서 효과가 있었다고 한다. 관련 증거들은 충분하지만 여러 이유로 이 책에서는 논하지 않을 것이다. 태국의 44조항, 즉 왕실모독죄(lèse majeste) 및 기타 법적 문제들 때문이기도 한데, 태국 정부는 이 조항을 사생활 문제와 관련해 언론인, 연구자, 시민들을 기소하는 데 사용해왔다.

뉴스미디어: 흡수, 조작 그리고 소유권

중국은 '태국 뉴스의 중국화(Sinicization)'를 시도한다. 태국어, 중국어, 영어 뉴스미디어를 막론하고 뉴스의 내용과 관점에 대한 지배력을 점차 확대하고 있다. 중국이 뉴스를 독점하게 된 시기는 COVID-19 팬데믹 발발보다 훨씬 이전의 일이다. 하지만 한 매체가 보도한 바와 같이 "태국 언론은 코로나 바이러스 관련 보도를 대부분 중국에서 조달하고 있다"고 한다.[17]

중국 뉴스 매체들은 2019년에 태국에서 이미 자신들의 거대한 존재감을 더 확대했다. 2019년은 태국 정부가 'ASEAN-중국 미디어 교류의 해'로 지정한 해였다. 이를 기점으로 중국은 태국어 뉴스 분야에 상당히 진출했고 태국의 영자신문에도 등장하기 시작했다. 태국에서 가장 인기 있는 언론사 중 적어도 12곳에서는 중국 신화통신의 기사 60~100개 정도를 무료로 제공받으며 모두 태국어로 번역해 발간하고 있다. 독자들은 이 기사들의 출처가 중국이라는 사실을 알아차리지 못한다. 태국의 '중국 신화통신' 페이스북 페이지에는 7천만 명의 팔로워가 있다는 사실은 더욱 심각한 일이기도 하다.[18]

태국 뉴스 관련자들에게는 모든 비용을 지원받아 중국을 방문하는 기회가 종종 주어진다. 이는 다른 나라 대사관들에서 운영하는 프로그램들과 유사한 방식이다. 중국 선전기관들은 태국 기자 및 편집진들과의 협력 하에 중태 우호관계, 점증하는 양국의 인프라 및 군사 협력, 증대되는 중국 관광 및 태국 투자 중요성 등의 주제들을 신문에 게재한다. 중국대사관은 또한 중국에게 중요한 주제를 다루는 워크숍이나 교육에 참석하는 조건으로 태국 언론기관들에게 지원금을 지급하기도 한다.

2018년 10월 태국 신문 『더네이션』에서는 『차이나데일리』를 주간으로 삽입해 발간했다. 이런 관행으로 '미국 발 위험에 저항하다: 중국과 무역긴장을 고조시키고 아시아의 건강한 성장에 불확실성을 초래하는 미국의 부적절한 관행(Resisting Risks from the U.S.: Improper U.S. Practices Escalate Trade Tension with China and Pose Uncertainties for Asia's Healthy Growth)'이라는 제목이 삽입된 주간지의 1면을 장식하게 된 일례가 있다. 31페이지 분량의 이 주간지는 여러 반미기사들과 함께 채워졌는데, 대체로 '베이징 보고서, 무역 관행을 방어한다', '전 미국 특사, 관세는 유해하다고 발언하다', '미국 부담금은 글로벌 상거래에 도전하다', '자크, 미국 과거로 회귀중이라고 발언', '미 소매업자들, 불확실한 미래를 끌어안다'와 같은 제목들이다. 해당 주간지에는 많은 양의 선전물들과 함께 중국 미술, 문화, 식사에 관한 가벼운 기사들을 제공하고 있기도 하다.[19]

같은 호에서 『더네이션』은 또한 '트럼프의 중국 무역 내러티브에 끼어들기'라는 제목의 전면 기사를 실었다. 이 기사는 원래 며칠 전 『월스트리트저널(The Wall Street Journal)』에 실렸던 기사였다. 기사에서는 트럼프 대통령이 "중국이 미국 중간선거에 개입하고 있다는 주장을 근거 없이 제기하며 양국의 긴장을 고조시켰을 뿐 아니라 중국의 세계 강대국 등극을 저지하는 것이 그의 본심이라고 말하는 공산당 간부들에게 명분을 제공했다"고 서술한다.[20] 그리고 『더네이션』의 '의견분석' 면의 '다른 사람의 말(What Others Say)'이라는 칼럼 섹션에서는 '미국의 일방적인 무역정책, 성장을 더디게 할 수 있다'라는 제목의 기사가 4분의 1페이지 분량으로 실리기도 했다. 물론 기사의 출처는 『차이나데일리』였다.[21]

방콕의 중국대사관과 치앙마이, 송클라, 콘캉에 있는 총영사관은 지난 10년간 갈수록 정교하게 언론활동을 벌여왔다. 중국 라인에 귀를 기울이지 않는 언론사들을 설득하거나 처벌하는 직접적 조치를 취했다. 예를 들어, 중국대사관 관계자들은 종종 태국언론협회와 태국언론인협회에 연락하여 태국 기자들이 특정 주제들, 즉 태국을 칭찬하거나 중국의 적을 비판하는 내용의 주제들을 중국 입맛에 맞게 다루라고 압박을 가했다. 그러나 2018년을 기점으로 중국대사관은 태국 언론계에게 좀 더 부드러운 방식으로 전술을 전환했다. 여전히 태국 기자들에게 중국 내러티브를 따를 것을 요구하고는 있다. 그럼에도 중국대사관은 미국 공보처와 유사한 공식공보처를 마련하고 조건 없이 지원금을 지급하기 시작했다. 중국 사회·문화 관련 보조금의 경우, 100만 바트(한화 3530만 원) 이상을 수혜자에게 지급하며, 수혜자가 다룰 주제와 방문할 도시를 선택할 수 있게 해주고 있다.[22]

아이러니하게도 중국 국영 라디오방송인 차이나 라디오인터내셔널은 1950년에 태국 왕실과 미국을 겨냥한 선전 작전을 개시한 이래 아직까지도 태국어로 방송을 내보낸다. 그러나 현재는 '태국인들에게 중국과 세계를 소개하고 중국인과 태국인 간의 이해와 우애를 도모하는' 데에 전념하고 있다. 최근에는 명문대 수준의 교육 기관과 태국 방송국 간 협력 하에 개발된 프로그램들이 뉴스보도의 중심이 되고 있다.[23]

자금 후원과 광고를 통한 언론조작 방식의 다른 일례로, 중국이 태국기자협회 등의 단체들에 자금을 자유롭게 기부하는 경우를 들 수 있다. 중국계 사업관계자들은 태국어 언론이나 다른 언론에서 중국을 비판하지 않게 하려고 광고 자금지원을 활용하는 징후가 강하게 보인다. 일종의 '당근과 채찍' 기법인 것이다. 중국 기업이나 중국 정부와 관계가 깊은 태국 기업집단들은 중국 내러티브를 전파하는 뉴스 매체에 투자 제안을 하거나 자체검열을 하지 않는 매체들에게는 광고를 철회하겠다고 협박하는 행태를 보이고 있다.[24]

중국의 비디오게임 대기업인 텐센트(Tencent)는 2016년에 태국 최대 뉴스·엔터테인먼트 사이트 중 하나인 사눅닷컴(Sanook.com)을 매입했다. 웹사이트는 대체로 태국과 관련된 내용으로 유지되고 있어 표면상으로는 중국에 대한 태국인의 인식 전환에 초점을 맞추지 않는 것으로 여겨진다. 그러나 사눅닷컴은 선정적 뉴스보도에 있어서 '반중국'으로 인식될 수 있는 그 어떤 보도까지도 매우 조심스럽게 피하고 있다.[25]

한편 중국기업들은 공공연하게 일부 태국 언론매체에 대한 소유권을 가지고 있다. 유명한 웹사이트인 타이중화닷컴(Thaizhonghua.com)은 태국의 중국정보회사를 위한 언론사 역할을 하고 있다. 이 웹사이트는 대부분 태국의 중국 네트워크 편집국과 태국 최대 중국어 신문이자 타이중화의 모회사인 차이나데일리가 발행한 기사를 가져온다. 타이중화에 따르면『차이나데일리』는 태국 주류 언론사뿐만 아니라 중국이 운영하는 신화통신 및 차이나뉴스서비스(China News Service)와도 장기간 협력 관계를 맺고 있다.[26]

교육·문화 프로그램을 통한 선전과 심리전

중국은 태국에 영향력을 행사하기 위한 중요한 수단으로 교육을 활용한다. 공자학원, 중국학생학자협회(CSSA), 중국문화원 등이 주요 도구이다. 동시에 2014년 태국 쿠데타 이후 중태 군사교육 프로그램이 상당히 확대된 점에도 주목할 필요가 있다. 이 모든 과정은 태국 군 지도부 후속세대의 태도와 평가기준체계에 막대한 영향을 미치며, 그 중 일부는 결국 나라를 이끌 인재들이다.[27]

공자학원은 중국 문화와 언어 해외 전파 촉진을 위해 설립된 학원으로, 궁극적으로는 정치공작의 도구이다. 태국에는 공자학원이 총 26개로 아시아 국가 중 가장 많으며, ASEAN 국가의 전체

중국 베이징 소재 과거 공자학원 본부 공자학원은 교육 및 문화프로그램을 통한 선전/심리전의 핵심 수단이었으나 최근 대내외적인 비판에 직면하자 중국 정부는 이를 '중국어 교류·협력센터'로 개명하였다.

갯수를 합친 것보다 더 많은 수를 자랑한다. 일부 보도에 따르면 2006년에 태국에서 공자학원이 처음 설립된 이래로 총 7천명 이상의 자원봉사자가 있었다고 한다. 필요자금은 중국 정부기관인 한반(Hanban)에서 나온다. 미 정보보고서에 따르면, 공자학원 프로그램에서는 1989년 천안문광장 학살이나 티베트의 현재 정치적 지위 문제와 같이 중국이 민감하다고 생각하는 주제에 대한 논의를 제한하고 있다. 중국은 공자학원을 통해 학생뿐만 아니라 교수들의 사고에 친중 시각을 심어 태국 미래 지도자들의 생각에 영향을 미치려고 한다. 공자학원은 '반쪽짜리 진실을 가르친다는 점'을 가장 큰 특징을 보이는데, '조용히 여론에 영향을 미치고 중국의 역사, 정부, 정부의 공식정책을 가장 유리하게 조명하기 위해 고안된 방식이다.[28]

태국에서는 공자학원 어학수업이 꽤 인기가 있는 편이다. 특히 장학금은 공자학원의 주된 매력이다. 매년 많은 태국 학생들이 태국 공자학원에서 중국장학회 장학금 지원을 받아 중국에서 공부한다. 그래서 중국으로 학생을 보내는 국가들 중 태국이 상위권을 차지하고 있다. 중국은 매년 수백 명의 태국 교육관계자들에게도 중국 수업관찰과 중국방문을 할 수 있는 지원금을 제공하고 있기도 하다. 결과적으로, 학생들과 교육인들은 중국 교리와 관점을 습득해 귀국하게 된다.[29]

공자학원은 태국 전역의 다양한 행사를 후원한다. 2018년 10월에 치앙마이 대학교에서 열렸던 중국문화제를 후원 사례를 예로 들 수 있다. 치앙마이 소재의 16개 학교 학생들이 문화제에 참여했으며, 행사는 중국어와 중국문화 관련 질의응답, 서예 수업, 단체공연대회로 구성되었다.[30]

『글로벌타임스(Global Times)』와 『미국의 소리(Voice Of America)』에 따르면 2016년과 2017년 2년간 태국에서 유학한 중국인 유학생은 약 3만 명이었다. 이 규모는 2012년 유학생 수의 2배에 달한다.[31] 유학생들은 '중국 소프트파워의 연장선'으로 인식되며, 주로 중국학생학자협회(CSSA)에 속한다. CSSA는 외국 대학이나 기타 교육 기관처럼 국외에서 공부하는 중국인 유학생들과 학자들을 관리한다. 물론 CSSA가 많은 논란을 낳고 있는데 그 이유는 CSSA와 중국대사관들 간에 자금지원 및 권위의 문제가 뚜렷하기 때문이다.

『뉴욕타임스(New York Times)』와 『포린폴리시』의 조사 결과, 중국 영사직 공무원들이 'CSSA와 정기적으로 소통하며 지역별로 그룹을 나눠 대사관 연락 담당자에게 각 지역을 할당하고 안전정보를 전달하거나 간혹 정치적 지시사항을 지국장들에게 전달한다'는 사실이 밝혀졌다. 더욱이 일부 CSSA는 이념적 노선에 따라 회원들을 조사하고 중국공산당 핵심이익에 반하는 견해를 보이면 회원들을 차단하고 있다. CSSA는 직접적인 정치적 압력을 행사하기도 한다.

예를 들어, 미국에서 유학 중인 중국학생들은 곧 있을 CSSA 내부 선거에서 중국공산당 회원인 후보자들이 '우선 고려될 것'이라는 공지를 전달받은 적이 있다.[32]

그리고 CSSA는 '서구의 대학 캠퍼스에서 친중 어젠다(agenda)를 홍보하고 반중 연설을 억제하기 위해' 중국에 협조해왔다.[33] CSSA는 중국의 인권침해에 항의하고 티베트 주권과 동투르크스탄에 있는 위구르인 탄압 등의 문제에 입장을 표명한 대학 연사들이나 학생들을 괴롭혔다. 그리고 학교 포럼에서 중국-홍콩 관계에 대한 의견 검열을 시도했다.[34] 때로는 CSSA와 기타 중국 학생단체 회원들이 중국을 위해 스파이 활동을 했다는 비난을 받은 적도 있다.[35] 태국에서도 이런 유사한 활동들이 목격된다는 증거가 있다.[36]

마지막으로 중국 정부와 기업집단의 후원을 받는 태국계 중국인 문화원이 늘어나는 추세이다. 중국이 2012년에 방콕에 설립한 중국 문화원은 동남아시아에서 최초였다. 문화원들은 태국의 중국 이해도를 높이기 위해 기획된 문화활동을 주최한다.[37] 문화를 기념하는 것은 본질적으로 잘못된 일은 아니다. 그러나 경험적으로 그런 중국 기관들이 더 큰 규모의 중국 정치공작이나 주최국, 즉 태국의 국익에 해로운 영향력 작전을 목적으로 이용되고 있다는 점을 알 수 있다.

고위급 인사 방문, 학회 그리고 스파이

앞서 지적되었듯, 현재 태국 및 중국 관계자들 간 고위급 인사 방문은 흔한 일이 되었고 2014년 5월 이후로 상당히 증가하고 있다. 그 과정에서는 태국 고위급 정부 관계자들의 정기적인 중국 방문뿐만 아니라 태국 총리의 베이징 방문, 시진핑 주석의 방콕 방문이 있었다. 방문 교류는 다른 양자 간 교류까지도 확대했다. 예컨대 태국과 중국 부처의 거의 모든 장관급 관계자들, 기업장, 은행, 교육자, 기자들 간의 교류가 행해졌다.

양자 간 교류는 단순히 정상적인 외교일 뿐 반드시 정치공작 사례는 아니라고 주장할 수 있다. 그러나 이런 유형의 방문은 통일전선의 핵심이며, 중국에서는 분명 이런 교류를 정치공작 작전이 성공한 지표로 보고 있다. 방문인사들은 일상적으로 태국인과 중국인 간의 공통의 경제 이익, 양국 공통의 유산, 친족 관계에 호소한다. 태국어 일간지인 『월드데일리(Wolrd Daily)』에 따르면, 2018년 11월에 전국인민대표대회 상무부위원장인 장춘셴(Zhang Chunxian)이 태국을 방문해 태국이 일대일로에서 받은 '구체적 혜택'을 거듭 강조하고 '화교인들이 중국과 협력하는 '근거리라는 이점(proximity advantage)'을 활용하도록 장려했다.'[38]

또한 중국의 왕이(Wang Yi) 외교부장은 2019년 2월 치앙마이에서 태국의 돈 프라무드위나이(Don Pramudwinai) 외교부 장관과 '전략회의'를 가진 적이 있다. 왕이는 '양국은 전략적 소통을 강화하고 전략적 협력을 활성화하며 지역의 평화, 안정, 발전에 긍정적 기여를 위해 함께 일'할 수 있는 '포괄적인 전략적 협력파트너'라고 언급했다. 또한 그는 중국이 태국과 손을 잡고 '일대일로' 연결성을 위한 ASEAN 전반의 계획들을 결합하고, 지역 연결성과 지속 가능한 발전을 촉진하고, 중국-ASEAN 미디어 교류의 해를 성공적으로 개최하여, 국방 및 안보 협력의 수준 제고할 뿐 아니라 이를 중국-ASEAN 관계 발전 및 동아시아 협력을 통해 더 진전할 용의가 있음'을 밝혔다. 왕이는 해당 전략회의에서 프라윳 총리의 방문에 대해 "양국의 상호 유익하고 우호적인 협력을 더욱 활성화하는 계기가 되기를 바란다"고 하면서 베이징에서 열리는 '제2차 국제협력을 위한 일대일로 포럼'에 그를 초청했다.[39]

마찬가지로 주요 태국 교육 기관과 대학교에서 개최되는 학회 포럼에서는 중국의 관점을 일상적으로 반영한다. 종종 대규모의 중국의 공식 파견단이 참석하는데, 여기에는 미국인이나 그 밖의 중국과 상충하는 목소리를 내는 참석자들은 거의 없거나 전혀 없다. 중국현대국제관계연구소(China Institute of Contemporary International Relations, CICIR)라는 싱크탱크가 이 같은 포럼과 교류프로그램뿐만 아니라 다수의 군사·학술회의에도 자금을 지원하고 협조한다.[40] 그러나 CICIR은 중국의 주요 첩보기관인 국가안보부의 하위기관으로 합법적인 연구와 분석을 수행하는 만큼 전 세계를 대상으로 허위 정보 및 정보 작전을 수행하고 있다고 알려져 있다.[41]

사이버 침투와 소셜미디어 활용

몇 가지 예외를 제외하면, 태국 소셜미디어는 일반적으로 중국친화적인 것은 아니다. 그래서 태국어로 작성된 글들에서는 중국이 후원하는 '인터넷 트롤(internetl troll)'*이나 '온라인 군대'가 작성한 게시물을 쉽게 발견할 수 있다. 일부 인기 블로거들은 중국에 대한 부정적인 인식을 바꿀 목적으로 기획된 기사를 게시하여 돈을 지급

---

* **옮긴이_** 인터넷 트롤이란 사이버상에서의 괴롭힘을 행하는 사람들을 일컫는 말로 그런 행동에 대해서는 '트롤링(trolling)'이라고 칭한다. 유사한 표현으로는 사이버 불링(bullying), 악플러, 키보드 워리어(warrior) 등이 있다.

받는다. 소셜미디어 내에서 중국인에 관한 불만들 중에서는 중국인 관광객 문제가 가장 큰 자극제이다. 그래서 중국은 종종 '중국인은 태국 사람들을 항상 친구로 여긴다', '태국 사람들은 중국인의 심리를 이해해야 한다. 중국인들은 과거에 가난했기 때문에 그들의 현재와 같은 행동을 우리가 이해해야 한다'와 같은 제목의 글들을 제안한다.[42]

뉴이스턴 아웃룩(New Eastern Outlook)과 같이 태국에서 인기 있는 일부 웹사이트 및 인기 블로거들은 러시아의 후원을 받고 있다고 알려졌다. 하지만 이들은 친중국 선전 메시지를 담아내기도 한다. 또한 중국 계열의 '50센트당(50-Cent Party)'이나 '50센트 군대'가 태국 여론에 영향을 미치려 하는 증거도 몇 가지 있다. 이들은 중국의 돈을 받는 온라인 논객들로 구성되었으며 여론을 조작하고 중국을 비난하는 자를 공격하거나 중국공산당을 지지하기 위해 다른 표적을 공격하도록 고용된다. 그러나 현재로서는 논객들의 내용이 종종 잘못 작성되거나 '유치한 어휘들'로 이뤄졌기 때문에 큰 영향력을 행사하는 것으로 여겨지지 않는다.[43]

때때로 '리틀 핑크스(Little Pinks)'라고 조롱되는 중국의 초국가주의적 인터넷 트롤이 태국 네티즌들을 몰아붙이기도 한다. 2020년 4월에는 한 태국 배우가 트위터에서 홍콩을 국가로 등재한 사진에 '좋아요'를 누르자 중국 인터넷 트롤이 그의 소셜미디어 플랫폼을 테러했고 그 배우는 "홍콩에 대해 '말'하는 데 신중함이 부족했다"며 사과했다. 그러나 중국 네티즌들은 『글로벌타임스』와 같은 대형 선전매체의 도움을 받아 해당 배우와 그의 여자친구 모두를 계속 공격하며 다른 불법행위 의혹을 들춰냈다. 이 사건은 태국인들이 온라인에서 반격을 개시하게 되었고 중국의 트롤링 캠페인은 결국 실패했다.[44]

7장
대만에 대한 중국의 정치공작: 차가운 전쟁인가 차가운 평화인가

PRC Political Warfare against Taiwan: An Overview

POLITICAL WARFARE

대만에 대한 중국의 주권적 주장의 근거와 대만에 대한 정치공작을 이해하기 위해서는 대만-중국 관계에 대한 개괄이 필요하다. 학술적으로 중국 본토의 중화인민공화국과 대만의 중화민국 간 양안관계는 중국-태국 관계보다 광범위하게 다뤄져 왔다. 그래서 이번 장은 5장과는 다르게 역사적 배경설명은 줄이고 논쟁이 되는 중국-대만-중화민국의 관계와 거기에서 정치공작의 역할에 초점을 두고자 한다.

프로젝트 2049 연구소의 마크 스톡스(Mark Stokes)와 러셀 샤오(Russell Hsiao) 연구원은 대만을 중국 정치공작의 주요 표적이라고 지목했다. 정치공작은 중화민국을 무너뜨리고 공산주의 중국과 대만을 '재결합하기'위한 주요 수단이다. 스톡스와 샤오는 대만의 민주정부체제가 중국공산당 정치권위에 대한 실존적 위협이라고 말한다. 그리고 중국은 '일국양제(One Country, Two Systems)' 원칙에 따라 중화민국이 중국공산당에 정치적으로 종속되길 원한다.¹ 중국공산당이 바라는 국공내전(Chinese Civil War)의 최종 결말은 정치적 실체로서의 중화민국이 붕괴하고 대만이 중국으로 흡수되는 것이다. 국가 지도자인 시진핑이 필요하다고 판단하면 중국은 무력을 동원할 것임을 분명히 밝혔지만, 내전의 마지막 국면인 현재 엄청난 무력을 사용하지 않고도 승리하기를 원하고 있다.

양안관계: 대만의 정치적 지위

앞서 3장에서 중국 정치공작 작전의 전반적 역사를 자세히 살펴보았다. 이미 중화민국과 대만을 대상으로 한 정치공작에 대해 자세히 살펴봤으므로 이제부터는 현재 어떤 정치체가 대만에서 주권을 행사하고 있는지에 관한 문제에 집중하기로 한다. 결과적으로 현재의 중국이 된 정치체와 대만 간의 관계 발전, 1949년 중화민국 설립 이후 중국과의 관계, 중국공산당과 중국민족주의 국민당 간의 지속되는 내전 문제를 검토하는 것이 중요하다.

중국이 대만을 상대로 거침없는 정치공작을 벌이는 이유는 간단하다. 1920년대부터 1949년까지 마오쩌둥의 중국공산당은 장제스의 국민당과 전투를 벌였다. 결국 중국공산당이 본토를 장악하고 국민당이 이끄는 중화민국 정부는 대만으로 추방됐다. 이후 마오쩌둥과 중국공산당은 현재의 중국을 설립했다. '중국'이라는 국가 개념은 계속 진화했는데, 중국공산당은 이 개념에 대만을 포함시켜 주권을 주장했다. 하지만 국민당은 결코 항복하지 않았기 때문에 국공내전은 엄밀히 말하면 종결되지 않았다. 중화민국은 더 이상 중국 전체를 통치한다고 주장하지는 않지만 여전히 대만에서는 주권국가로서의 지위를 주장하고 있다.[2]

중화민국은 미국의 지원 속에서 권위주의 정부에서 민주주의로 발전했다. 반면 중국은 수백만 명의 자국민을 사망에 이르게 하고 전 세계적으로 반란과 내전을 야기한 전제 독재정권을 빠르게 구축했다. 시간이 흐르면서 중국은 고도로 정교한 정치공작 기구를 보유한 경제, 군사적으로 강한 전체주의 국가로 발전했다.

중국의 정당성의 중심에는 '하나의 중국' 원칙이 있다. 중국 정부는 하나의 중국 원칙이 '세계에는 하나의 중국만이 존재하고, 대만은 중국의 일부이며 중국 정부는 중국 전체를 대표하는 유일한 합법적 정부'라고 명시한다.[3] 중국은 국제사회가 하나의 중국 개념을 수용하고 지지하지 못해도 중국의 정책과 목표를 용인할 수 있도록 능력을 갖춰 나가고 있다.

대부분의 국가들은 이제 중국을 합법적인 정부로 인정한다. 이에 중화민국은 외교적으로 점점 더 고립되어 왔다.[4] 그럼에도 대만은 대만의 독립적 지위를 포기하고 중국의 속국이 되도록 설득, 강요하려는 중국의 노력에 계속 저항하고 있으며 생존에 필요한 지원을 얻고 있다. 대만이 중국의 강압에 쉽게 굴복하지 않았던 역사적 이유에는 수천 년에 걸쳐 맺어진 중국 제국 통치자들과 최소한의 유대만 갖고 있다는 점, 일본의 첫 식민지로써 일본과 반세기 동안 긴밀한 관계를 맺어왔다는 점, 중국공산당의 억압적 성격에 대해 분명히 인지하고 있다는 점 등이 있다. 최근에는 대만 사람들 대다수가 중국인보다 대만인으로 인식되는 것을 선호하기 때문에 '대만화(Taiwanization)' 경향 또한 오랜 저항의 이유에 포함된다.[5]

위의 요소들은 70년 이상 대만의 정치지형을 확고히 형성해왔다. 역사적 맥락에서 중요한 것은 1947년 2월 28일 국민당 군에 의해 자행된 민간인 학살사건과 같이 대만 사람들에게 남아있는 유혈탄압의 기억이다. 당시 『뉴욕타임스』 기사에는 "본토에서 온 군대가 3월 7일 대만에 도착하자마자 3일간 무차별 살인과 약탈을 제멋대로 행했다"는 목격자 진술이 실렸다. 거리의 모든 사람들이 총에 맞았고 국민당군은 주택을 침입해 사람들을 사살했다. 가난한 지역에서는 거리에 죽은 사람들이 널려 있었다고 한다. 참수 및 시신 훼손 사례가 있었고, 여성들은 강간당했다.[6] 잔인한 국민당의 탄압은 끝이 났다. 그럼에도 분수령이 되었던 그 사건과 기저의 원인은 오늘날까지도 대만인들에게 영향을 미쳐 중국 본토에 흡수되는 것에 대해 강한 반감을 야기했다.[7]

1949년 중화민국 정부가 대만으로 후퇴하자 장제스는 대만 헌법을 중단하고 대만인들을 최하위급을 제외한 모든 자리에서 배제했다. 국민당은 대만 전통사회를 대체하기 위해 본토 중국인의 가치와 역사, 언어를 내세움으로써 대만 원주민들을 '중국화'하려 했다. 이런 시도는 반발을 야기했다. 1980년대 민주화 이후 대만인들은 스스로의 정체성을 강화하고 중화민국과 중화인민공화국을 각각 대만과 중국의 정부로서 동등한 지위를 갖는다고 여겼다. 오늘날 많은 대만인들은 대만이 중국의 일부라고 생각하지 않으며 대만이 독립해야 한다고 믿는다.[8] 최근의 한 설문조사에서는 이러한 추세가 가속화 되는 현상을 보여주었다. 30세에서 49세 사이의 연령층에서는 자신을 엄격하게 대만인으로 자칭하는 사람이 64%에 달하고, 50세 이상 연령층에서는 60%가 그렇게 여긴다고 응답했다. 가장 중요한 것은 그 수가 증가하고 있는 18세에서 29세 사이의 연령층 집단은 83%가 자신을 엄격하게 대만인으로 여긴다는 사실이다.[9]

대만과 미국

미국은 대만이 스스로의 정치적 노정에서 숨을 쉴 수 있는 공간을 마련해주었다. 대만에 대한 중국의 정치공작에 관한 논의는 물론이고 양안관계를 논하려면 미중관계와 미국-대만 관계도 각각 다뤄야 한다. 미국은 2차 중일전쟁과 중국 국공내전 모두에서 국민당을 지원했다. 미국의 트루먼(Harry S. Truman) 대통령은 중국이 1950년 1월 말 중국의 대만 장악을 허락하는 쪽으로 기울었었다. 그러나 그해 6월 중국을 배후에 둔 북한이 남한을 침공하자 빠르게 방향을 전환했다.[10]

이후 미국은 대만이라는 섬나라의 최종 주권에 관해서는 다소 애매한 입장을 유지하면서 중화민국 정부를 지지해왔다. 1950년대 이후 미국 정부는 중국의 공격으로부터 대만을 지키고자 군사력을 동원했다. 대표적으로 1996년 중국이 대만을 포위해 미사일 발사로 위협할 때 클린턴 대통령은 대만해협에 항공모함 2대를 배치한 적이 있다. 1979년 미국이 중국을 공식 인정한 이후에도 미 의회는 대만관계법(Taiwan Relations Act) 하에 대만과 비공식적 외교관계를 지속할 수 있도록 했다.[11]

대만관계법과 레이건(Ronald W. Reagan) 대통령의 '6가지 보장(Six Assurances)'은 미국이 대만을 방기하지 않을 것이라는 믿음을 심어주었다. 하지만 미국은 대만과의 관계에 있어서 몇 가지 규정을 성문화하지 않은 채로 남겨두었다.[12] 미 행정부 내부에는 자체규정이 마련되었는데, 여기서 미국은 대만 고위급 인사 5명 이상이 미국에 방문하는 것이나 미국의 고위급 인사가 대만의 인사들을 만나는 것을 허용하지 않으며 대만을 국가라고 지칭하지 않기로 하였다.[13]

중국-대만-미국의 삼각관계는 1970년대 초 미중 화해가 이루어진 이후 성쇠를 겪었다. 미국의 현 정책은 중국과 대만에 대한 '이중억제' 정책을 기본으로 한다. 미국은 점차 강경해지는 중국에 맞서 민주주의 대만을 계속 지지함으로써 아시아태평양 지역과 국내 정치 선거구에서 동맹국 및 우방으로부터 신뢰를 유지하면서도 대만의 민주정치에서 비롯된 도발적인 정책들이 중국의 폭력적 반응을 유발하지 않도록 관리하고 있다. 이러한 이중억제 균형조치에서 미국은 양안 교착상태의 평화적 해결을 지속적으로 지지해왔다.[14]

트럼프 대통령의 취임 이후, 대만과 미국의 관계는 개선되었다. 최근에 제출된 트럼프 대통령의 의회보고서에 서술된 바와 같이 양측은 굳건한 관계를 유지할 것으로 보인다.[15] 이러한 미국의 지지는 일관적이었다. 2018년 10월 연설에서 '마이크' 펜스 부통령은 대만-미국 관계의 중요성을 강조하면서 '미국은 대만의 민주주의가 모든 중국인들에게 더 나은 길을 보여준다고 항상 믿을 것'이라고 언급했다.[16]

2018년 3월에 트럼프 대통령이 서명한 대만여행법(Taiwan Travel Act)도 관계 개선의 지표로 볼 수 있다. 대만여행법은 대만과 미국의 고위급 간 외교적 연계를 허용하고 양국 정부 관계자들의 방문을 모든 수준에서 장려한다.[17] 나아가 트럼프 대통령은 2020년 3월에 대만동맹국제보호강화법(TAIPEI, 이하 타이베이법안)에 서명했다. 이 법안은 대만과 관계의 범위를 확대하고 다른 국가 및 국제기구가 대만과의 관계를 강화하도록 장려하기 위해 고안된 법이다. 특히, 타이베이법안은 다른 국가들에게 '대만을 약화시키려는 중국의 행동을 지원할 경우 그에 대한 결과가 있을 것이라는 강경한 메시지를 보내는' 의도를 가지고 있다고 밝혔다.[18]

펜스 부통령의 연설에서와 같이 미국에게도 하나의 중국 정책은 있다. 물론 미국의 하나의 중국은 중국이 해석하는 바와 같지는 않다. 중국의 하나의 중국 원칙은 중국에게 유용한 정치공작 내러티브를 제공하는 반면, 그 내용은 대체로 신화에 가깝다.

'하나의 중국' 신화

중국은 하나뿐이고, 대만은 늘 중국의 일부였다는 것이 중국의 입장이다. 중국 선전가들은 몽골, 티베트, 신장, 팽창주의적 열망에 들어가는 기타 영토들과 마찬가지로 대만에 관해서도 위의 내러티브를 몰아붙인다. 역사학자 에드워드 L. 드레이어(Edward L. Dreyer)는 이런 내러티브의 악의적인 효과를 다음과 같이 설명한다.

> '하나의 중국' 스토리는 중국이 티베트인, 위구르인, 몽골인, 기타 소수민족들이 갈망하는 독립에 합당하지 않게 만든다. 그들의 영토는 '항상 중국'의 일부였기 때문에, 설령 문제의 민족집단이 중국어를 모국어로 사용하지 않고 다수파인 한족과 자신들을 동일시하지 않더라도, 그들의 역사는 어떤 의미에서는 중국 역사의 일부이다. 만약 대만이 항상 중국의 일부였다면 중국이 대만에 대한 어떠한 권한(권위)도 행사한 적이 없더라도 중국 정부는 본토와 대만섬을 '재통합'할 권리가 있다.[19]

역사는 하나의 중국과 대만에 대한 중국의 주권 주장을 지지하지 않는다. 기록된 역사에서 중국은 매우 오랜 기간 분단되어 있었다. 실제로 3천년이 넘도록 통일보다는 분단이 흔한 상황이었다. '통일 중국'이라는 중국의 신화에서는 주로 몽골-만주 초원 남쪽과 히말라야 동부 18개 지방을 포함하고 있었다. 대만은 이 제국의 일부가 아니었다. 드레이어는 "역사적으로 중국은 두 번이나 중국 외의 민족이 통치하는 다민족 제국의 일부였다"고 주장한다. "몽골 원나라는 1368년에 명나라에 의해 전복되었고, 명나라 이후로는 만주 청나라가 1644년부터 1912년까지 중국을 통치했다."[20]

청나라는 초기에 한족을 만주와 몽골 내외지역, 티벳, 신장에서 멀리 떨어뜨렸고 제국을 중국인 및 비중국인 지역으로 분리해 유지했다. 그러나 왕조 말미에 중국인/비중국인 구별이 붕괴되면서 성(省)이라는 행정구역이 중국의 전통적인 경계를 초월하는 규범으로 자리 잡게 되었다. 중국인 배제정책이 중단된 것은 만주와 몽골지역으로 중국인들이 대거 이주한 결과이면서도 청나라의 능력 강화 때문이기도 했다. 청나라는 점차 '공격적이고 팽창주의적인 러시아 제국'의 위협에 직면한 지역에서 일관적인 통제력을 행사할 수 있게 되었기 때문이다.[21] 19세기 말 중국 방식의 행정구역의 확대는 '하나의 중국' 신화에 일조했다.

중국에서는 특정 역사적 사건들이 왕의 재위기관이나 황제들에 의해 정해진 '시기의 이름'에 따라 시기 지워지는 역사기록 방식을 가지고 있다. 그리고 이런 방식이 '하나의 중국' 신화를 강화하기도 했다. 드레이어가 주장하길, 이런 역사학적 시기구분법은 '역사가들이 사실상 비슷한 권력의 레짐들 간에 정치적 권위가 나뉘어져 있는 경우에도 어쩔 수 없이 각각의 연도별로 합당한 통치자가 누구였다고 선택해야 하기' 때문이라고 한다. 1084 ACE년에 발간된 사마광(Sima Guang)의 『자치통감』에 묘사된 1363년 동안의 역사를 예로 들면 이 중에서 약 570년 동안만 '정치적 통일'을 이뤘다. 나머지 시기는 "독립 군벌들이 제국적 권위에 도전하거나, 권위를 무시했고, 두 개 이상의 경쟁 왕조체제여서 왕족이나 황제 작위를 서로 주장하는 상황이 벌어졌다"고 한다. 표면적으로 통일된 시기였음에도 때로는 대규모 반란이 일어나곤 했다.[22]

1624년 펑후 제도(Pescadores Islands)의 전초기지를 버린 네덜란드인이 대만에 정착했다. 대만섬 조사를 마치고 4년 후, 그들은 섬에는 원주민 마을사람들이 주로 거주하며 푸젠(Fujian) 출신 중국인 몇 백 명이 사는 해안 마을이 있다는 것을 알았다. 네덜란드인이 쌀과 설탕 농장을 짓기 위해 중국인 노동자를 수입하기 시작한 1636년이 되어서야 대만에는 중국인이 상당히 증가하기 시작했다. 하지만 초기에는 이들 몇 년밖에 머물지 않았고 결국에는 푸젠으로 돌아갔다. 호주의 역사학자 브루스 제이콥스(J. Bruce Jacobs)는 "네덜란드인이 중국인을 노동자로 수입하기 전까지 대만에는 영구적인 중국인 공동체가 존재하지 않았으며 네덜란드 점령기와 그 이후에 넘어온 중국인들은 스스로를 '중국인'이라고 생각하기보다 오히려 자신들이 떠나온 지역의 정체성을 더 받아들였다"고 지적한다.[23]

그렇다고 중국과 중국 문화가 수세기 동안 대만에 영향을 미치지 않았다는 것은 아니다. 중국과 대만이 단 한 번도 제대로 통합된 적은 없지만 대만의 정치, 사회, 문화, 경제 시스템은 모두 중국의 그늘 아래에서 진화했다. 그리고 대만은 말레이와 폴리네시아 지역 사람들이 초기에 정착한 곳이지만 중국 본토 이주자들이 주로 가는 곳이기도 했다. 그리고 이주자들은 한족 문화, 호키엔 및 민난어, 다양한 종교적 신념을 들여왔고 특히 유교적 가족체제는 대만 사회에서 강한 문화로 자리 잡았다.[24]

대만은 대부분 거의 알려지지 않았고 무시됐었다. 그러나 1684년 청나라에 병합되었는데, 명나라에 충성하던 해적들이 대만을 이용하는 것을 막기 위함이었다.[25] 17세기 동안 콕싱가(Koxinga), 즉 본토 중국에서 청나라에 저항하고 대만 왕조를 설립했던 명나라 충신인 정성공(Zheng Chenggong)의 무용담이 알려졌다. 콕싱가의 무용

담은 1662년 해적, 네덜란드인, 청나라 사이에서의 배신, 살인, 대규모 육해전 등을 다룬 무모하고 파란만장한 이야기이다. 콕싱가가 대만에서 네덜란드인을 재패한 이야기는 추후 본토 중국 민족이 외국 식민주의와 제국주의에 대한 승리를 거둬 대만을 '해방'시킨다는 정치공작 내러티브에 반영된다.

대만이 종종 콕싱가의 작전기지 역할을 함에 따라 인근 섬에 대한 중국의 관심도 커졌다.[26] 청나라는 마침내 펑후 제도의 해적 함대들을 통제하기 위해 대만 합병의 필요성을 인식했다. 청이 임명한 대만 관리들이 푸젠 성주에게 보고했지만, 청은 대만에서 정상적인 통치체제를 확립하지 않았고 영구합병을 꺼리는 모습을 보였다. 이런 머뭇거림은 1786-88년 사이 대만 내에서 청에 대한 주요한 반란이 일면서 입증되는 것 같았다.[27] 역사학자 조지 커(George H. Kerr)에 따르면 대만에서 청에 대한 저항과 반란은 사실 매우 흔한 일이었다고 한다. 2세기 동안 비효율적이고 폭력적인 통치가 행해진 후 대만 현지인들 사이에서는 본토 권위의 대리인들을 향한 분노와 적대감의 전통이 형성되었다. 비록 수포로 돌아갔지만 폭동과 독립운동이 매우 빈번하게 발발했다. 커는 19세기에만 30개 이상의 '유혈 폭동'이 있었다고 지적했다.[28]

근대화하는 일본과의 관계를 정립할 때 중국 왕조 입장에서는 청나라의 대만 주권문제가 골칫거리가 되었다. 1868년 메이지 유신 이후, 일본은 규슈를 병합했고 규슈와 대만 사이에 류큐 열도를 구성했다. 1871년 대만 원주민들이 난파한 류큐 선원 54명을 살해하자 청나라의 서툰 '외무부'는 류큐 사람들에 대한 일본의 통치를 인정하지 않았고 원주민들의 행동의 책임을 부인해 사실상 대만에 대한 주권을 포기했다. 일본은 결국 확실한 응징을 위해 해군을 원정보냈다. 그 결과, 청은 류큐에 대한 일본의 주장을 승인하고 일본은 대만에 대한 청나라의 주장을 승인했다.

이후 발발한 청불전쟁(1884-85)과 여러 차례의 내란의 시기에, 청나라는 대만 통치권을 확대했고 중국보다는 유럽적인 방식으로 대만을 근대화하기 시작했다. 포장도로, 전등, 근대 우편서비스, 아직 본토에는 없었던 철도 및 전신 시스템들은 대만 사회의 발전을 반영했고, 이는 중국 본토와 상반된 상황이었다.[29]

일본의 팽창주의적 비전은 청나라가 임명한 대만 총독이 예상하지 못했던 방식으로 대만의 근대화를 가속했다. 제1차 중일전쟁(1894-95)은 일본이 대륙과 해상에서 빠른 승리를 거두면서 청나라에게는 재앙이 되었다. 그 결과 1895년 4월 17일 시모노세키 조약에 명시되었듯이, 청나라는 '영구적이고 완전한 주권'을 가진 일본에게 대만과 펑후 제도를 양도했다. 그러나 일본은 1945년까지만 대만에 대한 주권을 행사할 것이었기 때문에 '영구'라는 조건은 불과 50년 동안만 유효했다.[30]

1895년 시모노세키 조약은 오늘날까지도 중요한 의미를 지니고 있다. 이 조약은 대만의 영토 주권이 국제협정의 대상이 된 역사상 마지막 사건을 의미하기 때문이다. 이와 더불어 영국의 중국장관 토머스 웨이드(Thomas F. Wade)와 전 미 국무장관 존 포스터(John W. Foster)가 영미 양측의 합의안을 도왔기 때문에 사실상 이들은 시모노세키 조약의 '대부'였다는 점도 주목할 필요가 있다.[31]

대만인들은 외교에 서투른 청나라 통치자들에게 불쾌감을 갖고 조약에 불만을 품었다. 이에 1895년 5월 포모사공화국(Republic of Formosa)으로서 독립을 선언했고 일본 점령에 대항하려고 했다. 그러나 10월 말에 이르러서 일본군은 조직된 모든 대만저항군을 재패

해 아시아 최초의 독립 공화국은 무너지게 됐다.[32]

일본은 대만에서 단순 점령 이상의 것을 시행했다. 일본은 1879년에 류큐 열도에서처럼 대만을 일본 국토에 편입시켰다. 일본의 지배는 제국주의 일본의 기준에서는 비교적 인도적이었다. 물론 한국, 필리핀, 중국 등 대만 이후의 식민 정복지에 가했던 잔혹한 대우와는 달랐다. 대만인들은 일본 문화에 몰입했고 '중국인보다는 일본인으로 보이는' 사람들이 많아졌다. … '그들은 일본어로 말했고, 일본 옷을 입고 일본 음식을 먹었으며, 어떤 경우에는 일본식 이름을 가지고 있었다.'[33] 훗날 대만 사람들은 이런 일본 동화로 인해 중국 통치하에서 끔찍한 대가를 치르게 된다.

대만, 중화민국 그리고 마오쩌둥

중국 대륙에서는 쑨원(Sun Yat-sen)의 혁명이 성공하고 1912년 2월 12일 중화민국이 수립됐다. 이 신생공화국은 청나라의 조약 의무와 부채를 모두 받아들였다. 타 국가들은 1911년 당시 모든 청나라 영토에 대한 중화민국의 주권을 인정했다. 당시에 대만은 중화민국 영토에 포함되지 않았고 여전히 일본의 일부였다.[34] 민족주의 국민당과 중국공산당은 이 영토 관념을 30년도 넘게 유지했다.

제2차 중일전쟁(1937~45)과 제2차 세계대전(1939~45) 기간에 중국공산당의 마오쩌둥은 초기에 대만을 분리된 점령국으로 여겼다. 그리고 전후에는 대만의 독립을 지지했다. 이 시기에 발행된 몇 가지 중국공산당 문서와 정책에서는 마오쩌둥이 대만을 중국과는 분명히 구분하고 있었다는 사실을 뒷받침해주고 있다.[35] 마오쩌둥의 입장을 보여주는 가장 잘 보여주는 것은 1936년 7월에 에드거 스노

(Edgar P. Snow)에게 마오쩌둥이 한 발언에서 찾을 수 있다. 스노는 미국의 언론인이자 중국공산당의 동조자였다. 스노는 마오쩌둥에게 '일본 제국주의에 빼앗긴 영토를 모두 되찾는 것이 중국인들의 당면 과제인가, 아니면 일본을 중국 북부와 만리장성 위의 모든 중국 영토에서 몰아내는 것이 중국인들의 당면 과제인가'라고 물었다. 스노에 따르면 마오쩌둥의 대답은 다음과 같았다.

> 만리장성 이하 지역에서의 우리의 주권을 지키는 것만이 아니라 중국이 잃어버린 모든 영토를 되찾는 일이 당장 해야 할 일이다. 이것은 만주를 반드시 탈환해야만 한다는 것을 의미한다. 우리는 과거 중국의 식민지였던 한국을 이 계획에 포함시키지 않지만 중국의 잃어버린 영토의 독립을 재확립할 때, 그리고 조선인들이 일본 제국주의의 사슬에서 벗어나기를 원한다면, 그들의 독립 투쟁에 있어서 우리는 열렬한 지원을 확대해 나갈 것이다. 이는 대만인들에게도 마찬가지로 적용된다.[36]

1943년 이전에 작성된 중국공산당의 핵심 문서에서 대만이 일상적으로 언급된 것은 사실이다. 그러나 그 어디에도 대만이 중국의 일부였다는 문맥으로 언급된 바는 없다. 한국과 마찬가지로 대만은 일본 침입자들과의 항쟁에서 동맹으로 여겨졌다. 1928년부터 1943년 사이 중국공산당은 지속적으로 대만을 분명한 '국가' 또는 '국적'으로 인식했고 대만에서의 '민족해방운동'을 중국 혁명과는 별개이고 주권자일 가능성이 있는 '약소국'의 투쟁으로 인지했다. 중국공산당은 대만인들, 특히 소규모의 대만공산당과 통일전선을 형성할 것을 자주 요청했다. 하지만 이런 요청은 '대만이 동일한 한족에서

파생되었기 때문도, 대만 또한 중국인이라는 이유 때문도 아니었으며,' 오히려 대만이 일본 제국주의에 억압받은 작고 약한 국가였기 때문이었다.37

중국공산당의 대만공산당에 대한 초기의 지원은 유의미한 특징을 보인다. 1928년 4월 15일 상하이에서 설립된 대만공산당은 공산당 인터내셔널(코민테른)의 명령으로 일본공산당의 국가지부로 창설되었다. 전당대회에 참석한 대만인 5명은 비록 중국공산당원이었으나 '대만국가 독립만세', '일본제국주의 전복', '대만공화국 수립' 등의 구호를 내걸고 대만의 독립을 지지했다. 대만공산당은 '조직 개요 결의안'에서 대만공화국의 1895년 수립을 국가 독립의 명분으로 내세웠다.38

그러나 1943년 이후 중국공산당은 입장을 번복해 중화민국 지도자인 장제스의 견해와 일치시켰다. 중국공산당은 대만 민족의 '분리성'을 부인하고 대만에서의 독립운동을 거부했다. 1943년 11월 27일 연합국의 카이로 선언에서는 '일본의 무조건적 항복'이 요구되며 "만주, 대만, 펑후와 같이 일본이 중국으로부터 빼앗은 영토를 모두 중화민국에 반환되어야 한다"고 명시했다.39 카이로 선언은 조약도, 법적 구속력이 있는 문서도 아니었지만, 중국공산당과 국민당은 대만에 대한 중국의 권리 주장에 대한 정당성을 종종 이 선언에서 찾았다. 그리고 카이로 선언은 부정확한 역사이기도 하다. 미국의 프랭클린 루스벨트(Franklin D. Roosevelt) 대통령과 영국의 윈스턴 처칠(Winston L. S. Churchill) 총리는 양국이 1895년 시모노세키 조약 중재를 도운 동시에 대만 '도둑질'의 공모자들이라고 믿었다. 그러나 장제스가 중국에서의 전쟁을 끝내기 위해 일본과 별도 협정을 고려하고 있었던 것으로 여겨지던 즈음 두 나라 모두 중국을 제국주의

와의 전쟁에 계속 참여시키고 싶어 했다.[40]

1945년 10월 25일 카이로 선언에 따라 중화민국 군은 일본의 대만 포기를 받아들였다. 카이로 선언의 조항이 충실히 이행되어 미국과 국제사회의 지지를 받았다는 것을 의미했다.[41] 대만인들은 처음에는 중국 본토인들을 해방자로 여기며 반겼지만 '무지하고 훈련되지 않은 신병들로 이루어진 넝마 같은 군대'인 장제스의 군대에 대해서 의욕을 보이지 않았다.[42] 국민당군은 대만인들이 중국인이라기보다는 일본인에 더 가깝다고 여겨 그들을 경멸했다. 점령한 중국인들 또한 대만이 중국 본토보다 번영하고 기술적으로 발전했으며 중국 본토인들이 봐왔던 전쟁의 폐허를 대부분은 경험하지 않았다는 사실에 분개했다. 경멸은 여러 수준에서의 정치적 탄압으로 발전했다. 가장 중요한 사건은 1947년 말에 발효될 중화민국 헌법에서 대만인들을 제외한 일이었다.

한편 중화민국 정부의 통치방식은 부패했고 효과가 없었으며 일본의 통치방식과는 상당히 달랐다. 미 해군 소속이었다가 당시 대만 주재 외교관으로 근무했던 조지 커(George H. Kerr)는 그가 목격한 대만의 민족주의 통치 행태와 그 탐욕적 성격을 다음과 같이 묘사했다.

> 약탈은 세 가지 단계로 진행되었고 … 군 청소부(military scavengers)는 가장 낮은 수준에서 일하고 있었다. 움직이는 것은 무엇이든 … 너덜너덜하고 규율이 없는 이들 병사들에게 좋은 먹잇감이 되었다. 이는 모든 도시의 거리와 교외 마을에서 발생한 약탈의 첫 번째 흐름이었다. … 약탈의 두 번째 단계는 군 간부들이 … 군수품과 민간 물자를 수송하기 시작한 항구에서 운송요원과 함께 보급소를 조직했을 때 시작되었다. 약탈의 마지막 단계는 KMT 총통 천이(Chen Yi)

의 부하들에 의해 발생했다. 그들은 패잔한 일본인이 넘긴 모든 산업 원자재, 농업 비축물, 몰수 부동산에 대한 확고한 통제권을 발전시켰다.[43]

한편 중화민국 정부는 부패하고 비효과적인 방식으로 대만을 통치했다. 이는 일본 당국이 통치했던 방식과는 크게 달랐다. 뿐만 아니라 국민당 총통 천이(Chen Yi)는 대만인들은 재계, 산업계에서 억압하고자 모든 경제 부문에서 독점체제를 수립하기도 했다. 그 결과 소비자물가가 급등했다. 예를 들어, 식료품의 상승률이 1945년 11월에서 1947년 1월 사이에 700%나 올랐다. 대만 중산층은 '사라지기 시작했고 … 실업이 심각한 문제가 되었다.' 미 해군 소속이었다가 이후 대만 주재 외교관이 된 조지 커(George H. Kerr)는 이런 상황들이 '1947년 반란의 근본적인 원인'이었다고 서술했다.[44]

1947년 2월 28일 소규모 거리 시위에서 정부의 부패와 경찰의 잔혹함이 드러났다. 국민당군이 수천 명의 민간인 학살을 초래했기 때문이다. 학살사건 당시 대만의 정치, 기업, 지식 엘리트들은 조직적으로 쫓기거나 체포, 고문, 살해되었고, 일반 대중들은 무작위 살인과 기타 끔찍한 가학행위를 겪었다. 사망자는 1만 명에서 2만 명 이상에 이르는 것으로 추산된다.[45] 현재 '백색테러'로 알려진 이 사건을 기점으로 중화민국의 권위주의적 탄압이 38년간 이어졌다.[46] 중화민국은 '대만인들'도 중국인과 같은 권리와 대우를 받을 권리가 있다는 지속적 청원을 거부했다.[47]

중국 국공내전은 제2차 세계대전 직후 본토에서 재점화되었다. 그리고 1949년 즈음 중국공산당이 승기를 잡기 전에 국민당은 먼저 후퇴했다. 일각에서는 200만 명 이상이라고 추산하기도 하지만 대략 120만 명의 중국 본토인들이 대만으로 탈출했다. 그들 중 다수는 군 인력 및 민간인 관리들이었다. 5월에 중화민국 정부는 계엄령을 내리고 헌법 조항을 정지함으로써 대만 전역에서의 권위주의적 통치를 확대했다. 그해 12월 중화민국 장제스 주석과 그의 정부는 대만으로 대피했고 대만섬을 중화민국 하 행정구역인 성으로 지정하고 타이베이를 새로운 국가 수도로 수립했다. 그리고 당시 중화민국은 여전히 중국 전역을 통치하고 있다고 주장하고 있었다.[48]

본토 출신 중국인은 대만 인구의 15%에 불과했다. 그럼에도 정부, 군사, 정치 부문의 주요 자리를 장악했다. 민족주의나 국민당 반대를 논하는 것은 '공산주의 지지'로 동일시됐고 그런 논의들은 중화민국의 '탈일본화 및 중화' 캠페인의 일환으로 억압되었다. 결과적으로 대만인들은 조직적으로 가혹한 대우를 받았다.[49] 비밀경찰들은 공산주의 지지자들과 단지 그렇다고 추정된 사람들 외에도 미국의 신탁통치를 주장하는 대만 엘리트들을 잔인하게 탄압했다.[50] 일부 분석가들은 이 백색테러 기간 동안 무려 9만 명이 체포되었다고 추정한다. 실제로 군사법원에서는 1만여 명이 재판을 받았고 약 4만 5천명이 즉결 처형됐다. 억류된 사람들 중 다수는 고문을 당했고 처형되지 않은 사람들은 대부분 대만 남동부 해안의 악명 높은 그린아일랜드 수용소로 '무기한' 보내졌다.[51]

역사학자 제이콥스는 장제스와 그의 아들 장징궈(Chiang Ching-kuo)가 통치하던 국민당 정권을 '외지인들의 이익을 위한 외지인들의 통치'라고 요약하고 있다. '국민당 정권은 독재정권이었고 그 지배하에 대만인들이 힘이 없고 대규모의 조직적인 차별을 당했다.'[52] 중화민국 정부는 대만사 연구를 억누르고 중국과의 관계를 강조했다. 하지만 외지에서 온 본토인을 일컫는 외성인(waisheng ren)과 지방토박이인 본성인(bensheng ren)들 간의 차이는 정치적, 문화적 분단의 핵심이 되었다.

지속되는 중국 국공내전에서의 정치공작

러셀 샤오는 국공내전 당시 중국공산당 군과 국민당 군 양측이 서로 '불안을 부추겼다'고 한다. '거짓정보를 퍼뜨려 적 관할지역 내에 불화를 일으키고 탈영설을 퍼뜨리고 적의 공격계획을 위조하며, 적의 계획을 잘못 지시하는' 등의 전술을 폈다고 한다.[53] 그러나 제2차 중일전쟁과 제2차 세계대전의 발발로 인해 두 파벌 간의 통일전선이 형성되고 일종의 휴전이 시작됐다.

스톡스와 샤오는 그 기간 동안의 정치공작은 여러 조직으로 나뉘어 행해졌다고 분석했다. 통일전선부 전신인 도시작전부는 '일반 시민, 소수민족, 학생, 공장 노동자, 도시민을 대상으로 임무를 수행했다.' 사회작전부는 '적의 민간당국의 상류층 엘리트들, 중국공산당 고위지도자 경호팀들, 코민테른 연락책에 집중했다.' 마지막으로, 적군작전부는 '적의 군사력에 대한 정치공작 임무를 맡았다.'[54]

이들 부서는 세 가지 주요 임무를 수행하고자 했다. '친밀하고 호의적인 군 인사들과 통일전선을 구축하고 지속하는 임무'와 '적 수뇌부의 결속력과 사기를 떨어뜨리고 장교와 사병 간 긴장을 조성하는 임무,' 그리고 '중간 계급의 변절을 선동하는 임무'이다. '국의를 약화시키고, 중국공산당 전략목표에 대한 공감을 불러일으키며, 군사정보 정보원을 포섭하기 위해 적의 고위급 국방당국의 심리적, 이념적 조건화'에 방점을 두었다. 사용된 전략에는 '재정적 유인책, 수치심, 자비에 대한 약속' 등이 포함된다.[55]

1945년 9월 일제의 항복은 중국 국공내전에 분기점이 되었다. 전쟁 기간 동안 적군작전부의 전력을 보존했기 때문에 중국공산당은 일본에 저항하던 정치공작 전력을 국민당과 중화민국 정부 격퇴 임무로 빠르게 전환했다. 1945년 10월 양당의 합법성을 인정했음에도 얼마 지나지 않아 내전이 재개되었다.[56]

대만을 표적하다

1946년 중국공산당은 대만의 중화민국 세력 전복을 목적으로 정치군사 통합작전을 수행할 대만작전위원회(Taiwan Provincial Work Committee)를 설립했다.[57] 대만 출신인 차이샤오간(Cai Xiaoqian)이 사무총장으로 취임했다. 차이샤오간은 1924년에 대만을 떠나 상하이 대학교에서 공부했으며 4년 뒤 일본공산당 대만지부가 결성될 당시 초대 상무위원이었다. 1938년에는 중국공산당의 적군작전부장으로 임명되었고, 1946년에는 대만에 파견돼 중국의 대만 점령에 대비한 통일전선작전을 수행했다. 또 다른 대만 출신인 차이샤오(Cai Xiao)는 대만에서 공작원 양성 임무를 맡았다.

중국에도 중국공산당이 모집할 수 있는 대규모 대만인 인력풀이 있었다. 해안도시의 오래되고 잘 조직된 대만인 공동체 출신의 사람들은 홍군의 맹공에 직면해 대만이나 다른 곳으로 다시 도망칠 수 없었다. 게다가 "1945년에 일본군이 항복한 곳 어디에서든지 중국에 발이 묶인 일본군 징집병 청년들이 매우 많았다"고 한다. 수천 명의 사람들은 일자리도 갈 곳도 없었고 민족주의 세력으로부터 '일본화된 변절자'로 비정한 취급을 받았다. 더군다나 1947년 2·28 대학살 이후 대만 출신의 많은 젊은 남녀들은 중국으로 피신했고 학대를 일삼는 국민당과 이를 저지하지 않는 미국에게 적개심을 품었다. 상당수 신병들에게는 중국공산당에 협조하지 않는 것이 '반동주의자'로 낙인찍혀 불가피한 처형을 당하게 되는 것을 의미하기 때문에 선택의 여지가 없기도 했다. 대만인들 중 다수는 '재교육,' 전복, 파괴 훈련을 위해 상하이 인근 대만탈환훈련부대 캠프로 보내졌다.[58]

스톡스와 샤오에 따르면 "1949년 5월 상하이가 함락되자 1950년 4월에 발생할 수륙양용침략이 고려되기 시작됐다. 이후 인민해방군의 대만 내 정치공작 심층작전이 본격화됐다."[59] 샤오는 중화민국 정부가 1949년에 대만으로 건너가자 '중국공산당과 국민당 모두는 선전과 허위 정보를 적군 지역으로 대거 흘려 여론과 군의 사기를 저하시키려' 했음을 지적했다.[60] 중국공산당은 초기에 공산당 선전물과 서적을 대만에 밀반입하면서 국민당군의 본토 장교들을 포섭하는 일에 주력했고, 장교 포섭은 장제스의 대만 방어를 방해하고 중국공산당으로 망명해 '고향으로 돌아오는 것'을 목표로 했다. 본토에서 전쟁을 치르는 동안은 이런 작전이 꽤나 효과가 있었지만, 대만으로 넘어간 사람들을 대상으로는 성공적이지 못했다. 이에 따라 후기에는 본토의 민간인 난민들을 전복시키는 데 초점을 맞췄다. 한편, 중국공산당은 일본, 중국, 대만 내 대만인 커뮤니티들 간의 네트워크를 촉진하고자 홍콩을 이용하기도 했다.[61]

이듬해 중화민국의 방첩 요원들이 대만 내에서의 중국공산당 비밀작전을 폭로했고, 그 결과 차이샤오간이 체포됐다. 차이샤오간이 국민당에 영입되었고 대만 내 40명 이상의 중국공산당 요원이 노출되었다. 나머지 중국공산당 요원들은 홍콩으로 탈출하여 대만민주자치동맹(Taiwan Democratic Self-Government League)에 가입했다. 대만민주자치동맹은 중국공산당이 지원하는 친통일조직으로 오늘날

까지 남아 있다.⁶²

1950년 6월, 북한이 남한을 침공하여 한국전쟁이 발발했다. 유엔군은 남한을 지원하기 위해 한반도에 배치되었고 미국 트루먼 대통령은 미 해군 제7함대에 다른 국가들의 대만 공격을 막으라고 명령했다. 장제스는 주한 유엔군을 따라 중화민국군을 파병하고자 했지만 미국의 전쟁 확대와 중국개입 우려로 전장에 배치되지는 못했다. 그러나 중국은 1950년 10월 주한 유엔군을 공격했다.⁶³ 중국군의 정치부는 유엔군에 대한 모든 정치공작 수행을 책임졌고, 적군작전부는 전쟁 포로뿐만 아니라 선전 및 오보 작전을 처리하는 임무를 맡았다.⁶⁴

1953년 7월 한국전쟁이 휴전협정으로 마무리되자 양안관계에서 두 가지 중요한 사건이 발생했다. 하나는 1954년 9월부터 시작된 제1차 대만해협 위기에서 중국군이 포탄을 퍼부어 대만해협에 있는 여러 중화민국 앞바다 섬들을 점령한 사건이다. 중국은 이듬해까지 중화민국에 대한 강력한 선전과 심리전을 개시했다. 두 번째는 1955년 3월 중미상호방위조약이 중화민국과 미국 간에 체결된 일이다. 대만-미군 간 조약은 주로 중국의 대만침공 계획을 저지하기 위함이었다.

1956년 중국공산당은 대만문제선도소그룹(Taiwan Affairs Leading Small Group, TALSG)을 설립했다. TALSG는 대만 정치공작을 감독하는 강력한 조직이다. 스톡스와 샤오는 향후 20년간 중국공산당의 주된 목표가 선전 및 오보작전을 통해 '대만의 중화민국 집권당국의 정당성을 훼손하고 영토분쟁을 관리하며 '미 제국주의'에 대항하는 것'이었다고 분석했다. 예컨대 중국은 20년간 장제스에게 보낸 몇 가지 서신을 통해 '직접적인 평화회담'과 '대만 정부에 높은 수준의 자치권을 부여하는 타협안'을 제시하곤 했다.⁶⁵ 또 다른 예로는 1962년에 싱가포르 출처의 영문 언론보도에서 장제스 '내부집단은 5년 이상의 협상 끝에 중국공산당과 비밀합의를 이뤘으며,' 장제스가 "그의 사후에 대만 자치정부가 있는 자치구역 지위를 받아들이기로 했다"고 주장하기도 했다. 이러한 노력들은 대만문제 해결을 저해하고 대만과 미국 사이에 불신을 조성하기 위한 의도였다.⁶⁶

1958년 8월, 중국은 과거 1차 대만해협 위기와 마찬가지로 강력한 포격과 선전, 심리전을 재활용해 2차 대만해협 위기를 일으켰다. 강도 높은 포격은 연말에 중단되었으나 중국의 정치공작은 거의 30년간 계속되었다. 주목할 것은, 미국의 드와이트 아이젠하워(Dwight D. Eisenhower) 대통령 행정부가 2차 대만해협 위기가 중화민국의 사기에 미칠 영향을 매우 염려하여 물자와 제7함대를 직접 지원하고 대만섬 방어를 위해 핵무기 사용을 고려했다는 사실이다.

1950년대 시작된 양안 심리전은 1990년대까지 이어졌다. 2차 대만해협 위기 이후로도 중국과 대만은 '격렬한 국제외교적 대결'을 벌였는데 심리전을 통해 적군의 탈영을 독려하고 비밀작전, 속임수, 기타 노력들을 포함한 정치공작 작전들이 주요한 특징이었다. 샤오에 따르면 "양측은 적지에 선전 및 허위 정보를 퍼뜨리기 위해 메가폰과 라디오 방송을 이용했고, 탈영병을 구하는 전단이나 물건을 보내기 위해 풍선과 부유식 운반선을 활용했다. 심리적 효과를 초래하는 여러 메시지들 중에서도 보상과 속옷, 장난감, 식용유를 포함한 약소한 선물들을 약속하는 내용이 전단에 담겼다." 당시의 정치공작 대결은 아마 폭발물보다는 전단을 가득 실은 탄두 포격의 모습으로 상징화될 수 있을 것이다.⁶⁷

대만이 중국의 핵심이익인 것은 여전했으나 중국공산당은 다른 분쟁지역으로 눈을 돌렸다. 그 결과 1951년 티벳 점령, 잇따른 1959년 티벳 봉기, 1962년 중국-인도국경분쟁이 발발했다. 마오쩌둥의 대약진(1958-62)은 1969년 유혈 국경 분쟁으로 이어졌던 중소분열(1956-66)과 마찬가지로 대만 작전에도 영향을 미쳤다.

문화대혁명(1966-76) 당시 마오쩌둥이 중국을 혼란에 빠뜨리면서 중국의 대만 작전 중 많은 부분이 대폭 축소된 바 있다. 그러나 1971년 유엔 총회에서 유엔대표부로서 중화민국 대신 중국이 선출되었고 이는 중국은 외교적 승리이자 암묵적인 정치공작에서의 승리를 의미했다. 그 결과 대만의 국제적 위상은 악화됐다. 1970년 기준으로 중화민국, 즉 대만을 '중국'으로 인정한 나라들은 68개였다. 기타 53개국 정도만 중화인민공화국을 중국으로 인정했었다. 그러나 1977년에는 111개의 나라들이 중화인민공화국을 중국으로 인정했고 23개국만이 대만을 중국으로 인정했다.[68] 그 결과 오늘날까지도 대만의 중화민국을 계속 인정하는 국가들은 중요한 정치공작 전쟁터로 남아 있다.

미국의 닉슨 대통령이 1972년에 중국을 방문했다. 이 사건은 대만과 미국과의 관계를 겨냥한 중국의 선전과 정치공작이 줄어드는 계기가 되었다. 1949년부터 1972년 사이 중국은 미국의 '제국주의자'의 '대만 점령'을 비난하고 대만 사회를 심판할 용도로 '계급투쟁' 이론을 활용했다. 그리고 공산주의 이데올로기 전문용어를 토대로 대만의 정치, 경제, 교육 시스템을 해석함으로써 대만 '문제'를 이념적으로 프레임했다.[69]

그러나 1973년부터는 작전의 초점이 변경됐다. 중국은 대만인들의 '마음을 사로잡는 것'을 목표로 하기 시작했다. 이를 위해 중국은 2·28 대만대학살 추념식과 연구회를 여는 등 역사적 사건을 조직적으로 이용했다. 중국이 개최한 첫 회의에는 약 138명이 참석했으며, 그중 절반은 국민당 간부, 전직 군 장교, 정부 외교관 및 행정관, 학계, 여성, 청년 등으로 구성된 대만인들이었다. 연례회의에서는 강압적 위협과 '평화회담' 제의뿐만 아니라 대만의 '해방'과 '조국' 통일에 대한 정기적 요청의 내용을 테마로 삼았다. 이상하게도 주최 측에서도 마오쩌둥이 2·28 대학살을 부추겼다고 주장했다. 이런 공로를 인정함으로써 중국공산당은 이번 사건과 향후 대만 내 그 어떤 정치적 변화 사이에서 자신들의 지도력의 정당성과 지속성을 확립하고자 했다.[70]

문화대혁명은 중국 본토에 10년에 걸친 내전, 혼란, 파멸을 가져왔다. 혁명이 끝나고 중국의 정치공작 기반 시설은 1970년대 후반에 재건되었다. 중단됐던 대만 작전도 그 즈음 재개되었다. 그동안 중국의 대만정책 참모는 중국 중앙수사부가 장악해왔는데, 정보, 정치공작 작전에 주력했던 이 부서는 추후 국가안보부로 통합되었다. 이런 조직적 변화가 반드시 새로운 것이라고는 할 수는 없다. 그 이유는 중국 국공내전이 한창일 때 통일전선, 국가 안보, 연락업무체계가 비밀작전의 주체로 긴밀히 협력했기 때문이다.

또한 문화대혁명의 종식으로 중국공산당은 통일전선 임무를 크게 확장할 수 있었다. 통일전선은 본래, 특히 대약진과 문화대혁명 시기의 통일전선은 국내적 목표에 초점을 맞추어 중국의 다양한 파벌과 민족을 대상으로 했다. 그러나 1979년부터 덩샤오핑은 해외에 거주하는 중국인들을 포함하도록 통일전선을 확대했다. 덩샤오핑은 농업, 산업, 국방, 과학기술을 중심으로 한 '4대 현대화'를 위한 투자를 하도록 화교들을 유인했다. 화교 디아스포라는 그들이 거주하는 국가에서의 중국 정책과 조치들을 지원하도록 장려되기도 했다.

이로 인해 통일전선부 자금지원이 대대적으로 증가했을 뿐 아니라 중국의 경제부흥도 가능해졌다.[71]

1975년 4월에는 장제스, 1976년 9월에는 마오쩌둥이 사망했다. 그렇다고 중국과 대만 간 정치공작 경쟁의 성격이 크게 변화하지는 않았다. 반면, 1978년에 시작된 중국의 민주장벽운동과 경제개혁의 과정은 중국의 전체주의가 약화될 것이라는 작은 희망을 심어주었다. 샤오는 '양안관계가 1980년대에 자유화되기 시작했으며, 중국공산당은 공식적으로는 1991년에 상호 선전 프로그램을 중단했다'고 지적했다. '40년 넘게 지속된 총성 없는 전쟁이 표면적으로는 끝난 것 같았다. 하지만 선전과 오보 작전은 오히려 대중매체와 뉴미디어라는 새로운 공간에서 행해지기 시작했다.'[72]

'차이나 모델', '일국양제' 그리고 통일전선

1979년 1월 1일, 미국은 공식적으로 중국을 인정했다. 그리고 1955년에는 미중상호방위조약을 종료하고 대만의 중화민국과 관계를 공식 단절했다. 그 해 4월에 미 의회는 대만 안전보장 약속에 확신을 주지 않으며 대만관계법을 통과시켰다. 대만관계법에서는 '상업, 문화, 기타 관계에서의 연속성'을 강조하고 '비공식적 조건'으로 '핵심 안보영역에 있어서도 실질적인 지속성'이 있음을 명시했다.[73]

한편, 덩샤오핑은 1979년 12월 중국공산당과 국민당 간의 제3통일전선 계획을 발표하여 통일전선부가 양안정책에 중요한 역할을 할 수 있는 환경을 조성했다. 덩샤오핑은 '국제 공산주의운동을 대체할 '차이나 모델' 홍보를 위해 예비적 개념의 윤곽을 그리기도 했다.[74] 같은 해, 중국은 베트남을 침공했다.

덩샤오핑 시기 중국의 정치공작 이니셔티브는 '일국양제' 개념을 토대로 대만을 중국으로 유인하자는 것이었다. 스톡스와 샤오에 따르면 1981년 9월에 중국 정부는 "중국공산당과 국민당 간 동등한 토대에서 통일회담을 진행하고, 무역과 기타 기능적 교류를 개시하며 대만 대표부를 위한 협의체 자리를 요청하는 등의 대략적인 9개 조항 제안서를 작성했다"고 한다. 이 제안서에서는 '대만을 중국공산당 중앙권위 산하의 행정구역으로 종속시키는 것'과 더불어 미국의 대만 지원을 겨냥하기도 했다. 대만은 결국 '일국양제' 개념을 거부했다. 그 대신 '민주적이고 자유로운 그리고 비공산주의 체제 하에서의' 통일을 요구했다.[75]

홍콩은 '일국양제' 구상의 검증의 공간이자 중국 정치공작의 핵심 영역이 되었다. 홍콩에서는 이미 수십 년간 중국공산당 통일전선 작전과 정보 작전이 행해져 왔었다. 그러나 1984년 12월 홍콩에 대한 중영선언이 체결된 이후 중국의 정치공작 활동이 급증했다.[76] 이후 홍콩에서는 대만이 1981년에 중국의 '일국양제' 공식을 거부한 일이 현명했다는 교훈을 분명하게 보여주었다. 홍콩 독립운동가 야우 와이칭(Yau Wai-ching)은 중국이 홍콩 정책의 결과를 다음과 같이 요약했다. '중국은 1997년 영국으로부터 홍콩을 반환받은 이후 홍콩의 민주주의를 거의 파괴했다. 중국 정부는 잘 조직된 정치와 헌법들을 교묘하게 조작하여 홍콩의 자치권을 단계적으로 탈환했다. 시민적 자유와 권력분립과 같은 개념들은 폐기되고 있다. 민주주의의 심장인 공정과 정의가 시들어가고 있다.'[77]

홍콩은 당대 정치공작 경쟁과 정치적 대화를 수립하는 데에 중심적 역할을 하기도 했다. 중국공산당이 중국국제우호협회(China Association for International Friendly Contact, CAIFC)를 통해 '폭넓은 국제사회 엘리트들에게 군사적 연락 업무를 확대할' 새로운 도구를 마련한 것도 홍콩에서였다.[78] 중국공산당은 CAIFC와 다양한 통일전선조직을 이용해 퇴역한 대만군 장교들과 은퇴했거나 고위급에 있는 중국군 장교들이 모이는 프로그램을 열었고 대만군 장교들과 협력했다. 양안 장군들을 대상으로 한 '운명을 연결하라' 문화축제가 대표적인 예이다.[79] 중국은 중국에 머무는 대만 참석자들 다수에게 중국 정치공작 지원에 협조하는 대가로 사업, 재정적 지원을 제공하곤 했다.

1984년, 중국공산당은 홍콩에 캐리어엔터프라이즈(Carrier Enterprise Corporation, 이하 캐리어)를 설립했다. 초기에는 무역회사였던 이 회사는 곧 부동산, 건설, 제조, 광산, 투자 및 정치공작 사업으로 확장되었다. 스톡스와 샤오에 따르면 홍콩 내에서 20개나 되는 캐리어 자회사가 대만을 상대로 한 정치공작을 지휘해왔다. 중국공산당은 황푸사관학교 동창회를 설립하기도 했는데, 이 동창회는 '일국양제' 개념 하에 양안통일을 추진하기 위한 통일전선부의 한 조직이기도 하다.[80]

같은 시기 중국은 대만 지도자들을 정치적 대화에 참여시키고자 특별 양안소통채널을 구축하는 일을 우선시했다. 1986년 광저우로 간 대만의 차이나에어라인 조종사의 귀환 사건이 그런 변화의 기점이었다. 국공내전 이래 처음으로 중국공산당 및 국민당 당국자들이 조종사의 대만귀환 협상을 위해 직접적 협의를 진행했기 때문이다. 1987년 11월 즈음, 대만의 장징궈 정부는 대만인들의 중국방문금지를 해제했다.[81]

대만 정치공작 구축 과정에서 장징궈는 대만군 푸싱강 대학(Fu Hsing Kang College)을 설립하여 매우 존경받고 있다. 푸싱강 대학은 정치공작 사관학교로 알려졌고 현재 대만국방대학 소속이다. 장징궈는 대만을 권위주의 통치에서 민주주의로 이끌면서 대(對)중국 정치공작의 필요성을 강하게 믿었다. 대만에 대한 그의 이념적 방어는 매우 중요했지만 한 가지 아쉬운 점은 대만이 완전한 민주주의라 노선을 따르면서 대만 정치공작 작전이 진화하지 못했다는 사실이다. 국민당 통치와 백색테러 기간 동안의 학대를 시인하고 정치공작 측면에서의 실패는 결국 민주주의 국가로서 대만의 중국 정치공작 대항 능력을 약화시켰다. 시간이 흐르면서 대만 정치공작 전문가들은 점점 레닌주의 이념과 권위주의 통치에 대한 시대착오적 유물로 비춰졌다. 그리고 점차 대만 지도부와 국민의 신뢰를 잃었다.[82]

1988년 1월, 장징궈가 사망하자 중국공산당은 그의 후계자인 리덩후이(Lee Teng-hui)와 소통망을 구축하기 위해 노력했다. 이 과정은 통일전선부, 국민당 혁명위원회, 중국인민정치자문회의(CPPCC)와 긴밀히 일해왔던 한 성리학자를 중심으로 진전됐다. 1990년 중화민국 국가통일평의회 창립과 함께 리덩후이는 그 해 12월 홍콩에서 중국의 전(前) 총정치부장을 비롯한 중국 관계자들과의 면담을 허용했다. 그리고 1993년 즈음 신뢰구축 방안이 논의되기 시작됐다. 스톡스와 샤오는 '1990년에서 1995년 사이, 26차례의 비밀특사회담이 있었다'는 점이 이런 종류의 소통이 활발해졌다는 증거가 된다고 지적했다.[83]

중국공산당 지도체제가 덩샤오핑에서 장쩌민으로 이행하면서 당의 '대만정책그룹' 안에서 권력변화가 발생했다. 그 과정에서 고위급 군 장교가 숙청되거나 중국안보부, 중국정보부, 국영기업과 일하는 정치공작 관련자에 관한 추문이 생기고,[84] 개혁과 보복이 뒤따랐다. 지도체제의 전환은 또한 중국의 민주장벽운동에 대한 폭력적 대응과 함께 발생하기도 했다. 결과적으로 1989년 6월 천안문 광장에서 문자 그대로 탱크와 기관총을 든 시위자들과의 충돌을 낳았다. 천안문광장 대학살 사건에 대한 관심을 다른 곳으로 돌리거나 이를 은폐하기 위해 정치공작이 행해졌다. 이는 현재까지도 이어져 2019년 홍콩탄압까지도 지속되었으며, 많은 대학 캠퍼스에서 중국 정치공작이 효과적이었음을 증명했다.

1991년, 중화민국은 1949년 시작된 공산주의 반란진압을 위한 국가총동원령을 공식 종료했다. 1995년 즈음 리덩후이 총통은 1947년 2·28 대학살사건에 대해 은폐해 오던 행위를 중단하는 등 대만인들에게 힘을 실어주는 여러 민주개혁을 단행했다.[85] 이 모든 변화는 중국 대만 작전에도 영향을 주었다. 예를 들어 2017년만 해도 중국공산당은 전방조직인 대만민주자율연맹이 주최하는 기념행사를 개최함으로써 2·28 사건 70주년과 계엄령해제 30주년 행사에 함께하고자 했다.[86]

당시 리덩후이 총통의 개혁정책은 '신중하면서도 도발적'이었다. 그는 대만이 중국의 일부라는 중국의 선전에 대해 '이상한 환상'이라고 규정하고 '국제무대에서 중화민국과 중화인민공화국이 두 개의 법적 주체로 공존해야 함'을 강하게 주장하며 대응했다.[87] 더 나아가 백색테러와 민주주의·자유 추구를 통해 투명성을 높이는 국내적 과정은 중국의 영향력에 대응하기에 유용했다.

1992년 중국과 대만 대표들은 향후 회담의 성격, 특히 양안문제가 '국내적 또는 국제적 성격을 띠는지'를 판단하기 위해 홍콩에서 만남을 가졌다. 현재 1992년 컨센서스로 불리는 이 회담의 결과는 오늘날까지도 논쟁의 대상이 되고 있다. 컨센서스의 결과가 본질적으로 '하나의 중국'이 갖는 의미에 대해 매우 다른 관점을 반영하고 있기 때문이었다. 그럼에도 중국은 1992년 컨센서스를 계속해서 언급하며 대만 차이잉원 정부와 해외 모든 국가와 국제기구가 하나의 중국에 대한 중국의 해석을 수용하도록 압력을 받았다. 최근 차이잉원 총통이 1992년 컨센서스와 하나의 중국에 대한 중국의 해석을 받아들일 의지가 없음을 표하자 중국은 주요 공격수단으로서 외교, 경제전쟁, 군사위협, 정치공작을 심층 활용하게 되었다.

1995년 리덩후이 총통이 박사학위를 받은 코넬 대학교에서 연설을 행한 적 있다. 그는 대만의 성공적인 민주화를 강조하며 '대만화'를 언급했다. 대만화 개념은 중국보다는 대만의 역사, 문학, 문화를 강조한다. 물론 중국은 매우 불쾌해 했다. 1996년, 대만의 선거를 앞둔 시점 리덩후이 총통에 대한 중국의 태도가 경색됐고 중국의 선전기관들은 리 총통이 대만의 독립을 주장하면서 양안관계를 교란시키기 위해 '미국의 지시에 따라 행동'하고 있다고 비난했다.[88]

1995년 7월 중국은 대만 인근해역에서 미사일 시험발사를 하고 푸젠 앞바다 군사기동을 잇따라 실시함으로써 하드파워를 과시했다. 이듬해인 1996년에는 총통선거에서 대만인들이 리덩후이에게 투표하는 것을 저지하기 위해 중국은 3월 26일 투표일을 며칠 앞두고 또 다른 무력시위를 벌였다. 중국은 대만 상공에서 미사일을 발사하고 대규모 실탄 사격, 수륙 공격 훈련을 실시했으며, 대만 인근 무역·해운선을 교란시키고자 했다. 미국은 2개의 항공모함전투단을 파견함으로써 이에 대응했고, 그 결과 중국은 미사일 '시험' 중단을 발표했다.[89]

1996년의 중국 정치공작은 역효과를 낳았다. 리덩후이는 타 후보자들을 거뜬하게 이겨 민주적으로 선출된 최초의 총통이 되었다. 당시 투표결과, 75%의 표심은 대만-중국 통일을 반대하는 후보들에게 돌아갔다.[90] 그러나 나중에는 중국의 정치공작이 신당으로 불리

는 새로운 정당의 인기도를 끌어올렸고 신당은 중국을 위해 대만첩보 활동을 벌이게 된다.[91]

1990년대 후반 양안관계는 교착상태에 빠져 양측의 '비공식' 회담도 교착되었다. 이에 따라 중국은 '기업인, 지방관료, 보다 통일지향적인 정치인들과의 대민접촉을 촉진'하여 대만에 영향력을 행사하고자 했다. 리덩후이 총통은 1998년 독일 라디오 방송 도이체벨레(Deutsche Welle)와의 인터뷰에서 중국의 대만 주권주장을 부인했다. 해당 인터뷰는 중국 정부의 맹렬한 선전공격을 야기했고 대만해협양안관계협회장의 고위급 방문을 취소했다. 중국은 대만이 중국의 입장을 받아들일 때까지 비공식 회담을 계속해서 취소했다.[92]

2000년 대만에서 두 번째 총통 선거가 있을 무렵, 중국은 통일전선 작전을 점차 교묘히, 그리고 확대해서 수행했다. 2001년에는 양안 정치공작 작전에서 플랫폼 역할을 할 중국문화진흥협회(China Association for Promotion of Chinese Culture)의 설립을 지시했다.

민주진보당의 출현: 천수이볜 정부

2000년 3월 18일, 천수이볜은 중화민국 총통으로 선출되었다. 당시 그는 강력한 국민당 후보 두 명을 물리치고 자신의 민주진보당의 승리를 이끌었다. 민주진보당은 중국으로부터의 대만 독립을 지지하고 오랫동안 대만인들을 탄압해온 본토 출신 국민당 정부에 불만을 품고 있기 때문에 중국에게 있어 민주진보당은 악몽과 다름없었다. 그로 인해 중국은 대만 유권자들이 천수이볜을 지지하지 못하도록 위협하고, 당선될 경우 천수이볜의 행동에 영향을 미치기 위해 광범위한 정치공작과 여타 영향력 작전들을 시행했다. 그 일환으로 2000년 2월에 중국 국무원은 만약 대만의 지도자들이 '협상을 통한 평화적 재통합'을 거부할 경우 대만을 상대로 무력을 행사할 수도 있다는 내용이 담긴 국방백서를 발행했다.[93]

천수이볜 총통은 비록 대만 독립을 지지했지만, 중국이 대만에게 군사력을 행사할 의사가 없는 한 독립을 선언하거나 중화민국의 국가상징을 바꾸지 않겠다고 공개적으로 밝혔다. 국민당이 장악한 의회와의 격렬한 정치적 갈등, 민주진보당의 통치경험 부족 그리고 미국의 신뢰를 회복하고 중국에게 양안관계에 건설적 접근을 하겠다고 확언했다. 그러자 대통령직을 위협하는 스캔들이 나는 등 천수이볜은 엄청난 도전에 직면했다. 결국, 중국은 천수이볜이 초기에 중국을 안심시키고자 들인 노력을 거부했고, 양안관계는 악화되어 교착상태에서 대립상태로 전환되었다. 천수이볜은 결국 미국과의 관계를 과대평가하여 미국의 신뢰와 지지를 크게 떨어뜨린 셈이었다.

중국은 정치공작 전략을 대만 여론에 영향을 미치고자 위협을 가하는 전략에서 대만의 단결을 분열시키기 위한 고전적인 통일전선 전술로 전환했다. 구체적으로, 중국의 첸치천(Qian Qichen) 부주석은 중국이 "하나의 중국에 동의하는 … 대만 동포들과 협력해야 한다 … 그리고 분리주의에 맞서 싸우기 위해 단결할 수 있는 모든 세력과 연합해야 한다"고 제안했다. 중국의 주요 표적은 대만의 비즈니스 커뮤니티였으며 이들은 사업을 하기 위해 중국 본토와 연결될 더 직접적인 경로와 방법을 찾고 있었다. 그리고 중국은 자신들의 정치적 입장을 받아들이고 홍보하도록 대만 기업에도 영향력을 행사하려고 시도했다.[94]

2003년 즈음 천수이볜과 미국의 조지 부시(George W. Bush) 대통령과의 관계는 여러 이유로 악화됐다. 부시 대통령은 2001년에 대만이 중국의 공격을 받을 경우 대만 방어를 위해 '무엇이든 할 것'이라고 약속하고 대만에게 10년간 가장 많은 무기를 판매했다. 그러나 2001년 9월 11일 미국을 향한 테러공격은 미국의 관심을 중동으로 집중시켰다. 그리고 대만의 독립을 암시하는 천수이벤 총통의 공개성명, 즉 양안 분쟁을 야기할 수 있는 성명이 점점 많아지자 미국과의 훈훈한 시기도 '녹아버렸다.' 천수이벤은 대만인들뿐만 아니라 그의 가장 강력한 국제동맹국인 미국을 소외시킴으로써 중국의 손아귀에 직접 들어갔다.[95]

동시에 첸수이벤은 '탈중국화' 캠페인을 벌이며 대만 정체성을 강조하기 위해 많은 노력을 기울였는데, 그 결과 대만과 중국의 관계가 단절됐다. 구체적으로 그는 대만 역사와 문화 과목들이 중등교육 과정의 중점이 되게 했고, 반대로 중국 역사는 일반 세계사의 일부분으로 들어가게 했다. 그리고 그는 공기업의 이름과 우표에서 중국을 지웠다. 이런 노력들은 대만 독립으로 이어질 새로운 헌법을 개발하고 중화민국이 아닌 대만이라는 이름으로 유엔 가입을 얻으려는 데 목적이 있는 것으로 보였다.

중국은 대만을 상대로 한 정치공작 작전을 대대적으로 강화했다. 2005년 즈음, 중국은 대만의 국민당 및 친민당과 정기적으로 접촉하면서 통일전선과 '공공' 외교를 가속화했다. 2008년 대만 총통선거와 총선에서 국민당은 민진당을 재패했다. 상기한 중국공산당의 높은 수준의 당 연결망을 토대로 중국공산당-국민당뿐만 아니라 대만-중국 간 관계 향상을 위한 길이 마련되었다.[96]

한편 중국은 대만을 봉쇄하기 위해 미국과 긴밀히 협력했고 미국이 두려워했던 천수이벤의 현상변경 노력은 결과적으로 독립과 전쟁을 의미했다. 2005년 중국은 '반(反)분리주의법'을 통과시키고 대만에 대한 무력행사가 정당화될 수 있는 넓은 토대를 마련했다. 해당 법안은 대만과의 광범위한 교류와 '대등한 기반에서의 협의와 협상을 통한 평화통일'을 골자로 한다. 중국은 또한 그 해 대만의 선거와 독립문제 국민투표에 영향을 미치기 위해 군사적 위협을 가하는 패턴을 늘렸다. 덕분에 미국 정부에서는 중국이 대만과 전쟁을 치를 준비가 되었다고 믿는 사람이 많아졌다.[97]

마오쩌둥 시기: 화해와 침투

2008년부터 2016년까지 대만의 마잉주(Ma Ying-jeou) 총통이 중국과의 화해정책을 추진하면서 양안 간 상호교류가 빠르고 폭넓게 증가했다. 글로벌대만연구소의 마이클 콜은 "양안 여행, 학술교류, 투자가 급속히 확대되면서 중국이 정치공작을 수행할 기회가 기하급수적으로 증가했다"고 분석했다.[98]

중국은 마잉주의 당선이 대만을 중국에 흡수하려는 노력에 있어서 '역사적인 기회'라고 여겼다. 마잉주는 1992년 컨센서스를 지지했다. 또한 마잉주는 '중국'이 중화민국이었다고 확언하는 가운데 중화민국, 즉 대만과 중국이 하나의 중국 정책에 대해 '각기 다른 해석'에 동의했다고 공개적으로 발표하기도 했다. 그러나 양안 간에는 이러한 합의가 이루어진 적이 없다. 마잉주는 국제기구들에 '의미 있는 참여'를 하고 싶어 했으나 유엔 회원국이 아니었다. 결과적으로, 마잉주 총통은 양안 간 긴장을 완화시켰고 교착상태였던 양안교류가 재개될 수 있었다.[99]

마잉주 총통은 대만의 국제기구 참여와 외교적 접근에 있어서도 어느 정도 성과를 거뒀다. 그는 '중화 타이베이' 지정과 함께 세계보건총회(WHA) 참석, 세계무역기구(WTO) 정부조달협정에 동의, 유엔 국제민간항공기구(ICAO) 참여와 같은 공을 세웠다. 그는 또한 대만을 위해 '무비자 또는 입국비자 취득권을 159개국 및 지역에서 확보했다. 이는 그가 취임하기 전에 54개국에 불과했었던 수치와 비교된다.' 그는 '유연한 외교' 정책 추진에 있어서 꽤나 잘 했다고 평가된다.[100]

그러나 마잉주 총통이 화해를 시도한 결과 중국은 대만 내 정치적 영향력을 높일 수 있었다. 그로 인해 대만의 안보와 국민 단결에 심각한 피해를 입히고 전국적으로 분노와 비난이 일었다. 중국 언론들은 마잉주 총통과 그의 양안구상에 찬사를 보냈고 중국은 대만에 대한 광범위한 정치공작 및 사이버 공격을 지속했다. 중국의 첩보활동도 크게 확대됐다.[101]

대만과 중국 간의 학술교류를 통해 고학력자이지만 고용이 불안정하거나 실업 상태인 다수의 대만인들이 일자리를 찾기 위해 중국 본토로 떠났다. 이들 중에는 박사학위자도 상당수 포함돼 있었다. 중국의 첩보원을 알아차리거나 거부하는 방법을 잘 몰랐던 이들은 공자학원, 국가안보부, 중국 정부기관, '연구' 및 '컨설턴트' 서비스로 자금을 지원하는 기타 조직들에게 쉬운 먹이가 되었다. 중국으로 보내진 박사학위자들은 종종 대만의 경제, 정치, 사회문제, 안보, 기타 중요한 문제를 중국 정치공작 커뮤니티에 보고하는 임무를 맡았고, 덕분에 중국은 대만인들을 분열시키고 사기를 저하시키는 역량을 크게 강화했다.[102]

제임스타운재단의 피터 매티스 연구원은 마잉주 총통 재임기를 대만의 중국과의 정보전 역사에서 '암흑의 10년'이었다고 특징지었다. 그는 마잉주 행정부의 '정보 및 방첩 실패'가 대만의 명성에 해를 끼치고 대만의 통합성을 의심케 하기도 했다고 주장했다.[103] 중국의 정치공작과 정보요원들은 대만 학자와 학생들에 대한 침투와 더불어 은퇴한 정부 관계자들, 특히 국방, 경제 안정, 외교, 기타 중요한 국가 기능을 담당하는 장관급 관리들에게 많이 접근했다. 이들 다수는 본토로 무료로 방문할 수 있는 제안을 받거나 중국 국영기업 이사회의 자문이나 이사로서 고액 연봉을 받는 직책을 제안받기도 했다.[104]

익명을 요구한 한 대만 관계자는 "마잉주 총통은 '대만에 대한' 중국 침투의 문을 열었고, 너무 많은 것을 양보한 그에게 반발하게 만들었다"고 언급했다. 실제로 마잉주 정권은 친중국정책으로 인해 점차 더 많은 비판과 항의에 직면했고, 곧 천수이볜 정권이 흔들렸던 것과 같은 방식으로 국내정책이 극심한 수렁으로 빠져들었다.[105]

많은 대만인들은 2008년 양안 간 고위급 방문이 중국과의 통일 추진을 위한 것으로 인식했다. 폭력시위가 발발해 거리에는 화염병이 투척되고 140여 명의 경찰관이 다쳤다고 알려졌다. 대학생들과 교수들은 보다 합리적인 집회법과 경찰의 폭력 중단을 요구하며 '산딸기 운동'으로 알려진 평화농성에 돌입했다.[106] 2014년에는 학생들과 시민단체 연합은 해바라기학생운동을 통해서도 마잉주 총통의 양안 무역정책에 크게 반발했다. 때로는 의회를 부분적으로 점거하기도 했다.[107]

마잉주 총통은 2015년 11월, 싱가포르에서 시진핑 국가주석을 만났다. 이는 66년 만에 첫 만남이었다. 당시 회담이 '불평등'하다고 인식되었고, 마잉주는 대만의 민주주의적 가치를 희생하고 국가를 '재중국화'하려 한다고 비난받았다.[108] 그의 집권 말기에 대만의 많은 사람들은 마이주 총통이 대만의 주권과 이익을 희생하고 중국-대만 통일 방향으로 너무 나아갔다고 믿었다.[109] 결국 2016년 대선에서는 대만의 국가 정체성 확립에 더 헌신하는 민주진보당이 압승을 거뒀다. 2년 뒤 마잉주 총통은 기밀유출 행위에 대해 대만 통신보호감시법 위반혐의로 유죄판결을 받았다.[110]

차이잉원 총통과 '차가운 평화'

2016년 1월 16일 차이잉원 민주진보당(이하 민진당) 후보가 총통으로 선출되었다. 5월 20일 그가 취임하자 '차가운 평화' 양안관계를 규정하게 되었다. 민진당은 궁극적으로 주권적이고 독립적인 대만을 원하며, 중국의 '하나의 중국' 원칙도, 이른바 1992년 컨센서스도 받아들이지 않았다.

당시 시니카 아카데미(Academia Sinica) 소속이던 데이비드 후앙(David. D. F. Huang) 박사는 '차가운 평화'의 필수 요소는 중국과 대만 양측에 의해 수행되는 일련의 정책이라고 주장했다. 중국은 '차이잉원이 '1992년 컨센서스'에서 중국의 전제조건을 수용하지 않는 한 중국과 대만 사이에는 공식적 또는 준공식적인 교류도 없을 것이고, 대만을 위한 국제적 공간도 없을 것이며 더 이상 대만에 대한 '경제적 유인책'도 없을 것'임을 암시했다. 한편 차이잉원은 '대만해협 문제 전반에 있어서 현상을 유지하겠다는 애매한 공약으로 대통령에 당선됐기' 때문에 1992년 컨센서스에 동의하기를 주저하고 있었다.[111] 중국의 선전에 대응하기 위해, 차이잉원 총통은 자신의 정부가 '1992년 회의와 그에 따른 모든 발전에 관한 '역사적 사실'을

1993년 싱가포르 '왕구회담' 리콴유 중재로 개최된 왕구회담에서 중국 해협양안관계협회 측과 대만 해협교류기금회 측이 악수하고 있으며, 이 회담은 1992년 컨센서스에 기반한 양안 간 첫 공식회담이었다.

존중하고, 중화민국 헌법을 준수할 것이며, 이전 행정부가 그랬던 것처럼 기존의 대만해협 법과 협정을 이행할 것이며, 중국 본토와의 '일관되고 예측 가능하고 도발적이지 않은' 상호교류의 틀을 건설할 것'이라고 발언했다. 차이잉원은 또한 '중국에 대한 선의가 변하지 않을 것이고, 과거의 약속에 대한 변화도 없을 것이며, 중국의 압력에 굴복하지 않고, 양안대립에 있어서 구식 방식으로 되돌아가지 않을 것'이라고 발언하기도 했다.[112] 중국공산당은 이러한 확언에 불만스러웠다.

그 결과, 중국과 대만 사이 양안관계는 교착상태가 되었다. 공공부문 소통채널이 끊기고 민간교류가 줄었으며, 중국 국무원의 대만사무처와 대만의 대륙위원회, 대만의 대만해협교류재단과 중국의 대만해협양안관계협회 간 공식채널도 단절됐다. 중국의 후속 전략은 광범위한 통일전선 및 기타 정치공작 활동을 통해 차이잉원 정부에 대한 외교적, 경제적, 군사적 압박을 증가시키는 것이었다. 대만의 정권교체를 단행하거나 차이잉원 총통이 중국을 실수로 자극하도록 유도하는 것이 중국공산당의 목표이다.[113]

2018 중간선거 개입

2018년 11월 대만 중간선거에서 민진당은 지역선거에서의 참패를 겪었고 국민당이 예상 밖의 승리를 했다. 당시 국민당은 대만의 3대 도시의 시장선거에서 모두 승리했다. 결국 차이잉원은 자리에서 물러났다.

『워싱턴포스트』의 조시 로긴(Josh Rogin)은 선거를 주도한 정치적 이슈가 다양하고 복잡했지만 중국이 '대만선거에 대규모이면서 성공적인 개입'을 한 사실이 결과에 영향을 미쳤다는 분석을 내놓았다. 중국은 '차이잉원 정부를 깎아내리기 위해 고안된 가짜뉴스를 퍼뜨리는 대대적인 선전·소셜미디어 캠페인을 펼쳤다'는 주장이 제기됐다. 그 가운데 "중국의 '50센트군대'라는 유급 소셜미디어 트롤이 조장한 페이스북, 트위터, 온라인 채팅그룹을 통해 2,300만 명의 시민들이 반(反)차이잉원, 반(反)민진당 콘텐츠 폭격을 받았다"고 한다.[114]

국가안보부과 군 정보부의 지휘 아래, 차이잉원과 민진당에 반대하는 대만 후보들의 중국 소셜미디어 엔지니어링 및 불법 자금지원 의혹에 대한 수사가 진행 중이다. 그러나 대만 관계자들은 선거 후 여러 토론자리에서 돈 세탁과 소셜미디어 엔지니어링은 증명하기가 어렵고 수사 자체도 시간이 많이 걸린다는 점을 인정했다.[115]

민진당 관계자들은 차이잉원 정부가 정권 초기에 중국 정치공작에 대해 대만 사람들을 충분히 교육시키지 못했다는 점이 또 다른 문제였음을 인정했다. 한 논객에 따르면 "민진당이 '가짜뉴스'와 중국의 영향력 작전에 관한 광고를 구매하기 시작한 것은 (2018년) 9월에 불과했다." 그때 어떤 이들에게는 의혹제기가 선거책략처럼 보였고, 많은 대만인들은 회의적이었다. 광고를 구매하고 정부 정책에 대항하는 사람들의 경우, '가짜뉴스' 광고를 자신들에 대한 공격으로 받아들였다.[116]

로긴이 지적한 바에 따르면 중간선거가 끝나자 중국의 선전기관들과 중국 지지자들은 차이잉원의 패배를 "차이잉원의 강경한 입장이 인기가 없고 잘못된 것이라는 증거로 지목"했다.[117] 선전기구들은 또한 선거 결과로 시진핑의 전략을 정당화하는 것으로 묘사하기도 했다. 시진핑이 대만을 고립시키고 2016년 민진당의 승리 이후 차지하게 된 대만의 국제적 지위를 폄하하려는 시도가 타당하다는 것이다.[118]

2019년 1월 1일, 시진핑은 처음으로 유난히 대만문제에 집중하며 연설을 행했다. 당시 그의 어조는 상당히 위협적이었다. 바로 전날은 차이잉원이 중국에게 대만문제를 평화적으로 해결하라고 촉구한 날이었다. 하루만에 시진핑은 "나라가 강해지고 있고 다시 활기를 되찾고 있으며, 양안의 통일은 역사의 대세이다. … 우리는 무력사용을 포기하겠다는 약속을 하지 않으며 필요한 모든 조치를 취하겠다는 입장을 유지하겠다"고 선언했다.[119]

2020년 선거개입

2020년 1월 11일 대만총선거를 앞두고, 중간선거에서 성공했다고 인식한 중국은 더욱 대담해졌다. 중국은 자신이 선호하는 가오슝 시장인 국민당의 한궈유(Han Kuo-yu) 후보의 당선에 큰 기대를 걸고 있었다. 하지만 이는 헛된 희망이었다.

2019년 10월 글로벌대만연구소의 보고서에 따르면 2020년 선거를 앞두고 중국은 기본적인 군사적 위협을 활용했다. 대만 선거개입을 위해 미국의 문화로는 잘 이해되지 않고, 더 교활한 여러 수단들이 함께 활용되었다. 구체적으로는 범죄조직 고용, 신종 및 전통 미디어 착취, 민중지역, 학교, 농민협회, 종교 단체, 가족, 심지어 토착 부족 네트워크에 대한 통일전선식 침투가 이뤄졌다.[120]

그럼에도 대만의 15대 대선과 10대 총선에서 차이잉원은 윌리엄 라이(William Lai)와 함께 압도적 승리를 거뒀다. 그들은 8,170,186표를 얻어 57.13% 득표율을 보였고 기록을 갱신했다. 반면 한궈유와 사이먼 창(Simon Chang)이 이끌던 국민당은 38.61% 득표율로 약 3백만도 채 안 되는 표를 얻었다.[121] 중국어 문화권에서 유일한 자유민주주의를 겪은 대만 사람들은 2018년 지방선거 재패라는 차이잉원 정부의 굴욕이 있었음에도 차이잉원의 다음 임기를 지지했다. 마찬가지로 차이잉원의 당은 대만 입법원에서 다수당을 유지했다.

대통령 선거캠페인에서 한궈유의 부상은 중국 정치공작의 성공스토리처럼 보였다. 그는 '개인적인 삶이 음침했고, 국회의원의 뒤를 따르는 사람이었으며, 실직한 남편이자 농업마케팅 회사의 총괄 매니저'였다. 하지만 분명한 것은 2018년에 가오슝이라는 대만의 두 번째로 큰 도시의 시장으로 선출되기 위해 그는 중국 요원들이 조직하고 대만 내 친중국 거물들이 자금을 지원하는 압도적인 언론캠페인의 수혜를 받았다는 점이다. 가오슝은 역사적으로 민진당이 우세한 지역이었다. 그의 시장선거를 지원하고자, 라디오와 소셜미디어가 광범위하게 활용되었다. 수개월동안, 친중국 비즈니스 파벌들의 통제 하에 있던 지역 방송국이 '대중들에게 한궈유를 띄우는 뉴스를 끊임없이 퍼부었다.' TVBS와 CtiTV 두 방송국은 '지역 요식업과 호텔, 기타 대중장소에서 자신들의 방송을 24시간 7일 내내 틀어 놓으라고 돈을 지급했고, 소셜미디어 보도 관련해서도 유사한 알고리즘을 활용한 것으로 알려져 있다.'[122] 오보, 강압, 라디오/소셜미디어를 지원하는 중국의 폭넓은 캠페인은 한궈유가 2020년 대선경선에서 국민당 후보로 나설 수 있게 해주었다.[123]

2019년 12월 31일, 선거 11일 전, 대만 입법원은 선거기간 허위정보에 대처하기 위해 반(反)침투법을 통과시켰다.[124] 미국의 외국대리인등록법(FARA)과 마찬가지로 반침투법은 중국을 비밀리에 대행한 단체와 개인들을 처벌한다.[125] 그럼에도 중국의 선거개입 방식은 '온라인 콘텐츠 팜'부터 유튜브 활용, 대만 지방의 핵심 마을을 중심으로 한 오프라인 루머까지, 그 종류가 다양했다. 이런 선거개입을 연구하는 국립대만대학교 범죄대학원의 푸마 셴(Puma Shen) 조교수에 따르면 중국공산당 직접 연계된 소셜미디어 기반 언론사들은 대부분 중국에 기반을 두고 있다. 그 외에는 홍콩과 말레이시아가 있다.[126]

중국이 정치공작의 일환으로 취한 추가 조치로는 대만의 언론계를 보다 중국에 우호적으로 만드는 전략도 포함된다. 중국 요원들은 "중국을 대만인들에게 번영을 가져다 줄 기회의 땅으로 묘사한 기사를 게재하기 위해 5개 대만 언론사에 조용히 돈을 지불했다"고 한다. 또 다른 공격방식은 외교적 강압이 있었다. 차이잉원의 첫 임기에 중국은 '대만에게 남은 몇 안 되는 외교 파트너들 중 6개국 이상을 침범했다. 이 중 키리바시 열도와 솔로몬 열도는 2019년 9월 즈음 대만이 아닌 중국을 외교대상국으로서 승인했다.' 한 중국 선전기구는 차이잉원이 재선할 경우 중국은 대만의 나머지 동맹국들을 모두 뒤엎을 것이라고 위협하기도 했다.[127]

COVID-19 팬데믹

COVID-19가 먼저 중국과 세계를 차례로 집어삼키기 시작하자 중국은 대만에 대한 군사적, 외교적 압박을 강화하기 위해 이를 활용했다. 대만은 세계보건기구(WHO)의 부정확한 정보와 중국이 모든 것을 통제하고 있다는 거짓말을 무시하면서 COVID-19 위협에 매우 잘 대응했다. 차이잉원 정부는 '조기에 공격적 조치'를 취했다. 이는 2003년 중증급성호흡기증후군, 즉 사스(SARS) 발병과 싸웠던 경험으로부터 얻은 교훈이었다.[128]

COVID-19 대유행 초기부터 중국 정치공작 기구는 세계보건기구와 글로벌 선전 네트워크에 대한 막강한 영향력을 행사하기 시작했다. 미중 경제안보검토위원회의 아나스타샤 로이드-담야노비치(Anastasya Lloyd-Damnjanović)에 따르면, WHO 내 중국 영향력으로 인해 "2020년 초 신종 코로나바이러스 COVID-19가 전 세계를 휩쓸면서 세계인의 건강을 해쳤다"고 전했다. 로이드-담야노비치는 "WHO 관계자들이 바이러스 정보를 교환하고 바이러스 억제 모범사례를 공유하려는 대만의 시도를 지속적으로 무시했다"고 주장했다.[129] 잇따라 미국 및 대만에 우호적인 국가들이 WHO 주최 2020

년 세계보건총회에 대만을 초대하려는 노력들 또한 끊임없는 중국 공산당 선전의 반격에 직면했다. 여러 선전기구들 중 글로벌타임스는 특히 미국과 대만이 '절대 성공하지 못할 분리주의 어젠다를 위해 보건 문제를 정치화했다'며 비난을 가했다.[130] 차이나데일리의 경우, 세계보건총회에서 대만이 배제된 일은 대만이 하나의 중국 정책 수용을 거부한 것 때문이라며 대만에게 책임을 돌렸다.[131]

한편, 대만에 대한 다면적 압박 작전의 일환으로 중국은 일련의 군사훈련을 행했고 강압과 위협을 증대시켰다. 이는 세계가 COVID-19로 정신이 없는 와중에 행해졌다.[132] 2020년 초에는 중국 군용기 132대가 대만해협의 중앙선을 세 차례나 넘었으며 이는 단 한차례만 침범이 이뤄졌던 2019년과는 대비되는 모습이다. 중앙선 침범 사례는 중국이 행하는 군사적 압박이 '급격히 증가했음'을 잘 보여 준다.[133] 중국군은 지난 2월 이틀에 걸친 합동 공해훈련에도 참가했다. 당시 항공모함 1척과 부속 전함 1척이 대만 인근을 항해했다.[134]

2020년 5월 11일, 중국공산당은 외국 출판물을 활용해 불확실성과 두려움을 유발한 바 있다. 현재와 같은 기회의 시기에 중국이 대만을 침략하라는 '민족주의 열망'에 떠밀릴지도 모른다는 내용이었다. 『사우스차이나 모닝포스트』에서는 '세계가 코로나바이러스 위기로 바쁜 와중에 소셜미디어에서는 중국에게 공격하라는 목소리를 높이고 있지만, 중국 당국은 서두르는 것을 원치 않는다는 관측이 있다'는 제목의 기사가 나왔다.[135] 중국은 유난히 5월 23일자 『글로벌타임스』 보고서를 강조하면서 이러한 정치공작 책략을 강화해 나가고 있다. 구체적으로 해당 보고서에서는 중국이 '평화적 재통합'을 받아들인 지 30년이 지났고, 중국공산당 정책은 더 이상 통일이 '평화적'일 것을 원하지 않는다. 그리고 무력 사용이 '최악의 시나리

오에서 최종 해결책'으로 남아있다고 서술한다.[136]

중국공산당은 대만에 대해 물리적, 정치적 통제력 확보를 목표로 한다. 다음 장에서는 이를 위해 선별된 중국의 현대 정치공작 활동을 설명하겠다.

8장
'하나의 중국'을 위한 중국의 정치공작

PRC Political Warfare against Taiwan: A Contemporary Analysis

POLITICAL WARFARE

6장에서의 태국 사례분석과 마찬가지로, 이번 장에서는 대만에 대한 중국 정치공작 작전을 일부 검토할 것이다.

중국의 목표 및 전략

중국은 대만을 지방이나 특별행정구역으로 지정해 중국의 통제 하에 두는 방식으로 '통일하는 것'을 핵심 목표로 설정하고 있다. 중간적 목표로는 대만의 정권을 교체하고 경제적, 외교적 노력을 확실히 실패시키는 것이다. 중국은 목표 달성을 위해 통일전선 작전 및 연락 업무, 폭력, 경제적 압력, 군사적 위협, 대만 사회를 분열시키기 위한 외교 등 몇 가지 전략을 채택하고 있다.

최근 몇 년간 '중국통일' 추진을 위해 대만 국민들의 '마음을 얻으려 했지만,' 중국의 노력은 그리 성공적이지는 않았다. 글로벌대만연구소장인 마이클 콜의 분석에 의하면 중국공산당은 마음을 얻으려는 전략을 포기하고 대신 '대만의 민주적 제도 부식 및 약화, 사회적 불안정조성, 국제적 고립, 대만의 인재 흡수를 통해 경제적 타격 등의 노력을 강화하고 있다.'[1]

중국이 얻고자 하는 결과

궁극적으로 중국은 대만 지도부를 불안정하게 하고, 대만 사람들의 사기를 떨어뜨리며, 주권적 지위를 파괴하려고 한다. 그리고 이는 대만이 중국과 함께하거나 군사적으로 스스로를 방어할 수 없을 정도로 내부적으로 약해질 때까지 지속될 것이다. 특히 중국은 다음과 같은 결과를 얻기를 희망한다.

- 대만을 중국에 흡수하고 중국공산당에 의해 완전히 통제되며 시진핑 주석이 바라는 '중국몽,' 즉 민족통합을 이뤄내는 것이다.
- 중국공산당은 정치체로서의 중화민국을 붕괴시켜 중국의 국공내전을 최종 종결한다.
- 중국군은 남중국해에서의 통제력을 강화하고 대륙 방어를 지원하기 위해 대만의 국가방위기술, 전문지식, 인력과 대만의 천연자원 및 전략적 위치를 활용한다. 또한 대만은 중국이 태평양 진출을 위한 노정에서 첫 번째 섬을 압박, 돌파할 수 있도록 필요한 지역적 권력투사용 플랫폼을 제공한다.
- 이 지역에서의 미국 영향력을 치명적인 정도는 아니더라도 심각하게 손상시킨다.
- 중국공산당 권위에 존재론적 위협을 가하는 대만의 민주정부제도의 신뢰도를 떨어뜨리고 효과적으로 파괴한다.
- 중국은 일차적으로는 지역적 차원에서, 궁극적으로는 글로벌 차원에서 확고한 정치, 군사, 경제, 외교, 문화적 우위를 이룬다.

중국 정치공작의
테마와 대상

중국과 대만 사람들 간의 공통된 경제, 문화적 유대를 강조하는 중국의 정치공작의 테마는 다음과 같다.

- 하나의 중국만이 존재하며, 대만해협의 양측 모두 중국에 속한다.
- 중국과 대만 사람들은 한 민족이며 반드시 재통합되어야 한다.
- 대만의 분리주의 운동은 실패할 것이다.
- 중국은 가장 강하다. 반면 대만은 경제적으로 정체되어 있고, 정치적으로는 분열되었으며 외교적으로는 고립되었기 때문에 이제 중국과 함께하는 것이 최선이다.
- 중국은 강하지만 미국은 약하고 신뢰하기 어렵다.
- 대만을 세계보건기구 및 세계보건총회로 복귀시키려는 대만과 미국의 계획은 실패할 것이다.

중국 정치공작의 핵심 대상은 언론, 경제계, 정치 관계자, 군 지도자, 학계, 공무원 및 교육 분야 은퇴자, 상급 고등학교장, 그 밖의 모든 분야의 엘리트들이다. 2차적으로는 영향력 있는 소셜미디어 이용자, 범죄조직 두목 및 조직원, 토크 라디오방송국 소유주 등을 대상으로 하며, 3차적으로는 일반 대만 시민들과 학생들을 대상으로 한다.

수단, 전술, 기법 및 절차

이제까지의 중국의 정치공작 작전은 앞에서 이미 논의된 바 있다.

여기에서는 통일전선 작전, 삼전(여론·언론전, 심리전, 법률전), 선전, 외교적 강압, 허위 정보와 오보, 학문적 침투, 사업 제휴, 정당 설립 등을 논할 것이다.

현재 중국의 대만 정치공작 전략에는 통일전선 전술, 경제·정치적 압박, 군사적 위협, 예술과 문화, 대만을 굴복시키기 위해 적용된 적극적 조치들이 복합적으로 포함되어 있다.

중국은 대만 정부를 약화시키고 대만독립을 주장하는 정당과 단체들을 탄압하기 위해 정치공작을 벌인다. 그리고 중국과의 통일을 지지할 정치인을 대만 내외에서 모집한다.[2] 그리고 공공외교, 공공업무, 공보업무, 홍보, 교육적 교류, 문화활동 등 소프트파워 기능을 활용하고 있다.

적극적 조치로는 공공연한 폭력, 사이버 전쟁, 범죄조직의 활용, 간첩, 전복, 협박, 기만, 강제검열과 자기검열, '당근과 채찍' 자금지원 관행, 뇌물, 한 때 합법적이었던 언론사 협조가 있다. 마지막으로 중국은 대만해협에서의 육군 실탄사격 훈련, 해군의 대만수로 통과, 공군의 대만 상공비행과 같이 전쟁 이하 수준을 유지하며 군사력을 활용한다.

다음으로 가장 중요한 중국 정치공작 및 활동들 중 몇 가지에 관해 상세히 서술하고자 한다. 특히 연합작전 영역, 범공산주의 학계와 대학 침투, 외교적 교살, 경제전, 범죄조직 파트너십, 새로운 정당 창당, 군사적 협박과 중국군 지원, 대만의 새로운 소셜미디어 환경을 이용하기 위한 공격적인 사이버 작전에 관해 서술하겠다.

통일전선 작전

대만에 대한 중국의 통일전선 작전은 광범위하고 매우 복잡하다. 통일전선 작전은 '대만 내 분열의 씨앗을 심는' 시도를 하고 '대만 사람들이 친중사상과 통일을 지지하도록 유혹'함으로써 대만사회를 분열시키는 전략을 지원한다. 글로벌대만연구소 상무인 러셀 샤오에 따르면, 2015년에 중국공산당은 "통일전선 작전에 있어서 중요한 업무규정을 시행했다." 이는 '포괄적으로는 통일전선 작업을 관리하고, 더 중요하게는 해당 업무를 제도화 및 표준화하여 업무 절차를 수립하도록 발행된 최초의 공식 규정'[3]이었다. 해당 규정에서는 대만 통일을 '중국민족의 대부흥'과 '중국몽'이라는 목표와 명시적으로 연결하고 있다.[4]

정치공작 사관학교로도 알려진 중화민국 푸싱강 대학의 고위 간부들은 중국의 대만 정치공작 목표에 있어서 구체적인 통찰력을 제공해왔다. 그들에게는 대만과 다른 국가들과 관련된 서로 다른 통일전선 전략이 있다. 여기에는 중국의 정책 지지를 높이고 중국 영향력을 증가시키며, 정보를 수집하는 전략들이 포함된다.[5] 구체적으로 중국의 통일전선부는 '재외중국인들과의 정치, 사업적 관계를 발전시키는 데 도움을 주거나 연구혜택을 유치하고 중국공산당이 중국에 대한 해외의 시각을 형성할 수 있도록 돕는다.'[6] 중국공산당 기관들은 재외중국인들에게 향우회, 학생회 및 기타 단체들을 자신들의 네트워크에 끌어들이는 동시에 해외 정치인, 학계, 비즈니스 지도자 및 언론인들에 대한 영향력을 확대하기 위해 노력한다.

중국공산당 규정에서는 대만에 대한 통일전선 작전의 주요 임무를 다음과 같이 명시한다.

- 중앙정부의 대만 지도원칙을 따르는 것
- 하나의 중국 원칙을 고수하는 것
- 대만 독립을 위한 분리주의 활동을 반대하는 것
- 정치, 경제, 문화, 사회적 재단을 양안관계의 평화적 발전을 심화시킬 목적으로 통합함으로써 대만 동포들을 폭넓게 규합하는 것
- 중국 민족의 대부흥을 실현시키는 과정에서 대륙 통합에 대한 명분을 완성시키는 것[7]

대만 정부는 중국이 통일전선부 모집에 매년 3억 3700만 달러 이상을 지출하고 있으며 '보이지 않는 자금'이 더 있을 수 있다고 추정했다.[8] 『타이베이 타임스(Taipei Times)』는 중국이 '현지 마을, 청년과 학생들, 대만인의 중국인 배우자, 원주민들, 친중 정당 및 단체, 사찰, 중국에 뿌리를 두고 있는 후손들, 노동단체, 농어민회, 참전용사들'을 표적하여 경제적 유인책을 활용하고 있다고 지적했다.[9] 선별된 대상들 중 한 예를 들자면, 중국은 중국-대만 간 1992년 컨센서스를 수용한 대만국민당 군수 8명에게 중국 관광객들을 그들의 관할 지역으로 보내고 그들의 농산물을 구매하기 위한 중국 대표단을 신속히 약속함으로써 보상을 제공했다. 또 다른 접근법으로는 영향력 있는 통일전선 정치자문기구인 중국인민정치자문회의(CPPCC)과 같은 중국 자문위원회에 대만 태생의 저명한 인물을 임명하는 방식이 존재한다.

마이애미 대학교(University of Miami)의 준 튜펠 드레이어(June Teufel Dreyer) 교수에 따르면 통일전선은 "대만 학생과 교사 및 교장에게 중국 '교류' 투어를 후원하고, 중국의 '명문대학' 중 몇 곳에 장학금을 제공한다. 그리고 '일을 구하지 못한 대만 대학 출신 박사들

상당수에게 일자리를 제공한다." 통일전선부는 또한 중국 내 학생야구리그도 설립했으며, 선수들은 '대만해협에서 양안은 한 가족'이라고 적힌 대형 현수막을 배경으로 경기를 치룬다. 통일전선부는 특히 대만의 '자연스러운 독립' 세대를 상대로 작전을 수행하며 이들 세대는 '대만의 비상사태령 해제 이후에 성년이 된 세대'이다. 이들은 '중국 생활에 대한 기억이 없고, 민주주의 체제 하에서 성장했으며 대만이 이미 누리고 있는 독립을 선언할 필요가 없다고 본다.'[10]

대만 군사력에도 영향을 주는 통일전선 작전은 이례적인 수준으로 다면적이다. 전직 대만군 장교들은 1949년 국공내전이 끝나자 사업적 기회, 공동의 민족유산에 대한 호소, 분리된 양안 간의 이산가족 등을 통해 중국의 목표를 지지하라는 제안을 받곤 했다. 예를 들어 2017년 중국과 대만 장교들의 만남인 제5회 '운명을 연결하라' 문화축제에서는 정치공작 작전 수행에 사용된 여러 종류의 경로가 노출됐다. 해당 통일전선 작전은 수많은 중국기관들의 지원을 받았는데, 중국군가족육군지원재단, 중국일반네트워크, 중국리엔성우회(the Chinese Lien Surname Fraternal Association), 푸젠대만교류협회, 일간신문 2곳, 대만계 단체, 중화민국협회 등이 있다. 러셀 쟈오는 '보통 국무원의 대만사무처나 기타 대만 관련 정치공작 기관'이 행사를 후원한다고 언급했다.[11]

국제우호교류를위한중국협회(CAIFC)와 연결된 무수한 중국 통일전선 조직들 사이의 많은 상호관계를 이해하지 못한 이들에게는 통일전선에 관련된 조직들의 목록은 길고 혼란스럽기만 하다. 예를 들어, 콜은 중국에너지기금위원회(CEFC)가 운영하는 광범위한 영향력망에 대해 설명했는데, 이 위원회는 자신들을 싱크탱크로 광고하는 홍콩 비정부 기구이다. CEFC는 중국 연락부서와 연계된 CAIFC의 전직 고위 간부가 운영한다. CEFC는 광범위한 전방 기구들과 해외 정부, 유엔과 협력하고 있다. CEFC는 간접적으로는 대만의 학생, 학계, 연예인, 종교계 인사들이 참여하는 프로그램과 축제를 운영하고 있다. 콜에 의하면 CEFC가 대학생을 위한 친중국 프로그램을 후원하기 위해 친중 성향의 '원트원트차이나타임스그룹(Want Want China Times Group)'과 불교 문화교육재단인 포광산재단(Fo Guang Shan Foundation)과 협력하고 있다.[12]

중국공산당은 또 '가짜뉴스'를 확산시키고자 통일전선 대리조직을 이용한다. 샤오가 서술한 바에 따르면 "사람들은 대만 중앙집권부의 통일전선부 연관 대리조직들의 시민사회 침투가 문제가 될 만큼 늘어나고 있음을 감지했는데, 이 추세는 중국 정부와 재정적으로 연관이 있을 수 있다"고 한다. "그렇다면 이러한 통일전선 기구들은 어쩌면 허위 정보 전파에 이용되고 있을지도 모른다"고 샤오는 추정했다.[13]

범공산주의 학계와 대학교 침투

중국은 전 세계 다른 곳과 마찬가지로 학계를 강력하게 겨냥하고 있다.[14] 대만 내 학술기관에서의 개인적 경험과 안보 관계자나 대만에 기반을 둔 학계와의 교류경험을 바탕으로 보면, 대만의 주요 대학들에는 중국 통일전선에 사실상 합류했던 학술인들이 놀라울 정도로 많다는 것을 알 수 있었다. 친중국 대만학계는 더 이상 국민당이나 민주진보당 성향으로 볼 수 없기 때문에 '범공산주의 교수들'이라는 경멸적인 칭호가 붙여졌다. 이런 학계는 사실상 '공산주의' 중국공산당을 위해 영향력을 행사하는 주체가 되었다.[15] 이처럼 대

만 학계의 범공산주의적 성향은 대만의 미래에 심각한 위협을 가하고 있다.[16]

　일부 범공산주의자들은 공개적으로 대만의 민주주의를 폄하하고 훗날 교사, 교수, 외교관, 판사, 변호사, 국회의원, 군 장교, 정책입안자들이 될 학생들 앞에서 중국의 전체주의 정권을 찬양한다. 필자는 범공산주의 학계의 활동을 지켜봐 왔고, 교수들이 어떻게 학생들을 상대로 선전을 하고 사기를 떨어뜨리는지, 중국에서 금기시되는 주제에 대한 토론을 일상적으로 금지하며 민감한 주제를 토론할 경우 중국의 교리 용어를 바탕으로 하는지 학생들을 통해 자세히 들을 수 있었다. 일부 교수들은 중화민국의 외교관 및 군 장교로 복무하는 것에 관심이 있는 학생들에게 '대만 정권을 위해 봉사하지 말고' 중국과의 재통합의 시기까지 기다리라고 강권하기도 한다. 이 때 교수들은 중국과의 재통합이 '향후 몇 년 안에 일어날 것'이라는 주장을 곁들인다고 한다. 학생들은 그 누구도 가해 교수들에게 책임을 묻지 않을 것이기도 하거니와 자신들이 낮은 성적을 받거나 다른 형태의 보복으로 학문적 경력이 단절될 것을 우려하여 이를 공론화 하지 못하고 있다.[17]

　대만 교수와 기타 학계 관계자들은 모든 비용을 지불하며 중국을 방문한다. 이런 중국 방문에서는 정기적으로 중국 관계자들과의 '면담'이 행해진다. 안보 관계자나 중국방문 초대에는 응했으나 자신들을 포섭하려는 시도에 놀랐던 여러 교수들과 면담을 한 적이 있다. 여기서 나는 몇 가지 경향을 확인할 수 있었다. 첫째, 학자들은 때때로 중국에서 협의를 진행하라는 매우 간략한 통보를 받고 한 번에 몇 주 동안 중국으로 떠나기도 한다. 둘째, 중국 '회의'와 '통일 관련 협의'에 참석하는 학자들은 종종 '통일된' 중국학술기관에서의 학문적 자리나 다른 보상을 제공받았다. 그들은 학회, 연구, 여행을 제안 받곤 하는데, 이 때 싱크탱크와 재단등을 통해 자금을 후원받는다. 마지막으로, 여러 학자들은 '엔터테인먼트', 즉 일반적으로 성적 향응이지만 다른 유인책들도 포함된 유흥과 특정 상황에서 함정에 빠질 수 있는 중국 내 여러 특권들을 제공받는다는 점이다.[18]

대만으로 복귀한 대다수는 중국의 '조건부 행동'의 모델이 된다. 빌라하리 카우시칸(Bilahari Kausikan) 대사의 묘사에 따르면, 설득, 유인, 그리고/또는 강요에 굴복한 학자들은 "명령 없이도 중국공산당이 원하는 바를 자신들의 의지로 생각하고 행동한다."[19] 이렇게 중국공산당에 흡수된 학자들은 미래의 여행, 자금, 중국이 제안하는 교수직 기회들을 잃는 것을 두려워해 절대로 중국을 공개적으로 비난하지 않을 것이다. 그들은 자신이 가볍게라도 중국을 비판한 일이 있다면 다른 동료 학자들이나 중국학생들이 중국에 보고하게 될 상황을 두려워하고 있다.[20]

필자는 개인적으로 이런 관행을 수차례 목격한 적이 있는데, 주로 다음과 같은 상황이 벌어지곤 했다. 중국에 포섭된 학자들은 차이잉원 총통의 정권을 비롯해 일본의 아베 신조 총리나 미국의 트럼프 대통령과 같이 민주적으로 선출된 지도자들을 열렬히 비판한다. 그들은 남중국해 중재법원의 판결을 중국의 입장에 따라 비판할 것이다. 그러나 그들은 중국이 부정확한 사실, 위선, 잘못된 표현을 사용했음을 알았을 경우에는 입을 다문다. 그들은 지성인으로서의 정직과 도덕적 용기가 부족하다는 합리적인 이유로 공격받을 수 있는데, 이들은 상황을 회피한다. 그런 비판에 대응하게 되면 그들은 곧 중국을 비판하게 만들 것이기 때문에 그들은 대응할 수 없다. 그리고 중국 비판은 아무리 경미하더라도 기타 범공산주의 학자나 정보원들에 의해 보고될 것이라는 것을 잘 알고 있다.

또한 범공산주의 학자들은 중국 정부가 금기시하는 주제를 직접, 공개적으로 다루지 않는다. 예를 들어 중국의 티베트 불법 점령, 동투르크스탄 강제수용소, 중국의 잔인한 인권 탄압과 경찰-국가 검열, 남중국해 불법 점령 그리고 전체주의와 파시스트적 성격과 같은 주제들이다. 범공산주의 학자들이 이런 주제들을 언급하지 못하는 행태를 보고 중국의 검열체제는 대만 내에서 그 영역을 넓혀간다.

대만의 중국인 유학생들도 중국 정치공작에 참여하고 있는 동시에 정치공작의 대상이 되고 있다. 중국 정부는 차이잉원 정부를 처벌하기 위해 2017년부터 중국 본토 학생들의 대만 유학을 50%나 줄였고, 2020년 1월 COVID-19 대유행 이후로는 대만으로의 복귀를 허가받은 중국 학생들이 거의 없었다. 그럼에도 이러한 중국 학생들은 대만의 교육 기관에 극적인 영향을 끼쳐 왔다.[21] 그들은 중국의 정책과 선전을 전달하는 주요 통로이다. 이 중국 학생들과 대만 대학의 중국학생교수회는 교수들과 동료 학생들을 위협하고 강요한다.

2020년 4월에 대만의 충위안 기독대학(Chung Yuan Christian University)에서 흥미로운 사례가 있었는데, 이 사례는 학업적 괴롭힘과 협박이 자행되는 상황을 보여준다. 이는 중국 본토 학생 협박, 범공산주의 학자들의 협박과 선동 방조, 협박 피해자에 대한 중국 선전기관의 공격이 모두 엿보였던 교과서적 사례이다. 충위안 기독대학의 한 교수는 강의 시간에 '우한 폐렴에 의한 COVID-19 바이러스'라는 언급을 했다. 한 중국인 수강생이 항의했고, 교수에게 '차별' 혐의에 대한 압박을 가했다. 학계는 해당 교수의 학문적 자유를 지켜주기보다는 교수로 하여금 사과하도록 만들었다. 그들은 수업

시간에 사과하며 "중화민국의 교수로서 학생들을 차별하지 않겠다"고 발언했다. 나흘 뒤 대학은 이 교수에게 '중화민국'이라는 문구를 사용한 것에 대해 다시 한 번 사과할 것을 요청했다. 차이잉원 정부는 이어서 "고등교육 기관들이 자행하는 자체검열과 강의시간의 교사의 자유를 침해하는 것을 용납할 수 없다"고 주장했지만, 글로벌타임스와 같은 중국의 선전기구들은 해당 교수에 대한 지속적인 공격을 가했다.[22]

대만에 대한 중국의 정치공작은 중국에서 공부하는 많은 대만 학생들을 대상으로 행해지기도 한다. 대만 교육부에 따르면, 중국에서 공부한 적이 있거나 공부하고 있는 학생들은 대략 1만 명 정도인 반면, 팬데믹 이전 기준으로 대만에서 공부하고 있던 중국 학생들은 9,300명 정도였다. 중국은 최근 들어 대만 학생들이 중국 대학에 더 쉽게 다닐 수 있도록 했다. 대만 고등학교 졸업생들은 합격 점수만 제시하면 지원이 가능하다. 중국의 대만 국제고 학생들이나 상위권 학생만 지원할 수 있었던 과거와는 대비되는 상황이다.[23] 고임금 일자리와 학술적 제의를 받고 중국으로 유인되는 대만 학자들이나 여타 사람들도 그렇지만, 학생들은 무분별한 선전과 악의적 영향력 행사에 특히 더 일상적으로 노출되고 방어할 준비가 부족한 상황이다.[24]

외교적 교살

러셀 샤오는 "중국이 대만의 국제적 공간을 억압해 고립시키려는 목적에서 정치공작을 강화하고 있다"고 주장한다. 중국은 타국 정부에게 강요하거나 뇌물을 주어 대만과의 외교관계를 끊도록 하는 등 대만의 국제적 공간을 박탈하는 데 많은 노력을 기울였다.[25] 2018년

봄에는 도미니카 공화국과 부르키나파소가 중국과 관계를 수립했고, 8월에는 엘살바도르가 대만과 수교를 끊었다.[26] 파나마, 상투메와 프린시페, 솔로몬 제도, 키리바시 또한 대만과 관계를 단절했으며, 대만과 공식적인 외교적 관계를 유지하는 나라는 15개국만 남게 되었다.[27]

또한 중국은 세계보건총회, 세계보건기구 운영체, 국제민간항공기구와 같은 국제기구에서 대만을 추방하도록 국가들에게 압력을 가하고 있다. 세계경제포럼(WEF)에서 대만의 명칭이 '차이나 타이베이(Chinese Taipei)'에서 '중국의 대만(Taiwan, China)'으로 바뀌었다.[28] 때로는 중국은 외국 기업들에게 웹사이트에서 대만의 이름을 지우지 않으면 위협을 가할 것이라고 압박하기도 했다. 게다가 유엔정책으로서는 기이하고 위선적인 밖에 여겨질 수 없는 사례도 있다. 대만여권을 소지한 대만 시민들은 뉴욕과 스위스 제네바에 있는 유엔 시설에 입장하는 것이 금지된다. 스위스 베른에 있는 대만 대표부에 따르면 대만 시민들은 국제인권 문제로 인한 유엔 방문허가를 받기 위해서도 중국대사관을 거쳐야 한다고 한다.

마지막으로 후앙 박사는 "케냐, 캄보디아, 말레이시아, 베트남에서 기소된 대만인 범죄자들은 대만이 아닌 중국으로 추방(또는 납치)됐다"고 주장했다. 그에 따르면 이 경우는 중국이 '하나의 중국' 정책에 따라 대만에 대한 사법권을 행사하고 있음을 보여준다. 그는 이 사건들이 '소위 '1992년 컨센서스' 조건을 수용하는 것을 꺼리는' 민진당 정부를 '처벌하기 위해 설계된 것'이라고 주장한다.[29]

경제전

중국은 정치적 문제를 만들어 차이잉원 정부의 경제 전략이 실패하도록 의도하는 방식으로 경제전을 수행한다. 중국은 대만-호주 자유무역협정 등 대만의 무역전환 조치를 일부 차단하고 대만상품을 구매하는 사절단의 숫자뿐만 아니라 대만 방문을 허용한 관광객의 숫자도 크게 줄였다. 또한 대만의 내부 분열을 활용하여 대만의 2018년 선거에 영향을 미쳤다. 그 과정에서 중국은 대만 남부의 농민들에게 그들의 제품을 더 많이 구매할 것이라고 직접 제안했다. 대만의 무역은 대부분 중국과 이루어지기 때문에, 중국공산당은 대만 기업인들에게 각별한 관심을 기울이고 있다. 중국에 우호적인 정책을 지지하는 사람은 중국 기관들에게 특별대우를 받고, 그렇지 않은 사람은 이런 기회를 얻지 못한다. 나아가 중국 국무원 대만사무처에서는 젊은 대만인들이 중국 본토에서 창업할 수 있도록 장려하기도 한다.[30]

범죄조직

범죄, 경제, 정치조직의 활용은 또 하나의 정치공작 수단이다. 리덩후이 전 대만총통은 이미 이에 대해 문제를 제기했을 뿐 아니라 몇몇 대만 정치공작 담당자들은 필자와의 인터뷰에서 중국의 통일 전선 작전이 민족갈등을 조장하고 사회를 불안정하게 만들기 위한 조직적인 범죄 활동을 후원하는 방식으로 이뤄진다고 언급했다.

『에포크 타임스(The Epoch Times)』의 폴 후앙(Paul Huang)은 자신의 기고문에서 "대만의 폭력조직들이 중국 정권의 앞잡이이며 중국과의 통일을 위해 협력하고 [중국] 반대세력을 억제하기 위해 폭력을 행사한다"고 밝혔다. 관련 사례로는 범죄조직 관련 단체인 중국통일촉진당(Chinese Unification Promotion Party, CUPP)과 애국동맹연합회(Patriot Alliance Association, PAA)가 있다. 두 단체 모두 공공연하게 중국의 대만 통치를 옹호하는 것으로 알려져 있다. '하얀 늑대(White Wolf)'로 알려진 장안로(Chang An-lo)는 CUPP 대만지부의 설립자이자 대만의 대형 범죄비밀조직인 대나무 연합(Bamboo Union)의 리더이다. CUPP는 2만 명의 회원이 있다고 주장하고 있는데, 대나무 연합의 회원모집 전선에서 자주 등장한다.[31]

게다가 대만 언론에서는 대나무 연합과 또 다른 범죄비밀조직인 포 시즈 갱(Four Seas Gang) 두 곳이 모두 중국 국가안보부의 '영향력 하에, 심지어는 직접적인 통제 하에' 있다고 보도한다. 국가안보부는 대만사무처의 푸젠-샤먼지국을 운영하고 있는 것으로 알려져 있는데, 이는 대만 내 폭력조직들을 통제하고 중국공산당의 이익을 위해 일할 대만 범죄조직원들을 모집하기 위해 설립되었다.[32]

정치적 협박에 힘을 실어주는 것과 더불어 조직적인 범죄연합체들은 중국 정부가 '친중 정당들이 2018년 지방선거를 전복시킬 목적으로 운영한 선전조직과 정치캠페인을 위해 약 350억 신타이완 달러(약 11억 3천만 USD)의 재정적 지원을 하는 주요 통로'이다. 또한 "정치집회에 참석할 청년들을 모집했으며 집회참가자들은 CUPP 조끼를 입고 중국 국기를 든다는 조건으로 1천 신타이완 달러를 지급받았다"고 알려졌다.[33]

중국 샤먼 해변의 '일국양제 통일' 선전물 중국 푸젠성 샤먼시에 위치한 샤먼해변은 대만의 진먼다오 섬과 마주하고 있어 중국의 선전물이 자주 등장한다.

신당과 준군사적 '청년연합회'

중국은 조직범죄와 정치단체 외에도 대만의 신당(the New Party)과 연합청년 준군사조직 설립을 시도했다. 드레이어에 따르면 2005년, 국민당과 민진당 내에서 비주류였던 대만 정치인 20명 이상이 친중 성향의 새로운 정당의 중앙위원회 조직 구성을 위해 초청되었다고 한다. 중국 반체제 인사인 위안훙빙(Yuan Hongbing)이 저술한 『대만 위기(The Taiwan Crisis)』에서는 2008년 즈음 중국공산당 정치국이 '대만문제 해결을 위한 정치전략을 통과시켰는데, 여기에서 대만의 정당조직을 가장 중요한 통일전선 전술 대상으로 설정했음'을 확인했다. 드레이어는 "중국공산당 정책이 반영된 대만정책을 지지한 신당은 대만법에 근거해 합법적"이라고 분석했다. 또한 신당은 대만의 '전시 통제'를 목표로 준군사조직인 신중국청년협회(NCYA)를 설립했다'는 주장도 제기되고 있다.[34]

군사적 위협과 하이브리드전

통일전선부와 중국 전략의 핵심은 하나의 중국에 대한 국제적 인식을 조작하고 대만의 국제적 정통성을 훼손하는 동시에 대만의 저항 의지를 '꺾는' 것이다. 『워싱턴포스트』의 데이비드 이그나티우스(David R. Ignatius)는 '전통적인 군사적 전투는 대만이 가장 덜 우려하는 부분'이라고 주장한다. 그는 군사적, 정치공작 능력의 조합은 중국 하이브리드전의 기반이라고 한다. 이그나티우스는 "대만과 같이 개방적이고 민주적인 사회가 저항하는 데 있어서 하이브리드전은 전통적인 군사적 공격에 비해 비용이 덜 들지만 더 어려운 방식"이라고 주장한다. 그리고 "대만 전문가들은 현재 이 도전적 상황을 이해하고 해결하기 위해 애쓰고 있다"고 서술했다.[35]

군사적 위협은 물리적으로나 심리적으로 적의 군대와 시민들을 지치게 하기 위해 고안된 것이다. 특히 2016년 차이잉원 정부 이후 중국이 대만에게 군사적 위협을 가했다는 점은 앞 장에서 상세히 다루었다. 하지만 최근 중국 내 조직적 변화의 영향을 받아 중국군은 대만 작전에 더 큰 기여를 하게 됐다.

우선 중국 정부는 2016년 2월에 난징군사지역을 대체하는 중국군 동부전구사령부(ETC)를 설립했다. 동부전구사령부의 설립은 중국의 양안 안보 상황에 있어서 핵심적인 사건이었다. 그 이전부터 중국은 난징군사지역에 대만 전투 시나리오에서 향상된 지휘통제를 할 수 있는 합동지휘부를 설립한 바 있다. 2015년 12월 중국공산당은 육·해·공 통합작전을 통제할 총지휘부대를 창설했고 난징군사지역을 포함하는 각 '전투지역'의 합동작전지휘구조를 수립했다.[36]

동부전구사령부는 대만에 대한 정치적, 군사적 강압을 지휘하는 데 큰 역할을 하고 있다. 그리고 확대된 전구사령부로 개편되면서 운영능력이 증대되었다. 중국의 육군 지상군, 해군 및 공군 부대 외에도, 동부전구사령부는 상해경비대뿐만 아니라 안후이, 푸젠, 푸저우, 장쑤, 장시 및 저장 군사지역에 대한 작전 권한을 가지고 있으며, 여기에는 정치공작 작전도 포함된다.[37]

중국이 대만을 상대로 벌이는 정치공작의 상당 부분은 푸저우에 있는 중국군 정치작전부의 311기지가 지휘하고 있다. 마크 스토스와 러셀 샤오는 이 기지가 "대만에 적용된 심리 작전 및 선전의 최전선에 있다"고 주장한다.[38] 중국의 통일전선부 안에는 공공기관 및 외관상 민간업체들이 복잡한 연결망을 이루고 있는데, 311기지는 이 연결망에 협력해왔다. 그럼으로써 311기지는 대만에 대한 중국의 강압적인 설득 작전을 수행하는 동부전구사령부 내에서 중심적인 역할을 수행한다. 콜에 따르면 311기지는 부군단급 조직으로서 "대만을 표적하는 재래식미사일 여단 6곳이 **합쳐진** 것과 … 거의 같은 지위를 가지고 있으며 중국군 사이버 작전에 적극적으로 참여하고 있다"고 분석했다.[39]

대만의 소셜미디어 환경과 정치공작

러셀 샤오는 "새로운 정보통신기술이 중국의 선전 및 허위 정보를 전례없는 수준으로 확대했다"고 주장한다. 소셜미디어의 바이럴

한 측면으로 인해 소셜미디어는 선전과 허위 정보를 위한 효과적인 수단이 되었기 때문이다.⁴⁰

샤오에 따르면 대만은 세계 최고 인터넷 이용률과 스마트폰 보급률을 자랑하며 아시아태평양 지역에서 인터넷 속도가 가장 빠른 나라 중 하나로 정보통신기술 산업이 매우 활발하다. 대만에서 가장 인기 있는 소셜미디어 플랫폼은 PTT(Professional Technology Temple), 페이스북, 라인, 유튜브 등이다. 중국공산당은 대만 영향력 작전의 일환으로 광범위한 소셜미디어 네트워크를 활용하여 다양한 방식으로 선전 및 허위 정보를 전파한다.⁴¹ 『타이완뉴스(Taiwan News)』 소속 케오니 에버링턴(Keoni Everington)에 따르면 중국은 "오랫동안 대만을 사이버전쟁 기술의 시험대상으로 간주해왔으며, 대만에 대한 사이버공격은 2017년 한 해에만 평균 10만 건으로 보고되었다고 한다." 알려진 바에 의하면, 중국은 러시아의 '트롤 팩토리' 중국버전을 설립했고, '트롤 팩토리'는 외국의 태도와 사건들에 영향을 미치기 위해 소셜미디어 플랫폼을 활용한다.⁴²

중국군 전략지원부대(SSF)는 중국의 트롤 팩토리를 지원한다. 전략지원부대는 사이버 공격·방어 임무, 정보 작전, 기술정찰을 담당하는 조직이다. 중국군에는 전략지원부대 소속 병력이 약 30만 명 있는 것으로 알려졌다. 그리고 200만 명 이상이 여론을 조작하고 중국 비판자들과 중국공산당을 지지하기 위한 기타 표적을 공격하는 '50센트군대'의 일원이라는 주장이 제기되고 있다.⁴³

대만의 국가안보부에 따르면 "중국의 작전은 무엇보다 대만에서 양안관계, 군사방위, 차이잉원 정부의 정책실행에 초점을 맞춰 잘못된 뉴스를 퍼뜨리는 것"이라고 한다. 우선, 중국 국영언론사들은 이런 주제들을 중심으로 가짜뉴스를 싣는다. 그 다음 중국군 사이버

군인과 '50센트군대' 일원들은 페이스북, 라인, 유튜브, PTT를 통해 허위 정보를 유포한다.[44] '입소문을 타거나 대만 전통 언론사의 눈에 띄기를 바라며 가짜이미지를 유포'하는 방법도 있다. 예를 들어 중국 폭격기가 제이드산(Jade Mountain)라고도 불리는 대만의 위산(Yu Shan) 인근을 비행하는 모습이 소셜미디어에 게재된 적이 있다. 이런 방식은 '대만 사람들에게 공포를 심어주기 위함'이 분명한데, 대만 국방부가 가짜라는 점을 밝히기도 전에 위 사진은 소셜미디어에 널리 공유되었다.[45]

중국은 소셜미디어에서 오보와 선전을 사용해 현재진행 중인 연금개혁 논의에 영향을 미치기도 한다. 이 또한 대만 내 사회 불안정을 야기할 목적을 지닌다. 샤오에 따르면 "대만의 라인이나 다른 소셜미디어 이용자들은 대만 정부가 연금수급자들에 대한 엄격한 규제를 계획하고 있다는 거짓 주장을 펼쳤다"고 한다. 대만 정부는 신속히 이를 부인하는 성명을 발표할 수밖에 없었다.[46]

샤오는 또한 중국이 소셜미디어라는 새로운 시대에 '유서 깊은 전통적 전술'을 재활성화하기도 했음을 지적했다. 바로 대만의 전현직 관계자들의 발언을 의도적으로 은폐하거나 잘못 보도하는 전술이다. 관련 인물의 평판을 더럽히거나 해당 인물이 중국공산당의 특정 정치적 입장을 지지한다고 오도할 목적으로 행해진다. 중국과 홍콩에 기반을 둔 언론사들은 모두 대만의 퇴역장군들, 국가 안보관계자들, 국회의원, 심지어는 연예인들을 상대로 이러한 전술을 구사한다.[47]

더 나아가 중국공산당은 대만의 정보 공간을 친중 정치선전으로 가득 채우기 위해 전형적으로 소셜미디어, 콘텐츠 팜, 봇의 형태로 컴퓨터 선전을 활용한다. 콜은 "컴퓨터 선전 때문에 중국은 대만 국내정치 전장에 진입할 수 있게 됐으며, 다양한 (허위)정보 캠페인은 더 이상 국민당이나 기타 범민주주의 세력에만 국한되지 않는다"고 분석한다. 그는 최근 중국의 허위 정보 유포 노력이 "연금개혁에 반대하는 야당 의원과 시민단체가 행하는 전통적인 방해 공작과 오버랩되기 시작했다"고 주장했다. 이 때 야당 의원들과 시민단체의 방해 공작에는 '연금개혁반대 시위, 대량의 불교사찰 분향과 유령자금 소각에 대한 정부의 규제 계획, 차이잉원 정부의 미래지향적 인프라 개발 프로그램 관련 규제들'이 있다.[48]

　마지막으로, 중국 웹 플랫폼인 위챗이 대만에서 사용되는 것에 주목해야 한다. 페이스북, 트위터, 왓츠앱, 스카이프의 많은 기능을 결합한 위챗은 중국에만 5억 명의 사용자가 있는 중국어권 최대의 뉴스 및 커뮤니케이션 단일 웹플랫폼이다. 중국의 웹기업 텐센트(Tencent)가 소유 및 운영하고 있으며 텐센트는 중국의 국가안보기구와 매우 긴밀히 협력하고 있다고 알려졌다. 따라서 위챗은 중국의 선전기구와 함께 잠재적 반체제 인사들의 통신을 추적하고, 중국공산당과 그 세계관에 불리하다고 여겨지는 콘텐츠, 댓글, 링크들을 검열하기 위해 작동한다. 많은 대만 사람들은 위챗을 사용하고 있다. 때문에 중국의 확장된 안보망이 대만 국경 내에 뻗쳐서 통신검열이 행해질 수 있다.[49] 한 예로, 위챗은 2020년 3월 즈음 500개 이상의 코로나 바이러스 관련 키워드를 블랙리스트에 올린 적이 있다. 이렇게 위챗은 중국의 글로벌 COVID-19 선전캠페인에 협조했고 '특정 이용자들'을 식별할 수 있는 기술력이 있음이 밝혀졌다. "특정 이용자들에 대한 포트폴리오를 만들어 중국공산당의 초국가적 탄압기구에 제공하고 있다"고 추정된다.[50]

　또한 중국공산당은 위챗과 다른 소셜미디어를 통일전선 수단으로 활용해 국내외 중국인들을 동원해 거리시위를 조직한다. 미국 도시에서의 주요 시위 및 캐나다의 캠퍼스 내 표현의 자유에 반대하는 학생 시위 등을 통해 그런 활동이 입증된 바 있다.[51] 물론 위챗이 아직까지는 통일전선과 대만 내 다른 정치공작 작전 협력을 위해 사용되지 않았을 수 있다. 만약 그렇다 하더라도 북미에서 위챗을 활용했던 경험이 이미 있다는 것으로 중국의 대만작전에 소셜미디어 플랫폼이 미친 효과를 입증할 수 있다.

9장
어떻게 대처할 것인가
Conclusions and Recommendations

POLITICAL WARFARE

이 책의 목적은 미국 정부에게 정책 제안을 할 수 있을 정도로 충분히 상세히 중국 정치공작 행태를 검토하기 위한 것이다. 그럼으로써 미국이 그의 우방국과 동맹국에게 가해지는 실존적 위협에 성공적으로 대처할 수 있도록 하는 것이다. 냉전기간 동안 증명되었듯이 미국이 강력함과 지도력을 보여준다면 우방국들과 동맹국들이 미국의 뒤따를 것이다.

  중국 정치공작은 전략, 전술, 기술, 절차에 있어서 가차 없는, 그러면서도 다면적인 공격을 수반한다. 그러나 태국과 대만 두 나라 사례연구가 보여주듯 중국의 공격에 대한 각 정부의 반응은 상당히 다르다. 예를 들어 태국의 집권층은 중국의 영향력 행사에 순응하는 것으로 보이며 공개적으로 이에 맞서거나 그 행태를 폭로하려 하지 않는다. 이런 대응은 태국의 독특한 역사, 지리, 사업적 관계, 중국과 관련한 현 정치상황에 바탕을 두고 있다. 그럼에도 중국의 정치공작은 분명히 자국의 국익보호를 위해 태국의 주권과 그것의 역사적 유연성을 제한할 잠재력이 있다. 반면 대만 정부는 중국의 정치공작이 자신들의 자치적이고 생동하는 민주주의의 지속을 저해하는 실존적 위협이라는 점을 인식하고 있다. 역사적, 정치적, 민족적 이유로 인해 대만에게는 위협 대처에 있어서 외부적 제약과 스스로 부과하는 제약이 있다. 대만이 제한된 작전 공간 안에서 중국의 정치공작에 저항하려고 시도하는 동안 대만은 위협 대응에 대한 포괄적인 접근방식을 개발하지 못했다. 그래서 현재로서는 대만에게는 위협 대응을 위한 일관된 전략적·작전적 프레임워크가 부재하다.

미국에 필수적인 다른 나라들과 지역들은 중국공산당의 정치공작 공격을 받으며 충격적인 무모함을 보여주었다. COVID-19 팬데믹 상황과 관련해서도 주목할 만한 일례가 있다. 유럽연합은 최근 중국의 압력을 받아 대규모 중국 허위 정보 캠페인에 관한 보고서 발간을 지연시키고 내용을 희석시키고 있다. 뿐만 아니라 팬데믹 기간 중 중국이 끔찍한 행동을 자행하고 있음에도 동남아시아 국가들은 이 문제를 자체검열한다.[1]

이상적으로 생각하면 이 책은 중국의 정치공작을 저지하고 대응할 뿐 아니라 중국을 패배시키는 과정에서 미국과 미국을 지지하는 나라들과의 연합전선을 이끄는 데 유용할 것이다. 게다가 정치공작 공격을 받는 나라들은 도움을 받을 수 있다. 중국의 정치공작 캠페인에 직면했을 때 자신들의 취약점, 역량, 전략을 평가하면서 대처할 수 있다. 중국의 정치공작을 억제, 대응, 재패시키기 위해서는 강력하고 선견지명이 있으며 민첩한 리더십이 필요하기 때문에 필자는 다음과 같이 권고한다.

중국 위협의 본질이 정치공작임을 파악하라

중국은 미국을 상대로 전쟁을 벌이고 있다. 그것은 단순한 경쟁이나 악의적 영향이 아니다. 그것은 중국의 표현에 따라 이것은 전쟁이다. 이상적으로 올바른 용어 사용이 매우 중요한데 이는 곧 적절한 국가적 목표, 목적, 정책, 운영으로 이어진다. 미국의 조지 케넌이 냉전기에 성공적이었던 봉쇄와 정치공작대응 전략을 직접적 용어로 설명했던 이유가 바로 이 때문이다. 국가지도자들은 중국이 미국을 상대로 정치공작을 벌이고 있다는 점에 관해 대내외 청중들을 교육해야만 한다. 그리고 이 위협에 왜, 어떻게 대응해야할지 일반적인 용어로 설명해야만 한다.

중국발 정치공작에 대응할 국가전략을 수립하라

입법절차를 거쳐 미국은 국가전략을 지시하고, 미국 국가안전보장회의(NSC) 내부에 존경받는 정치공작 전문가를 임명해야 한다. 그리고 기존의 글로벌관여센터(Global Engagement Center, GEC)보다 더 폭넓은 권위와 미 국무부에 출입하는 외부 권위를 제공하는 방식으로 냉전기 미국 정보국과 같은 전략적 운영기지를 구축해야 한다. 마지막으로 외교, 군사 및 정보기관에서 정치공작 대응 경력을 개발해야 한다.[2] 로스 배비지의 전략예산평가센터 연구에서는 전략 수립을 위한 조치들이 무엇인지 설명하고 있다. 미국은 우선 정치공작에 참전하는 목표를 밝힌 다음 '승리를 위한 이론'과 결론을 발전시켜야 한다. 미국은 또한 주된 목표가 무엇인지 결정해야 한다. 다시 말해서 '권위주의 국가의 정치공작을 중단하고 중국공산당이나 러시아 같은 정권에 더 큰 주의를 주는 것'이 목표인지, 혹은 '이 정권들의 붕괴와 자유민주주의로 그들 정권의 교체를 촉진하는 것'이 목표인지를 결정해야 한다.[3]

정치공작 대응을 위한 국가기구를 재건하라

미국의 행정부와 입법부는 정보 작전과 전략적 소통을 위한 국가의 능력을 냉전기에 개발됐던 능력 범위에 유사한 수준으로 되살려야 한다. 이는 곧 21세기 미 정보국에 맞먹는 기관의 설립을 의미하며, 이상적으로는 NSC의 직접 통제를 받게 될 것이다.

미 정보국에 맞먹는 기관 재설립 과정을 시작하는 입법과 재정허가가 있을 경우, 국가적 노력을 통합하는 지휘·통제 기구는 상설 합동기관 간 태스크포스(Joint Interagency Task Force, JIATF)의 형태가 될 수 있다. 이런 JIATF는 신속하게 운영을 시작할 수 있을 것이고 민간 부문, 시민사회, 법조계, 언론과의 협력 구축을 시작할 것이다.

관련 기관을 재건하기 위해서는 미 국무부, 글로벌관여센터, 기타 각료급 전략소통 및 공보 구조, 방송이사회의 업무를 보다 잘 조율하는 일과 더불어 레이건 행정부 시기 적극적 대책 실무그룹(Active Measures Working Group) 재설립도 필요하다.[4]

중국 정치공작 관련 교육프로그램을 설립하라

특히 미 국무부와 국방부는 고위급 및 중급 전문가들을 위한 다양한 교육과정을 개설해야 한다. 외교, 군, 정보, 상업, 공보, 학술 공동체 내 학생들을 위한 초급 교육과정도 계획해야 한다. 민간 부문 산업과 비정부 기관의 개인들은 이 교육 프로그램에 자발적으로 참여해야겠지만 정부 관계자, 연방 계약자, 미국정부 교육 기관의 학생들에게는 의무적인 것이어야 한다. 마찬가지로 민간 부문과 시민단체는 언론조직과 협력하여 대중 정보 프로그램을 추진해야 한다.

교육 프로그램은 중국이 가장 핵심적으로 표적하고 있는 대상들의 내적 방어체계를 구축하는 것에 중점을 둬야 한다. 구체적으로는 선출직 공무원, 고위 정책입안자, 오피니언 리더, 국가안보 관리자, 기타 정보 파수꾼들을 대상으로 해야 한다. 냉전기에는 이와 유사한 정부·기관·대중 교육 프로그램이 위협 보고서나 대중토론과 함께 성공적으로 도입된 적이 있다.

초기 단계에 중요한 일은 미국 정부의 교육·훈련기관에서 가르치고 있는 중국 정치공작에 대한 내용 분석을 실시하는 것이다. 국방정보학교와 국립외교연수기관과의 면담 결과 이들 학교에는 정치공작을 다루는 교육과정이 없다. 최근 국방대학교, 육군전쟁대학, 미국 해군전쟁대학 졸업생들과의 면담을 통해서도 이런 기관들에서조차 정치공작 위협에 대한 공식 교육이 이뤄지고 있지 않는다는 사실을 알 수 있었다.

중국 정치공작과 관련돼 있다면 교육·훈련기관에서의 초청 강연, 학회, 심포지엄이 평가하는 것도 중요하다. 유명한 중국공산당 당원이나 친중국 성향의 호주 전 총리 같은 연사들이 미 육군사관학교와 해군사관학교 기조연설에 초청됐다는 사실이 당혹스럽다. 교육 기관 지도부는 장래의 군과 외교 엘리트들에게 중국군 및 그들의 정치공작 위협에 대해 무엇을 어떻게 가르치는지 해명해야 한다. 그리고 적대적인 정치공작 작전의 플랫폼으로 자신들의 교육 기관이 이용되는 것을 어떻게 막는지에 대해서도 설명해야 한다.

즉시 이용할 수 있는 대량교육 도구로는 국무부와 국방부의 공보 및 언론 자산이 있다. 냉전기에 행해졌던 것처럼 공보 업무는 오늘

중화인민공화국 건국 70주년 열병식

날 중국 정치공작에 대해 청중들을 교육하고 그러한 작전을 폭로하는 데 활용될 수 있다. 정책적 측면에서 공보기관은 인민해방군보같이 기관 발행 선전물에 대응해야 하며 중국국제우호협회가 퇴역한 미군 장교를 포섭하는 방식의 통일전선 작전을 폭로해야 한다. 정부 간행물에서 정치공작 작전을 계속 다룬다면, 시간이 지남에 따라 사람들은 중국 위협의 본질을 알게 될 것이다.

아시아 정치공작 전담센터 싱크탱크를 설립하라

아시아 정치공작 전담센터(Asian Political Warfare Center of Excellence, APWCE)는 핀란드 소재의 하이브리드 위협 대응을 위한 유럽전담센터(European Centre of Excellence for Countering Hybrid Threats)와 유사한 형태가 될 수 있다. '중국과 기타 정치공작 위협

대응에 있어서 국가 차원의 공통이해를 향상시키고 포괄적이고 통합적인 정부대응을 개발하는 것'이 주 임무가 될 것이다.[5] 일명 APWCE는 정부 전체의 노력이 될 것겠지만 실제로는 국방부, 국무부, 상무부, CIA, FBI, 미국 국제개발처(U.S. Agency for International Development)가 주요 지원부처가 될 것이다.

APWCE는 정치공작 대응전과 공격적 정치공작 능력을 개발하고 동기화하는 데 필요한 지적 기반과 교육을 제공할 것이다. 하지만 그러한 작전을 수행하거나 조정할 권한은 없을 것이다.

APWCE 기능은 다음과 같다.

- 아시아 및 전 세계 우방국들과의 전략적 차원의 대화와 협의를 장려한다.
- 중국이 민주주의 국가를 대상으로 한 정치공작 작전을 조사·검토하고 당사국의 취약점을 파악해 탄력성과 대응력을 향상시킨다.
- 중국 정치공작 위협에 대응하기 위한 실무자들의 개별 역량 및 상호운용력 향상을 위해 맞춤형 훈련을 실시하고 시나리오 훈련을 준비한다.
- 중국 정치공작 수법에 대한 연구·분석을 실시한다.
- 중국과 기타 정치공작 위협에 대한 상황인식 개선을 위해 정부/ 민간 전문가 및 다양한 전문분야의 실무자를 초청해 논의의 장을 마련한다. 대표적으로 실무진, 학자, 정책입안자, 의회 관계자, 기자, 전략가, 작전기획가, 법률 전문가, 선출공무원, 외무/군/정보/법 집행자들을 초청할 수 있다.

마지막으로 APWCE의 교육 커리큘럼은 다양하고 광범위하게 구성될 수 있다. 그러나 미국은 이 영역에서는 중국에 한참 뒤쳐져 있기 때문에 짧은 입문과정이 즉시 마련되어야 한다.

중국 정치공작 활동을
조사하고, 방해하고, 기소하라

미 국무부, 국방부, 법무부, FBI, 정보 공동체는 모두 중국 정치공작 대응에 중요한 역할을 한다. 피터 매티스 장관이 2018년 의회 증언에서 밝혔듯이, 과거 미국이 정치공작 대응과 간첩기소에 실패했던 일을 근거로 중국 정치공작에 적용되는 기존의 법과 입법, 정책을 재검토해 임무와 행동강령 그리고 성공평가를 분명하게 하는 것이 급선무이다.[6]

중국 정치공작 활동을
감시, 추적, 공개해라

중국 정치공작 대응문제는 정부 내 자원경쟁에서 우선순위에 오르지 못했다는 사실은 분명하다. 매티스가 강조했듯 '행정부는 중국 첩보행위를 기소에 실패했거나 관련 수사를 허술하게 했다.' 그리고 이 첩보행위는 정치공작이나 다른 영향력 작전보다 더 쉽게 기소하기에 더 노골적인 것이었다.[7] 정치공작 대응을 하기 위한 정보공동체(Intelligence Community, IC)와 법무부 직원들은 방첩활동을 하는 사람들일 가능성이 높으며 그들이 성공하기 위해서는 더 나은 분석, 조사, 법률 훈련이 필요하다.

중국 정치공작 작전을
정기적으로 공개적으로 논하라

입법 및/또는 행정명령을 통해 미국은 NSC가 주도하는 대미 정치공작에 대한 연례 공개보고서를 의무화해야 한다. 이런 연례 보고서는 레이건 행정부가 소련의 적극적인 조치에 대해 발행했던 연례 보고서와 유사한 형태여야 한다. 대신 중국 버전은 중국의 통일전선 간섭과 영향력 작전에 초점이 맞춰져야 한다. 연례 보고서는 일반 시민들에게 정치공작 위협을 인식하고 피하기 위한 실질적인 조언을 담아야 할 것이다. 매티스에 따르면 중국공산당 활동에 대한 연례 보고서로 인해 "정부 기관들은 문제를 논의하고 대중들을 위해 어떤 정보가 공개되어야 하는지 결정을 내리기 위해 협력하게 될 것이다. 또한 상호대화가 부족할 수도 있는 미국 정부 이질적인 부처들에 관한 인식을 높이고 그들을 소집하는 등 유익한 효과를 가져올 것이다. 정부 내부 독자들을 위해 기밀부록이 따로 제공될 수도 있다."[8] 이 연례 보고서는 정기적으로 배포되어 지역별, 그리고 유엔 및 언론사와 같은 기관을 상대로 한 중국 정치공작 관련 보고서로 확대될 수도 있다.

허드슨 연구소가 시사했듯, 중국의 정치공작에 대한 대중홍보를 작전화하는 한 가지 방법은 미국 행정부처가 학회, 언론인, 싱크탱크, 기타 단체들과 협력하여 정치공작에 대해 세밀히 보여주고 국가안보를 해치지 않은 선에서 공개 가능한 내용을 공개하는 것이다. 이를 위한 한 가지 접근방식은 중국 정치공작의 전선, 집행자, 공작원을 노출시키고 책임을 물을 수 있는 '통일전선 추적기'를 설계하는 것이다. 예를 들어, 이 추적기를 통해 중국의 선전을 따르는 대학과 학술기관에서 미국 시민이 후원하는 회의가 열리는 경우처럼 통일전선 활동에 관여하는 여러 집단들을 밝힐 수 있을 것이다. 미국은 지속적으로 정치공작 작전을 폭로함으로써 자국민들에게 그 위협과 대처방법을 널리 알릴 수 있다. 또한 추적기를 통해 공개적으로 통일전선과 정치공작 작전을 수치스럽게 할 목적으로 사용될 수도 있다.

다음으로는 외국 검열 및 뉴스매체 영향력 작전 관여자들을 공개하는 방식이 있을 수 있다. 대부분의 미국인은 중국계열의 언론조직이 중국공산당의 선전기관으로 활동한다는 점을 모를 수 있다. 뿐만 아니라 그런 매체의 보도가 상업 언론조직의 독립적인 보도와는 다르게 당의 선전/홍보부의 지시 하에 수행된다는 점을 알지 못할 가능성이 높다. 중국 대신 중국로비를 하는 비즈니스 단체, 광고, 법무법인, 중국 정치공작을 지원하는 학계 및 대학 목록을 대중적으로 알리는 일이 중요하다.

중국공산당 간섭의 비용을 높여라

미국 정부는 너무나도 자주 사법당국자들을 무시했다. 그리고 불법적인 중국의 정보활동을 묵인함으로써 중국 발 범죄대응에 너무 취약했다. 심지어 미국 내에서 벌어진 일들인데도 말이다. 예를 들어, 2017년 5월 뉴욕시에서 발생했던 사건을 생각해보자. FBI는 불법임무를 수행하던 중국 국가안보부 고위급 관계자와 정보요원들을 체포하려 했지만 국무부에 의해 체포가 저지됐었다. 매티스는 '중국이 미국에서 내정간섭을 해도 별일이 벌어지지 않는다'고 지적했다. 미국에서 중국 정치공작의 비용을 높여야 하는 시기는 이미 한참 지났다. 중국 대사관 및 영사관 관계자들이 홍콩시위 반대집회를 선동하고 호놀룰루에서 대만 총통의 사퇴를 방해하고자 대학을 방문해 '학생들을 위협하고 집회에 강제로 참여시킬' 때, 미국 정부는 '그들의 외교적 지위를 취소할 수 있고 여행제한을 부과할 수 있다.'[9]

시민권을 위협한 중국인들에 대한 법적 조치를 취하라

표면적으로 중국학생학자협회(CSSA)는 학생지원 협회이다. 그러나 이 협회의 주요 임무는 학계를 통해 민주주의 제도를 전복시키고 중국인 유학생뿐만 아니라 외국과 해외학계를 상대로 첩보 활동을 벌이는 것이다. 그 와중에 공자학원은 다양한 형태의 검열, 강압, 중국 출신 학생/학자들에 대한 감시를 한다. 이에 대응하기 위해 매티스는 '권리에 대한 음모(Conspiracy Against Rights)'(미국 법전, Title 18, Section 241)와 같은 민권법안을 활용할 것을 제안한다. '미국에 있는 중국인들(또는 다른 사람들)을 위협, 강압, 협박하는' CSSA나 공자학원, 기타 통일전선, 위장한 중국공산당 정보원 안보부 직원들을 대상으로 법적 조치가 취해질 수 있다. 특히 민법 조항은 '미국 헌법이나 법률에 의해 보장된 권리나 특권을 자유롭게 행사하거나 향유할 때 두 명 이상의 사람이 주, 준주, 영연방, 사유지, 또는 특별구의 모든 사람을 침해, 억압, 위협, 위협하는 음모를 꾸미는 행위를 불법으로 규정한다.'[10]

중국 정치공작 대응에 관한 학술연구를 장려하라

미국 정부는 이러한 실존적 도전과제를 억제 및/또는 격퇴하는 방법에 대한 연구를 지원해야 한다. 그리고 관련 분야의 학생들에게 지원금을 제공해야 하며 그 공로를 인정하고 시상해야 한다.

중국 언론의 공격적 힘을 약화시킬 법안을 통과시켜라

민주주의 국가에서 언론의 자유는 보호되어야 한다. 중국과 같은 전체주의 국가들이 민주주의 국가의 뉴스매체를 지배하도록 허용하는 것은 자멸의 길이다. 폭로를 하고 대중적 수치심을 불러일으키는 방법과 함께 입법화는 중국이 언론매체에 침투해 초래할 수 있는 피해를 줄이는 데 도움이 될 것이다.

처음에는 뉴스미디어, 소셜미디어, 엔터테인먼트 부문에 관한 상호주의를 요구하는 법안으로 간단히 시작될 수 있다. 미국 시민이 중국에서 참여할 수 없는 뉴스미디어, 기업, 교육 또는 엔터테인먼트 활동이 있다면 중국과 제휴한 그 어떤 단체나 개인도 미국에서는 그런 활동들을 구매하거나 참여하도록 허용되어서는 안 된다는 내용의 법안이 통과돼야 한다. 여기에는 미국 시민들이 간섭받지 않고 중국 내 활동에 참여할 수 있어야 한다는 요건이 내포되어 있다. 이는 언론의 자유를 가능케 하고 검열을 없애고 기업의 비즈니스 이익을 직접적으로 위협하는 행위나 개별 언론인과 그들 가족을 물리적으로 괴롭히는 행위 통해 탄압하던 행위를 없앨 것이다. 또한 중국 선전매체에 대항하는 출판물(중국어), 소셜미디어, 방송 지원, 장려하는 법률도 통과되어야 한다. 마지막으로 미국 정부 관계자와 시민단체들은 중국 정치공작 이야기를 수용하는 미국 언론과 맞서야 한다.

주석

들어가는 말

1. BGen Robert Spalding, USAF (Ret), *Stealth War: How China Took Over while America's Elite Slept* (New York: Portfolio/Penguin, 2019), 1–4, 72.
2. Grant Newsham, 'Chinese Psyops against America: One Hell of a Success,' *And Magazine*, 1 December 2019
3. Ely Ratner, 'The State Department Is Tilting Dangerously toward China,' *Foreign Policy*, 24 August 2017.
4. Koji Sonoda, 'Ex-diplomat: U.S. Must 'Figure out a Way to Work with China',' *Asahi Shimubn* (Osaka, Japan), 6 November 2018.
5. Natalie Johnson, 'CIA Warns of Extensive Chinese Operation to Infiltrate American Institutions,' *Washington Free Beacon*, 7 March 2018.
6. Bill Gertz, 'Controversial State Department Nominee in Trouble,' *Washington Free Beacon*, 15 May 2018.
7. 저자의 미 국무부 고위급 인사 인터뷰 내용 참조 (2016년 12월 30일, 태국 방콕).
8. Ben Blanchard, 'U.S. Plays down Tension with China, Upbeat on Military Exchanges,' *Reuters* (London), 22 February 2014.
9. James E. Fanell and Kerry K. Gershaneck, 'White Warships and Little Blue Men: The Looming 'Short, Sharp War' in the East China Sea over the Senkakus,' *Marine Corps University Journal* 8, no. 2 (Fall 2017): 67–98.
10. Paul D. Shinkman, 'Chinese Army No Longer a Threat, Top U.S. General Says,' *U.S. News & World Report*, 14 May 2013; Shirley A. Kan, *U.S.-China Military Contacts: Issues for Congress* (Washington, DC: Congressional Research Service, 2014), 33–34.
11. Erik Slavin, 'What Happens When a Navy Officer Gets Real on China?,' *Stars and Stripes*, 24 February 2014; David B. Larter, 'Senior Intel Officer Removed after Controversial Comments on China,' *Navy Times*, 10 November 2014.
12. Michael Dhunjishah, 'Countering Propaganda and Disinformation: Bring

Back the Active Measures Working Group?,' *War Room,* 7 July 2017.
13 Linda Robinson et al., *Modern Political Warfare: Current Practices and Possible Responses* (Santa Monica, CA: Rand, 2018).
14 Spalding, *Stealth War*, 3.
15 Spalding, *Stealth War*, 3.

1장. 중국의 보이지 않는 전쟁

1 Steven W. Mosher, *Hegemon: China's Plan to Dominate Asia and the World* (San Francisco, CA: Encounter Books, 2000), 1-2.
2 Mosher, *Hegemon*, 3; Xi Jingping, 'Full Text of Xi Jinping's Report at 19th CPC National Congress,' *China Daily* (Beijing), 4 November 2017; Bill Birtles, 'China's President Xi Jinping Is Pushing a Marxist Revival—but How Communist Is It Really?,' *Australian Broadcasting Corporation,* 3 May 2018.
3 Col Qiao Liang and Col Wang Xiangsui, *Unrestricted Warfare: Assumptions on War and Tactics in the Age of Globalization* (Beijing: PLA Literature and Arts Publishing House, 1999).
4 Michael P. Pillsbury, *The Hundred-Year Marathon: China' Secret Strategy to Replace America as the Global Superpower* (New York: Henry Holt, 2015), 16; *China's National Defense* (Beijing: State Council of the People's Republic of China, 1998).
5 2018년 제115차 미 하원정보위원회 회의에 앞서 열린 '중국의 세계 군사력 팽창에 관한 청문회(Hearing on China's Worldwide Military Expansion)'에서 제임스 파넬(James E. Fanell) 대령의 증언 참조. 이하 파넬 증언.
6 Fred McMahon, 'China—World Freedom's Greatest Threat,' *Fraser Institute,* 10 May 2019.
7 Eleanor Albert, Beina Xu, and Lindsay Maizland, 'The Chinese Communist Party,' Council on *Foreign Relations,* 27 September 2019.
8 Jonas Parello-Plesner and Belinda Li, *The Chinese Communist Party' Foreign Interference Operations: How the U.S. and Other Democracies Should Respond* (Washington, DC: Hudson Institute, 2018); Tara Copp and Aaron Mehta, 'New Defense Intelligence Assessment Warns China Nears Critical Military Milestone,' *Defense News,* 15 January 2019; 및 저자가 2018년에 국방대학교 푸싱강 대학 정치공작 고위급 장교들과 토론한 내용 참조.
9 파넬 증언; Nick Danby, 'China's Navy Looms Larger,' *Harvard Political*

Review, 5 October 2019; Liu Zhen, 'China's Latest Display of Military Might Suggests Its 'Nuclear Triad' Is Complete,' *South China Morning Post* (Hong Kong), 2 October 2019.

10 2018년 제115회 하원 군사위원회 회의에 앞서 열린 '중국과의 전략경쟁 청문회(Strategic Competition with China)'에서 외교관계위원회(Council on Foreign Relations, CFR) 모리스 그린버그 중국학 선임연구원인 엘리 라트너(Ely Ratner)의 증언 참조. 이하 라트너 증언.

11 'Up to One Million Detained in China's Mass 'Re-Education' Drive,' *Amnesty International*, 24 September 2018.

12 'China's Repressive Reach Is Growing,' *Washington Post*, 27 September 2019.

13 Arifa Akbar, 'Mao's Great Leap Forward 'Killed 45 Million in Four Years',' *Independent* (London), 17 September 2010; Ian Buruma, 'The Tenacity of Chinese Communism,' *New York Times*, 28 September 2019; Ian Johnson, 'Who Killed More: Hitler, Stalin, or Mao?,' *New York Review of Books*, 5 February 2018.

14 Matthew P. Robertson, 'Examining China's Organ Transplantation System: The Nexus of Security, Medicine, and Predation, Part 2: Evidence for the Harvesting of Organs from Prisoners of Conscience,' Jamestown Foundation, China Brief 20, no. 9, 15 May 2020.

15 Johnson, 'Who Killed More: Hitler, Stalin, or Mao?'

16 Laurence Brahm, 'Nothing Will Stop China's Progress,' *China Daily* (Beijing), 2 October 2019.

17 Li Yuan, 'China Masters Political Propaganda for the Instagram Age,' *New York Times*, 5 October 2019.

18 Liu Chen, 'U.S. Should Stop Posing as a 'Savior',' *PLA Daily* (Beijing), 27 September 2019; Amy King, 'Hurting the Feelings of the Chinese People,' *Sources and Methods* (blog), Wilson Center, 15 February 2017; Xinhua, 'China Slams the Use of Bringing up Human Rights Issues with Political Motives as 'Immoral',' *Global Times* (Beijing), December 2018; Ben Blanchard, 'China's Top Paper Says Australian Media Reports Are Racist,' Reuters (London), 10 December 2017.

19 Donald J. Trump, 'United States Strategic Approach to the People's Republic of China,' White House, 20 May 2020.

20 'The Day the NBA Fluttered before China,' *Washington Post*, 7 October

2019; Amy Qin and Julie Creswell, 'China Is a Minefield, and Foreign Firms Keep Hitting New Tripwires,' *New York Times,* 8 October 2019.

21 Ross Babbage, *Winning Without Fighting: Chinese and Russian Political Warfare Campaigns and How the West Can Prevail,* vol. I (Washington, DC: Center for Strategic and Budgetary Assessments, 2019), 36.

22 'Global Brands Better Stay Away from Politics,' *Global Times* (Beijing), 7 October 2019.

23 Yang Han and Wen Zongduo, 'Belt and Road Reaches out to the World,' *China Daily* (Beijing), 30 September 2019.

24 2019년 미 상원의 동아시아, 태평양, 및 국제사이버정책 소위원회(외교위원회 소속)의 제116회 회의에 앞서 열린 '미국의 인도태평양 정책에 관한 청문회: 홍콩, 동맹, 파트너십 및 기타 쟁점들'에서 미 국무부 동아시아태평양 담당 차관보인 데이비드 스틸웰(David R. Stilwell)의 증언 참조. 이하 스틸웰 증언.

25 Michael J. Pence, 'Remarks by Vice President Pence on the Administration's Policy toward China' (2018년 10월 4일, 허드슨 연구소 연설).

26 BGen Robert Spalding, USAF (Ret), *Stealth War: How China Took Over while America' Elite Slept* (New York: Portfolio/Penguin, 2019), 162–63.

27 라트너 증언.

28 Trump, 'United States Strategic Approach to the People's Republic of China.'

29 John Garnaut, 'Australia's China Reset,' *Monthly* (Victoria, Australia), August 2018; Didi Kirsten Tatlow, 'Mapping China-in-Germany,' *Sinopsis* (Prague), 2 October 2019; Austin Doehler, 'How China Challenges the EU in the Western Balkans,' *Diplomat,* 25 September 2019; Grant Newsham, 'China 'Political Warfare' Targets U.S.- Affiliated Pacific Islands,' *Asia Times* (Hong Kong), 5 August 2019; Derek Grossman et al., *America's Pacific Island Allies: The Freely Associated States and Chinese Influence* (Santa Monica, CA: Rand, 2019); C. Todd Lopez, 'Southcom Commander: Foreign Powers Pose Security Concerns,' U.S. Southern Command, 6 October 2019; Heather A. Conley, 'The Arctic Spring: Washington Is Sleeping through Changes at the Top of the World,' *Foreign Affairs,* 24 September 2019; Andrew McCormick, ''Even If You Don't Think You Have a Relationship with China, China Has a Big Relationship with You',' *Columbia Journalism Review,* 20 June 2019.

30 Tom Blackwell, 'How China Uses Shadowy United Front as 'Magic Weapon' to Try to Extend Its Influence in Canada,' *National Post* (Toronto), 28 January 2019; and Alexander Bowe, *China's Overseas United Front Work: Background and Implications for the United States* (Washington, DC: U.S.-China Economic and Security Review Commission, 2018).
31 'World against the CCP: China Became the Target at the World Health Assembly,' Chinascope, 21 May 2020.
32 Garnaut, 'Australia's China Reset.'
33 Bihahari Kausikan, 'An Expose of How States Manipulate Other Countries' Citizens,' *Straits Times* (Singapore), 1 July 2018.
34 Juan Pablo Cardenal et al., *Sharp Power: Rising Authoritarian Influence* (Washington, DC: National Endowment for Democracy, 2017).
35 저자가 미 국무부 고위급 인사와 2016년 12월 30일 태국 방콕에서 행한 인터뷰 및 이후 2018-20년 사이 여러 장소에서 행한 인터뷰 내용 참조.
36 Max Boot and Michael Scott Doran, 'Political Warfare,' Council on Foreign Relations, 28 June 2013

2장. 정치공작이란 무엇인가

1 Kerry K. Gershaneck, 'Taiwan's Future Depends on the Japan-America Security Alliance,' *National Interest*, 7 June 2018.
2 J. Y. Smith, 'George F. Kennan, 1904-005: Outsider Forged Cold War Strategy,' *Washington Post*, 18 March 2005.
3 George F. Kennan, 'The Inauguration of Organized Political Warfare,' Office of the Historian of the State Department, 4 May 1948.
4 Kennan, 'The Inauguration of Organized Political Warfare.'
5 Mark Stokes and Russell Hsiao, *The People's Liberation Army General Political Department: Political Warfare with Chinese Characteristics* (Arlington, VA: Project 2049 Institute, 2013), 3, 5-6.
6 Col Qiao Liang and Col Wang Xiangsui, *Unrestricted Warfare: Assumptions on War and Tactics in the Age of Globalization* (Beijing: PLA Literature and Arts Publishing House, 1999), 6-7.
7 Michael P. Pillsbury, *The Hundred-Year Marathon: China's Secret Strategy to Replace America as the Global Superpower* (New York: Henry Holt, 2015), 116.
8 Pillsbury, *The Hundred-Year Marathon*, 116-17, 138.
9 Elsa B. Kania, 'The PLA's Latest Strategic Thinking on the Three

Warfares,' Jamestown Foundation, China Brief 16, no. 13, 22 August 2016.

10 Stefan A. Halper, *China: The Three Warfares* (Washington, DC: Office of the Secretary of Defense, 2013), 11.
11 Kania, 'The PLA's Latest Strategic Thinking on the Three Warfares.'
12 Kania, 'The PLA's Latest Strategic Thinking on the Three Warfares.'
13 Halper, *China: The Three Warfares*, 12-13.
14 Kania, 'The PLA's Latest Strategic Thinking on the Three Warfares.'
15 Halper, China: The Three Warfares, 12-13.
16 Ross Babbage, *Winning Without Fighting: Chinese and Russian Political Warfare Campaigns and How the West Can Prevail*, vol. I (Washington, DC: Center for Strategic and Budgetary Assessments, 2019), 35-36.
17 Michael J. Pence, 'Remarks by Vice President Pence on the Administration's Policy toward China' (2018년 10월 4일, 허드슨 연구소 연설).
18 Babbage, *Winning Without Fighting*, vol. I, 36.
19 *Psychological Operations,* 합동발간물 3-13.2호 (Washington, DC: Joint Chiefs of Staff, 2010), GL-8.
20 Halper, China: *The Three Warfares*, 12.
21 Kania, 'The PLA's Latest Strategic Thinking on the Three Warfares.'
22 2018년 5월 1일, 태국 방콕에서 카싯(Kasit Piromya)과 인터뷰한 내용 참조. 이하 카싯 인터뷰.
23 Kania, 'The PLA's Latest Strategic Thinking on the Three Warfares.'
24 Halper, *China: The Three Warfares*, 13.
25 Kania, 'The PLA's Latest Strategic Thinking on the Three Warfares.'
26 Halper, *China: The Three Warfares*, 13.
27 Ross Babbage, *Winning Without Fighting: Chinese and Russian Political Warfare Campaigns and How the West Can Prevail*, vol. II (Washington, DC: Center for Strategic and Budgetary Assessments, 2019), 17-25; Kerry K. Gershaneck,'Faux Pacifists' Imperil Japan while Empowering China,' *Asia Times* (Hong Kong), 10 June 2018.
28 Babbage, *Winning Without Fighting*, vol. I, 30-31.
29 태국 내 태국/외국 학자들과의 논의(2013-18), 대만 국방대 푸싱강 대학의 고위급 정치공작 장교들과의 논의(2018), 미 국무부 고위급 인사 인터뷰 내용 참조 (2016년 12월 30일, 태국 방콕)

30 카싯 인터뷰 및 Perry Link, 'China: The Anaconda in the Chandelier,' *New York Review of Books*, 11 April 2002 참조.
31 Jonas Parello-Plesner and Belinda Li, *The Chinese Communist Party' Foreign Interference Operations: How the U.S. and Other Democracies Should Respond* (Washington, DC: Hudson Institute, 2018), 8-9.
32 Parello-Plesner and Li, *The Chinese Communist Party' Foreign Interference Operations*, 8.
33 Anne-Marie Brady, 'Exploit Every Rift: United Front Work Goes Global,' in David Gitter et al., *Party Watch Annual Report*, 2018 (Washington, DC: Center for Advanced China Research, 2018), 34-40.
34 Simon Denyer, 'Command and Control: China's Communist Party Extends Reach into Foreign Companies,' *Washington Post*, 28 January 2018.
35 Bridget Johnson, 'DOJ Asked to Probe China's Use of INTERPOL Notices to Persecute Dissidents,' PJ Media, 30 April 2018.
36 Kerry K. Gershaneck, 'WHO Is the Latest Victim in Beijing's War on Taiwan,' *Nation* (Thailand), 22 May 2018.
37 Greg Rushford, 'How China Tamed the Green Watchdogs: Too Many Environmental Organizations Are Betraying Their Ideals for the Love of the Yuan,' *Wall Street Journal*, 29 May 2017.
38 Michael K. Cohen, 'Greenpeace Working to Close Rare Earth Processing Facility in Malaysia: The World's Only Major REE Processing Facility in Competition with China,' *Journal of Political Risk* 7, no. 10 (October 2019).
39 Stokes and Hsiao, *The People's Liberation Army General Political Department*, 14-15.
40 Stokes and Hsiao, *The People's Liberation Army General Political Department*, 14.
41 Stokes and Hsiao, *The People's Liberation Army General Political Department*, 14-15.
42 Stokes and Hsiao, *The People's Liberation Army General Political Department*, 15-16.
43 Stokes and Hsiao, *The People's Liberation Army General Political Department*, 16.
44 Eric X. Li, 'The Rise and Fall of Soft Power: Joseph Nye's Concept Lost Relevance, but China Could Bring It Back,' *Foreign Policy*, 20 August 2018.
45 Joseph S. Nye Jr., 'Get Smart: Combining Hard and Soft Power,' *Foreign Affairs* 88, no. 4 (July/August 2009): 160-63.

46 Juan Pablo Cardenal et al., *Sharp Power: Rising Authoritarian Influence* (Washington, DC: National Endowment for Democracy, 2017), 6.

47 Cardenal et al., *Sharp Power*, 6, 13.

48 Cardenal et al., *Sharp Power*, 13.

49 Chris Kremidas-Courtney, 'Hybrid Warfare: The Comprehensive Approach in the Offense,' *Strategy International*, 13 February 2019.

50 Kremidas-Courtney, 'Hybrid Warfare.'

51 Kremidas-Courtney, 'Hybrid Warfare.'

52 Conor M. Kennedy and Andrew S. Erickson, *China Maritime Report No. 1: China' Third Sea Force, the People's Armed Forces Maritime Militia: Tethered to the PLA* (Newport, RI: U.S. Naval War College, 2017); James E. Fanell and Kerry K. Gershaneck, 'White Warships and Little Blue Men: The Looming 'Short, Sharp War' in the East China Sea over the Senkakus,' *Marine Corps University Journal* 8, no. 2 (Fall 2017): 67–98.

53 Anthony Davis, 'China's Loose Arms Still Fuel Myanmar's Civil Wars,' *Asia Times* (Hong Kong), 28 January 2020; Bertil Lintner, 'A Chinese War in Myanmar,' *Asia Times* (Hong Kong), 5 April 2017; Keoni Everington, 'China's 'Troll Factory' Targeting Taiwan with Disinformation Prior to Election,' *Taiwan News* (Taipei), 5 November 2018.

54 'Dictionary: Fascism,' *Merriam-Webster*, 접속일: 7 October 2019.

55 'Dictionary: Totalitarianism,' *Merriam-Webster*, 접속일: 7 October 2019.

56 Xi Jingping, 'Full Text of Xi Jinping's Report at 19th CPC National Congress,' *China Daily* (Beijing), 4 November 2017; *Zheng Wang, Never Forget National Humiliation: Historical Memory in Chinese Politics and Foreign Relations* (New York: Columbia University Press, 2012).

57 Teng Biao, 'Has Xi Jinping Changed China? Not Really,' ChinaFile, 16 April 2018.

58 Stein Ringen, 'Totalitarianism: A Letter to Fellow China Analysts,' *ThatsDemocracy* (blog), 19 September 2018.

59 Ringen, 'Totalitarianism.'

60 Ringen, 'Totalitarianism.'

61 Tom Ciccotta, 'Multiple Universities Refuse to Cooperate with Federal Investigations into Ties to China,' Breitbart, 21 May 2020.

62 Parello-Plesner and Li, *The Chinese Communist Party' Foreign Interference Operations,* 35.

63 Ciccotta, 'Multiple Universities Refuse to Cooperate with Federal Investiga- tions into Ties to China.'
64 Burton Watson 역, *The Analects of Confucius* (New York: Columbia University Press, 2007).

3장. 중국 정치공작의 역사 되짚어보기

1 Sun Tzu, *The Complete Art of War*, Ralph D. Sawyer 역 (Boulder, CO: Westview Press, 1996).
2 Michael P. Pillsbury, *The Hundred-Year Marathon: China"s Secret Strategy to Replace America as the Global Superpower* (New York: Henry Holt, 2015), 31–51.
3 Pillsbury, *The Hundred-Year Marathon*, 35–36.
4 Thomas G. Mahnken, Ross Babbage, and Toshi Yoshihara, *Countering Comprehensive Coercion: Competitive Strategies against Authoritarian Political Warfare* (Washington, DC: Center for Strategic and Budgetary Assessments, 2018), 25.
5 Yi-Zheng Lian, 'China Has a Vast Influence Machine, and You Don't Even Know It,' *New York Times*, 21 May 2018
6 Steven W. Mosher, *Hegemon: China' Plan to Dominate Asia and the World* (San Francisco, CA: Encounter Books, 2000), 21.
7 Mosher, *Hegemon*, 20–25.
8 Pillsbury, *The Hundred-Year Marathon*, 28–29 및 Thomas G. Mahnken, *Strategy & Stratagem: Understanding Chinese Strategic Culture* (Sydney, Australia: Lowy Institute for International Policy, 2011), 3, 18, 24–26.
9 Steven W. Mosher, *Bully of Asia: Why China's Dream Is the New Threat to World Order* (Washington, DC: Regnery Publishing, 2017), 10.
10 Mosher, *Hegemon*, 2–5; Mohan Malik, 'Historical Fiction: China's South China Sea Claims,' *World Affairs* 176, no. 1 (May/June 2013): 83–90.
11 Mahnken, Babbage, Yoshihara, *Countering Comprehensive Coercion*, 25.
12 Mark Stokes and Russell Hsiao, *The People's Liberation Army General Political Department: Political Warfare with Chinese Characteristics* (Arlington, VA: Project 2049 Institute, 2013), 6–7.
13 Mahnken, Babbage, and Yoshihara, *Countering Comprehensive Coercion*, 26.
14 Mao Zedong, *Selected Works of Mao Tse-Tung* (Beijing: Foreign Language Press, 1965), 104.

15 Stokes and Hsiao, *The People's Liberation Army General Political Department*, 3.
16 Peter Mattis, 'An American Lens on China's Interference and Influence-Building Abroad,' *Open Forum*, Asan Forum, 30 April 2018.
17 Lyman P. Van Slyke, *Enemies and Friends: The United Front in Chinese Communist History* (Stanford, CA: Stanford University Press, 1967), 3.
18 2018년 하원 군사위원회 제115회 회의에 앞서 열린 '중국과의 전략경쟁 청문회(Hearing on Strategic Competition with China)'에서 프린스턴 대학교 우드로 윌슨 쿨의 정치국제문제학 교수 애런 프리드버그(Aaron L. Friedberg)의 증언 참조. 이하 프리드버그 증언.
19 Stokes and Hsiao, *The People's Liberation Army General Political Department*, 6-7.
20 Alexander Bowe, *China' Overseas United Front Work: Background and Implications for the United States* (Washington, DC: U.S.-China Economic and Security Review Commission, 2018); Van Slyke, *Enemies and Friends*, 3.
21 Stokes and Hsiao, *The People's Liberation Army General Political Department*, 6.
22 Robert Taber, *The War of the Flea: A Study of Guerrilla Warfare Theory and Practice* (New York: Citadel Press, 1965), 32-33.
23 Joshua Kurlantzick, *Charm Offensive: How China's Soft Power Is Transforming the World* (New Haven, CT: Yale University Press, 2008), 1-15.
24 Bertil Lintner, 'A Chinese War in Myanmar,' *Asia Times* (Hong Kong), 5 April 2017.
25 Kurlantzick, *Charm Offensive*, 16-20.
26 Kurlantzick, *Charm Offensive*, 25-48.
27 Kurlantzick, *Charm Offensive*, 43-44.
28 Kurlantzick, *Charm Offensive*, 43, 51-52.
29 Thomas Lum et al., *Comparing Global Influence: China's and U.S. Diplomacy, Foreign Aid, Trade, and Investment in the Developing World* (Washington, DC: Congressional Research Service, 2008).
30 프리드버그 증언.
31 프리드버그 증언.
32 Russell Hsiao, 'CCP Propaganda against Taiwan Enters the Social Age,' Jamestown Foundation, China Brief 18, no. 7, 24 April 2018.
33 Keoni Everington, 'China's 'Troll Factory' Targeting Taiwan with Disinformation Prior to Election,' *Taiwan News* (Taipei), 5 November

2018.
34 John Costello and Joe McReynolds, *China's Strategic Support Force: A Force for a New Era* (Washington, DC: National Defense University Press, 2018), 1-2.
35 Costello and McReynolds, *China's Strategic Support Force*, 2.
36 Costello and McReynolds, *China's Strategic Support Force*, 45.
37 Rachael Burton and Mark Stokes, 'The People's Liberation Army Theater Command Leadership: The Eastern Theater Command,' Project 2049 Institute, 13 August 2018.
38 Gerry Groot, 'The Rise and Rise of the United Front Work Department under Xi,' Jamestown Foundation, China Brief 18, no. 7, 24 April 2018.
39 2018년 제115차 미 하원정보위원회 회의에 앞서 열린 '중국의 세계 군사력 팽창에 관한 청문회(Hearing on China's Worldwide Military Expansion)'에서 제임스 파넬(James E. Fanell) 대령의 증언 참조. 이하 파넬 증언.
40 Anne-Marie Brady, 'Exploit Every Rift: United Front Work Goes Global,' in David Gitter et al., *Party Watch Annual Report, 2018* (Washington, DC: Center for Advanced China Research, 2018), 35.
41 Brady, 'Exploit Every Rift,' 36.
42 Brady, 'Exploit Every Rift,' 36.
43 Jonas Parello-Plesner and Belinda Li, *The Chinese Communist Party's Foreign Interference Operations: How the U.S. and Other Democracies Should Respond* (Washington, DC: Hudson Institute, 2018), 16.
44 Julie Makinen, 'Chinese Social Media Platform Plays a Role in U.S. Rallies for NYPD Officer,' *Los Angeles (CA) Times*, 24 February 2016.
45 파넬 증언.
46 Brady, 'Exploit Every Rift,' 34.
47 Nadège Rolland, 'China's Counteroffensive in the War of Ideas,' *Real Clear Defense*, 24 February 2020.
48 Brady, 'Exploit Every Rift,' 39.

4장. 중국이 정치공작을 수행하는 법

1 Ross Babbage, *Winning Without Fighting: Chinese and Russian Political Warfare Campaigns and How the West Can Prevail*, vol. I (Washington, DC: Center for Strategic and Budgetary Assessments, 2019), 24.
2 Babbage, *Winning Without Fighting*, vol. I, 24.

3 Babbage, *Winning Without Fighting*, vol. I, 24.
4 Babbage, *Winning Without Fighting*, vol. I, 25.
5 2018년 하원 군사위원회 제115차 회의에 앞서 열린 '중국과의 전략경쟁 청문회 (Hearing on Strategic Competition with China)'에서 프린스턴 대학교 우드로 윌슨 쿨의 정치국제문제학 교수 애런 프리드버그(Aaron L. Friedberg)의 증언 참조. 이하 프리드버그 증언.
6 Babbage, *Winning Without Fighting*, vol. I, 25.
7 Jonas Parello-Plesner and Belinda Li, *The Chinese Communist Party"s Foreign Interference Operations: How the U.S. and Other Democracies Should Respond* (Washington, DC: Hudson Institute, 2018), 3-4..
8 Mark Stokes and Russell Hsiao, *The People's Liberation Army General Political Department: Political Warfare with Chinese Characteristics* (Arlington, VA: Project 2049 Institute, 2013), 41.
9 Chris Buckley and Chris Horton, 'Xi Jinping Warns Taiwan that Unification Is the Goal and Force Is an Option,' New York Times, 1 January 2019.
10 프리드버그 testimony.
11 프리드버그 testimony.
12 Thomas G. Mahnken, Ross Babbage, and Toshi Yoshihara, *Countering Comprehensive Coercion: Competitive Strategies against Authoritarian Political Warfare* (Washington, DC: Center for Strategic and Budgetary Assessments, 2018), 54-57.
13 David Shambaugh, 'China's Soft-Power Push: The Search for Respect,' *Foreign Affairs* 94, no. 4 (July/August 2015): 99-107.
14 Anne-Marie Brady, 'Exploit Every Rift: United Front Work Goes Global,' in David Gitter et al., *Party Watch Annual Report, 2018* (Washington, DC: Center for Advanced China Research, 2018), 36.
15 Thomas Lum et al., *China and the U.S.: Comparing Global Influence* (Hauppauge, NY: Nova Science Publishers, 2010), 7.
16 Lum et al., *China and the U.S.*, 9-10.
17 Babbage, *Winning Without Fighting*, vol. I, 38-39.
18 2018년 하원 외교·아시아·태평양 분과위원회 제115차 회의에 앞서 열린 '중국의 대외영향작전에 대한 미국의 대응 청문회(Hearing on U.S. Responses to China's Foreign Influence Operations)'에서 제임스타운 펠로우 피터 매티스(Peter Mattis)의 증언 참조. 이하 매티스 증언.

19 매티스 증언.
20 매티스 증언.
21 Alexander Bowe, *China's Overseas United Front Work: Background and Implications for the United States* (Washington,DC: U.S.-China Economic and Security Review Commission, 2018), 5.
22 Bowe, *China's Overseas United Front Work*, 8.
23 매티스 증언.
24 매티스 증언.
25 J. Michael Cole, 'Unstoppable: China's Secret Plan to Subvert Taiwan,' *National Interest*, 23 March 2015. 인민해방군 총정치부는 2016년 중앙군사위원회 정치작전부로 개편되었다.
26 Stokes and Hsiao, The People' Liberation Army General Political Department, 3.
27 Peter Mattis, 'A Guide to Chinese Intelligence Operations,' *War on the Rocks*, 18 August 2015.
28 Cortez A. Cooper III, 'China's Military Is Ready for War: Everything You Need to Know,' Buzz (blog), *National Interest*, 18 August 2019.
29 2018년 제115차 미 하원정보위원회 회의에 앞서 열린 '중국의 세계 군사력 팽창에 관한 청문회(Hearing on China's Worldwide Military Expansion)'에서 제임스 파넬(James E. Fanell) 대령의 증언 참조. 이하 파넬 증언.
30 Stokes and Hsiao, *The People's Liberation Army General Political Department*, 3.
31 Elsa B. Kania, 'The PLA's Latest Strategic Thinking on the Three Warfares,' Jamestown Foundation, China Brief 16, no. 13, 22 August 2016.
32 파넬 증언.
33 Cooper, 'China's Military Is Ready for War.'
34 David R. Ignatius, 'China's Hybrid Warfare against Taiwan,' *Washington Post*, 14 December 2018.
35 파넬 증언.
36 파넬 증언.
37 Anthony H. Cordesman and Steven Colley, *Chinese Strategy and Military Modernization in 2015: A Comparative Analysis* (Washington, DC: Center for Strategic and International Studies, 2015), 109.
38 파넬 증언.

5장. 태국에 대한 중국의 정치공작: 적에서 아군이 되기까지

1 R. K. Jain, ed., *China and Thailand, 1949 -1983* (New Dehli: Radiant, 1984), xxi.
2 Gungwu Wang and Chin-Keong Ng, eds., *Maritime China in Transition, 1750-1850* (Wiesbaden, Germany: Harrassowitz Verlag, 2004), 33-38.
3 Chee Kiong Tong and Kwok B. Chan, *Alternate Identities: The Chinese of Contemporary Thailand* (Leiden, Netherlands: Brill, 2001), 189-91.
4 Joseph P. L. Jiang, "The Chinese in Thailand: Past and Present," *Journal of Southeast Asian History* 7, no. 1 (March 1966): 40, https://doi.org/10.1017/S0217781100003112.
5 Benedict Anderson, 'Riddles of Yellow and Red,' *New Left Review* 97 (January/February 2016): 11.
6 Anderson, 'Riddles of Yellow and Red,' 12.
7 Jiang, 'The Chinese in Thailand,' 48-49.
8 Anderson, 'Riddles of Yellow and Red,' 13.
9 Jiang, 'The Chinese in Thailand,' 52.
10 Jiang, 'The Chinese in Thailand,' 55-58; Shao Dan, 'Chinese by Definition: Nationality Law, Jus Sanguinis, and State Succession, 1909-980,' *Twentieth-Century China* 35, no. 1 (2009): 4-28,
11 Jiang, 'The Chinese in Thailand,' 56.
12 E. Bruce Reynolds, "'International Orphans': The Chinese in Thailand during World War II," *Journal of Southeastern Asian Studies* 28, no. 2 (September 1997): 365-88.
13 Jiang, 'The Chinese in Thailand,' 58.
14 Jiang, 'The Chinese in Thailand,' 58-59.
15 Jiang, 'The Chinese in Thailand,' 58-59.
16 Jain, *China and Thailand*, xiii.
17 Jiang, 'The Chinese in Thailand,' 59.
18 Jain, *China and Thailand*, xiv.
19 Jiang, 'The Chinese in Thailand,' 60.
20 Jain, *China and Thailand*, xiv--xlvii.
21 Jain, *China and Thailand*, xlix, lxxii.
22 Jain, *China and Thailand*, li.
23 Jain, *China and Thailand*, lii-iii.

24 Benjamin Zawacki, *Thailand: Shifting Ground between the U.S. and a Rising China* (London: Zed Books, 2017), 40.
25 Jain, *China and Thailand*, liii, liv.
26 Zawacki, *Thailand*, 40.
27 Jain, China and Thailand, liv.
28 Zawacki, Thailand, 39–40
29 Jain, *China and Thailand*, liii–vi.
30 Zawacki, *Thailand*, 41.
31 Jain, *China and Thailand*, lv.
32 William P. Roger사, *United States Foreign Policy, 1969–970: A Report of the Secretary of State, General Foreign Policy Series* (Washington, DC: U.S. Department of State, 1971), 57–59.
33 Jain, *China and Thailand*, lv.
34 Zawacki, *Thailand*, 43.
35 Jain, *China and Thailand*, lvi; and Zawacki, Thailand, 44.
36 Jain, *China and Thailand*, ix.
37 Jain, *China and Thailand*, lvii.
38 Zawacki, *Thailand*, 53.
39 Zawacki, *Thailand*, 49.
40 중국군은 태국공산당에 대한 원조를 중단했다고 주장했지만 라오스와 캄보디아에 태국공산당 기지를 유지했고 윈난성에는 1979년까지 전파 선전을 계속했다. 중국군은 또한 중국공산당과 태국공산당 간 당관계를 유지했다.
41 Zawacki, *Thailand*, 53.
42 Jain, *China and Thailand*, xi.
43 Jain, *China and Thailand*, ix.
44 Zawacki, *Thailand*, 59–60.
45 Zawacki, *Thailand*, 60.
46 Jain, *China and Thailand*, lxiii.
47 Gregory Vincent Raymond, *Thai Military Power: A Culture of Strategic Accommodation* (Copenhagen, Denmark: NIAS Press, 2018), 161–65, 174.
48 Jain, *China and Thailand*, lxiv, lxxv.
49 Raymond, *Thai Military Power*, 163–64.
50 Zawacki, *Thailand*, 70.

51 Zawacki, *Thailand*, 70.
52 Zawacki, *Thailand*, 68-71.
53 Zawacki, *Thailand*, 74.
54 Zawacki, *Thailand*, 77.
55 Zawacki, *Thailand*, 77.
56 Zawacki, *Thailand*, 80.
57 Zawacki, *Thailand*, 81-83.
58 Zawacki, *Thailand*, 90-92.
59 Zawacki, *Thailand*, 94.
60 Zawacki, *Thailand*, 97.
61 Benjamin Zawacki, "America's Biggest Southeast Asian Ally Is Drifting toward China," *Foreign Policy*, 29 September 2017; and Zawacki, *Thailand*, 100 참조.
62 Anderson, 'Riddles of Yellow and Red,' 17.
63 Zawacki, *Thailand*, 106-7, 114-15.
64 Anderson, 'Riddles of Yellow and Red,' 13.
65 Zawacki, *Thailand*, 105-32.
66 Zawacki, *Thailand*, 125-29.
67 Zawacki, *Thailand*, 116, 127-28.
68 저자가 태국 내 태국/외국 학자들과의 논의(2013-18)한 내용 참조.
69 저자의 미 국무부 고위급 인사 인터뷰 내용(2016년 12월 30일, 태국 방콕) 및 Zawacki, *Thailand*, 111-16 참조.
70 Zawacki, *Thailand*, 130-31.
71 2018년 5월 1일, 태국 방콕에서 카싯(Kasit Piromya)과 인터뷰한 내용 참조. 이하 카싯 인터뷰.
72 2016년 4월 4일, 벤저민 자와키(Benjamin Zawacki)와 인터뷰한 내용 참조. 이하 자와키 인터뷰.
73 Zawacki, *Thailand*, 147.
74 Kristie Kenney (2013년 8월 9일, 퍼시픽포럼 주최 하와이 호놀룰루포럼에서의 연설)
75 Zawacki, *Thailand*, 148.
76 Zawacki, *Thailand*, 194-95.
77 2018년 제115회 하원 군사위원회 회의에 앞서 열린 '중국과의 전략경쟁 청문회(Strategic Competition with China)'에서 외교관계위원회(Council on Foreign Relations, CFR) 모리스 그린버그 중국학 선임연구원인 엘리 라트너(Ely

Ratner)의 증언 참조. 이하 라트너 증언.
78 James E. Fanell and Kerry K. Gershaneck, 'White Warships and Little Blue Men: The Looming 'Short, Sharp War' in the East China Sea over the Senkakus,' *Marine Corps University Journal* 8, no. 2 (Fall 2017): 67-98.
79 저자가 태국 내 태국/외국 학자들 및 태국 장교들과 논의(2013-18)한 내용 참조.
80 저자의 미 국무부 고위급 인사 인터뷰 내용(2016년 12월 30일, 태국 방콕).
81 Zawacki, *Thailand*, 289.
82 Kornphanat Tungkeunkunt, 'China's Soft Power in Thailand,' *Institute of Southeast Asian Studies* (Singapore), 3 June 2013.
83 Zawacki, *Thailand*, 289-91.
84 Anderson, 'Riddles of Yellow and Red,' 19.
85 자와키 인터뷰; and Zawacki, *Thailand*, 293.
86 Zawacki, *Thailand*, 293-94.
87 Thitinan Pongsudhirak, 'A Recalibration between Thailand and the Outside World,' *Bangkok Post* (Thailand), 2 October 2015.
88 Wassana Nanuam, Patsara Jikkham, and Anucha Charoenpo, 'NCPO Boosts China Trade Ties,' *Bangkok Post* (Thailand), 7 June 2014.
89 'Uni Alumni Blast U.S. 'Meddling' in Coup,' *Bangkok Post* (Thailand), 2 June 2014.
90 John Blaxland and Greg Raymond, *Tipping the Balance in Southeast Asia?: Thailand, the United States and China* (Washington, DC: Center for Strategic & International Studies; Canberra, Australia: Strategic & Defence Studies Centre, Australian National University, 2017), 3-6.
91 Charlie Campbell, 'Thailand PM Prayuth Chan-ocha on Turning to China over the U.S.,' *Time*, 21 June 2018.
92 대나무 외교(Bamboo Diplomacy)는 유연한 외교 정책을 일컫는 표현이다. 카싯 인터뷰.

6장. 중국은 태국에게 무엇을 얻고자 하는가

1 카싯 인터뷰: 일부 태국인들은 캄보디아와 라오스가 현재 속국으로 인식되고 있듯이 중국은 실제로 태국에 대해서도 속국이나 심지어 중국의 남부 지방으로 만드는 것을 목표로 하고 있다고 주장한다. 그러나 카싯은 중국이 태국에 잠재된 반중 감정을 이해하고 있기 때문에 태국을 속국으로 만들려 하고 있지 않다고 믿고 있다.
2 카싯 인터뷰.
3 카싯 인터뷰: 카싯은 중국이 태국-미국동맹의 완전한 파기보다는 최소화된 태국-미

국동맹을 원한다고 주장한다. 반면, 아시아태평양 지역에서 미국과의 동맹파기는 중국의 외교안보 정책의 오래된 목표였다는 주장도 있다.

4 카싯 인터뷰.
5 Peter Mattis, 'An American Lens on China's Interference and Influence-Building Abroad,' Open Forum, Asan Forum, 30 April 2018.
6 Sophie Boisseau du Rocher, 'What COVID-19 Reveals about China-Southeast Asia Relations,' *Diplomat*, 8 April 2020.
7 Boisseau du Rocher, 'What COVID-19 Reveals about China-Southeast Asia Relations.'
8 태국 내 태국/외국 학자들과의 논의(2013-18).
9 태국 내 태국/외국 학자들과의 논의(2013-18).
10 카싯 인터뷰.
11 태국 내 태국/외국 학자들과의 논의(2013-18).
12 저자가 미 국무부 고위급 인사와 2018에 여러 장소에서 행한 인터뷰 내용 참조.
13 Alan Wong and Edward Wong, 'Joshua Wong, Hong Kong Democracy Leader, Is Detained at Bangkok Airport,' *New York Times*, 4 October 2016.
14 'China: Release Abducted Swedish Bookseller,' Human Rights Watch, 17 October 2016; and 'Nowhere Feels Safe: Uyghurs Tell of China-led Intimidation Campaign Abroad,' Amnesty International, accessed 19 June 2020. 15; 이외에 태국 내 태국/외국 학자들과의 논의(2013-18) 참조.
15 태국 내 태국/외국 학자들과의 논의(2013-18).
16 Wasamon Audjarint, 'Submarine Deal Shows Thailand's Growing Reliance on China,' Nation (Thailand), 1 June 2017. 또한 ST26 잠수함 2척을 추가 구매하는 것은 COVID-19 팬데믹으로 인해 '보류'되었다. 이에 대해서는 Nontarat Phaicharoen and Wilawan Watcharasakwet, 'Thai Military Suspends Deals on Foreign Weapons while Nation Battles COVID-19,' *BenarNews* (Bangkok), 22 April 2020 참조.
17 Jasmine Chia, 'Thai Media Is Outsourcing Much of Its Coronavirus Coverage to Beijing and That's Just the Start,' *Thai Enquirer* (Thailand), 31 January 2020.
18 Chia, 'Thai Media Is Outsourcing Much of Its Coronavirus Coverage to Beijing and That's Just the Start.'
19 태국 내 태국/외국 학자들과의 논의(2013-18).
20 Josh Chin, 'Trump's 'Meddling' Claim Plays into China's Trade Narrative,' *Wall Street Journal*, 27 September 2018.

21 태국 내 태국/외국 학자들과의 논의(2013-18).
22 태국 내 태국/외국 학자들과의 논의(2013-18).
23 Kornphanat Tungkeunkunt, 'China's Soft Power in Thailand,' Institute of Southeast Asian Studies (Singapore), 3 June 2013.
24 태국 내 태국/외국 학자들과의 논의(2013-18).
25 태국 내 태국/외국 학자들과의 논의(2013-18).
26 태국 내 태국/외국 학자들과의 논의(2013-18).
27 Kornphanat Tungkeunkunt, 'Culture and Commerce: China's Soft Power in Thailand,' *International Journal of China Studies* 7, no. 2 (August 2016): 151-73.
28 Natalie Johnson, 'CIA Warns of Extensive Chinese Operation to Infiltrate American Institutions,' *Washington Free Beacon*, 7 March 2018.
29 Tungkeunkunt, 'Culture and Commerce,' 161.
30 태국 내 태국/외국 학자들과의 논의(2013-18).
31 Zhang Hui, 'More Chinese Students Turning to Belt and Road Countries,' *Global Times* (Beijing), 20 September 2017; 'Thai Universities Tap into Rising Chinese Demand,' *Voice of America News*, 17 January 2019.
32 Bethany Allen-Ebrahimian, 'China's Long Arm Reaches into American Campuses,' *Foreign Policy*, 7 March 2018.
33 Stephanie Saul, 'On Campuses Far from China, Still under Beijing's Watchful Eye,' *New York Times*, 4 May 2017.
34 Gerry Shih and Emily Rauhala, 'Angry over Campus Speech by Uighur Activist, Students in Canada Contact Chinese Consulate, Film Presentation,' *Washington Post*, 14 February 2019.
35 Saul, 'On Campuses Far from China, Still under Beijing's Watchful Eye.'
36 태국 내 태국/외국 학자들과의 논의(2013-18).
37 Tungkeunkunt, 'China's Soft Power in Thailand.'
38 태국 내 태국/외국 학자들과의 논의(2013-18).
39 China, Thailand Hold Strategic Consultations,' *Xinhua News Agency* (Beijing), 16 February 2019.
40 태국 내 태국/외국 학자들과의 논의(2013-18).
41 Bill Gertz, 'Chinese Think Tank Also Serves as Spy Arm,' *Washington Times*, 28 September 2011.
42 태국 내 태국/외국 학자들과의 논의(2013-18).
43 태국 내 태국/외국 학자들과의 논의(2013-18).

44 James Griffiths, 'Nnevvy: Chinese Troll Campaign on Twitter Exposes a Potentially Dangerous Disconnect with the Wider World,' *CNN*, 15 April 2020.

7장. 대만에 대한 중국의 정치공작: 차가운 전쟁인가 차가운 평화인가

1 Mark Stokes and Russell Hsiao, *The People's Liberation Army General Political Department: Political Warfare with Chinese Characteristics* (Arlington, VA: Project 2049 Institute, 2013), 3.
2 Steven M. Goldstein, *China and Taiwan* (Malden, MA: Polity Press, 2015), 1–3.
3 'White Paper: The One-China Principle and the Taiwan Issue,' Taiwan Affairs Office and Information Office of the State Council, People's Republic of China, 21 February 2000.
4 대만은 73개국 해외 사무소를 운영하는 등 광범위하게 해외 상주하지만 이들 임무의 대부분은 비공식적이며 공식적인 지위는 없다. 이에 대해서는 다음 참조: Michael Reilly, 'Lessons for Taiwan's Diplomacy from Its Handing of the Coronavirus Pandemic,' Global Taiwan Institute, Global Taiwan Brief 5, no. 9, 6 May 2020.
5 Kat Devlin and Christine Huang, 'In Taiwan, Views of Mainland China Mostly Negative: Closer Taiwan-U.S. Relations Largely Welcomed, Especially Economically,' Pew Research Center, 12 May 2020.
6 Tillman Durdin, 'Formosa Killings Are Put at 10,000: Foreigners Say the Chinese Slaughtered Demonstrators without Provocation,' *New York Times*, 29 March 1947.
7 Goldstein, *China and Taiwan*, 5–6.
8 Goldstein, *China and Taiwan*, 5–6.
9 Devlin and Huang, 'In Taiwan, Views of Mainland China Mostly Negative.'
10 Goldstein, *China and Taiwan*, 19–21.
11 Taiwan Relations Act, Pub L. No. 96-8, 93 Stat. 14 (1979).
12 Harvey Feldman, 'President Reagan's Six Assurances to Taiwan and Their Meaning Today,' Heritage Foundation, 2 October 2007.
13 Gerrit van der Wees, 'The Taiwan Travel Act in Context,' *Diplomat*, 19 March 2018.
14 Goldstein, China and Taiwan, 3–8.
15 Donald J. Trump, 'United States Strategic Approach to the People's

Republic of China,' White House, 20 May 2020.
16 Michael J. Pence, 'Remarks by Vice President Pence on the Administration's Policy toward China' (2018년 10월 4일, 허드슨 연구소 연설).
17 van der Wees, 'The Taiwan Travel Act in Context.'
18 Stacy Hsu et al., 'Trump Signs TAIPEI Act into Law,' *Focus Taiwan* (Taipei), 27 March 2020.
19 Edward L. Dreyer, 'The Myth of 'One China',' in Peter C. Y. Chow, ed., *The 'One China' Dilemma* (New York: Palgrave Macmillan, 2008), 19.
20 Dreyer, 'The Myth of 'One China',' 20.
21 Dreyer, 'The Myth of 'One China',' 20, 26.
22 Dreyer, 'The Myth of 'One China',' 21-22.
23 Dreyer, 'The Myth of 'One China',' 26; J. Bruce Jacobs, 'Paradigm Shift Needed on Taiwan,' *Taipei Times* (Taiwan), 16 November 2018.
24 Steve Yui-Sang Tsang, ed., *In the Shadow of China: Political Development in Taiwan since 1949* (Honolulu, HI: University of Hawai'i Press, 1993), 169-71.
25 Dreyer, 'The Myth of 'One China',' 20.
26 George H. Kerr, *Formosa Betrayed*, 2d ed. (Upland, CA: Taiwan Publishing, 1992), 26.
27 Dreyer, 'The Myth of 'One China',' 28.
28 Kerr, *Formosa Betrayed*, 26.
29 Dreyer, 'The Myth of 'One China',' 28-29.
30 Dreyer, 'The Myth of 'One China',' 20, 29.
31 Kerr, *Formosa Betrayed*, 27.
32 Dreyer, 'The Myth of 'One China',' 29-30.
33 Goldstein, *China and Taiwan*, 14.
34 Dreyer, 'The Myth of 'One China',' 30.
35 Frank S. T. Hsiao and Lawrence R. Sullivan, 'The Chinese Communist Party and the Status of Taiwan, 1928-943,' *Pacific Affairs* 52, no. 3 (Autumn 1979): 446-67.
36 Edgar Snow, *Red Star Over China: The Rise of the Red Army* (London: V. Gollancz, 1937), 88-89. 대만은 일본의 통치를 받던 1895년부터 1945년까지도 포모사(Formosa)로 알려져 있었다.
37 Hsiao and Sullivan, 'The Chinese Communist Party and the Status of

Taiwan,' 451.

38 Hsiao and Sullivan, 'The Chinese Communist Party and the Status of Taiwan,' 455.
39 Dreyer, 'The Myth of 'One China',' 31–32.
40 Kerr, *Formosa Betrayed*, 25–27.
41 Goldstein, *China and Taiwan*, 18.
42 Goldstein, *China and Taiwan*, 14.
43 Kerr, *Formosa Betrayed*, 114–15.
44 Kerr, *Formosa Betrayed*, 114–15.
45 Goldstein, *China and Taiwan*, 114–15; Kerr, *Formosa Betrayed*, 310.
46 Russell Hsiao, 'Political Warfare Alert: CCP-TDSGL Appropriates Taiwan's 2-28 Incident,' Global Taiwan Institute, Global Taiwan Brief 2, no. 9, 1 March 2017.
47 Goldstein, *China and Taiwan*, 15.
48 Goldstein, *China and Taiwan*, 15.
49 Goldstein, *China and Taiwan*, 15–16.
50 Kerr, *Formosa Betrayed*, 369.
51 Jonathan Manthorpe, *Forbidden Nation: A History of Taiwan* (New York: Palgrave Macmillan, 2005), 204–7.
52 Jacobs, 'Paradigm Shift Needed on Taiwan.'
53 Russell Hsiao, 'CCP Propaganda against Taiwan Enters the Social Age,' Jamestown Foundation, China Brief 18, no. 7, 24 April 2018.
54 Stokes and Hsiao, *The People's Liberation Army General Political Department*, 6–7.
55 Stokes and Hsiao, *The People's Liberation Army General Political Department*, 7–8.
56 Stokes and Hsiao, *The People's Liberation Army General Political Department*, 8.
57 Stokes and Hsiao, *The People's Liberation Army General Political Department*, 8.
58 Kerr, *Formosa Betrayed*, 437–38.
59 Stokes and Hsiao, *The People's Liberation Army General Political Department*, 8.
60 Hsiao, 'CCP Propaganda against Taiwan Enters the Social Age.'
61 Kerr, *Formosa Betrayed*, 438–41.
62 Stokes and Hsiao, *The People's Liberation Army General Political Department*, 8.
63 Goldstein, China and Taiwan, 19–20.

64 Stokes and Hsiao, *The People's Liberation Army General Political Department*, 8.
65 Stokes and Hsiao, *The People's Liberation Army General Political Department*, 9.
66 Stokes and Hsiao, *The People's Liberation Army General Political Department*, 9-10.
67 Hsiao, 'CCP Propaganda against Taiwan Enters the Social Age.'
68 Goldstein, *China and Taiwan*, 41.
69 Hungdah Chiu, ed., *China and the Taiwan Issue* (New York: Praeger, 1979), 129.
70 Chiu, *China and the Taiwan Issue*, 134.
71 저자가 2018년에 국방대학교 푸싱강 대학 정치공작 고위급 장교들과 토론한 내용 참조.
72 Hsiao, 'CCP Propaganda against Taiwan Enters the Social Age.'
73 Goldstein, *China and Taiwan*, 56-58.
74 Stokes and Hsiao, *The People's Liberation Army General Political Department*, 10.
75 Stokes and Hsiao, *The People's Liberation Army General Political Department*, 10-11.
76 Stokes and Hsiao, *The People's Liberation Army General Political Department*, 11.
77 Yau Wai-ching, 'Democracy's Demise in Hong Kong,' *New York Times*, 16 September 2018.
78 Stokes and Hsiao, *The People's Liberation Army General Political Department*, 11.
79 Russell Hsiao, 'Political Warfare Alert: Fifth 'Linking Fates' Cultural Festival of Cross-Strait Generals,' Global Taiwan Institute, Global Taiwan Brief 2, no. 2, 11 January 2017.
80 Stokes and Hsiao, *The People's Liberation Army General Political Department*, 11-12.
81 Stokes and Hsiao, *The People's Liberation Army General Political Department*, 12.
82 저자가 정치공작 고위급 장교들과 토론한 내용 참조.
83 Stokes and Hsiao, *The People's Liberation Army General Political Department*, 12-13.
84 Stokes and Hsiao, *The People's Liberation Army General Political Department*, 13.

85 Goldstein, *China and Taiwan*, 73-74.
86 Hsiao, 'Political Warfare Alert: CCP-TDSGL Appropriates Taiwan's 2-28 Incident.'
87 Goldstein, *China and Taiwan*, 82-83.
88 Goldstein, *China and Taiwan*, 86, 93.
89 Goldstein, *China and Taiwan*, 88-89.
90 Goldstein, *China and Taiwan*, 88-89.
91 Jason Pan, 'New Party's Wang, Others Charged with Espionage,' *Taipei Times* (Taiwan), 14 June 2018.
92 Goldstein, *China and Taiwan*, 92, 95-96.
93 Goldstein, *China and Taiwan*, 95-96.
94 Goldstein, *China and Taiwan*, 105-6.
95 Goldstein, *China and Taiwan*, 107-9.
96 Goldstein, *China and Taiwan*, 110-13.
97 Goldstein, *China and Taiwan*, 113-17.
98 J. Michael Cole, 'Unstoppable: China's Secret Plan to Subvert Taiwan,' *National Interest*, 23 March 2015.
99 Goldstein, *China and Taiwan*, 120; 저자가 2018-20년 사이 미 국무부 고위급 인사와 여러 장소에서 행한 인터뷰 내용 참조.
100 H. H. Lu and Evelyn Kao, 'President Ma Counters Criticism of His Flexible Diplomacy,' *Central News Agency* (Taipei), 29 December 2015.
101 저자가 정치공작 고위급 장교들과 토론한 내용 참조.
102 저자가 정치공작 고위급 장교들과 토론한 내용 참조.
103 Nadia Tsao et al., 'Ma Years 'Dark Decade' in Intelligence War: Analyst,' *Taipei Times* (Taiwan), 2 October 2018.
104 저자가 정치공작 고위급 장교들과 토론한 내용 참조.
105 저자가 정치공작 고위급 장교들과 토론한 내용 참조.
106 Associated Press, 'Thousands in Taiwan Protest Talks with China,' *New York Times*, 25 October 2008.
107 Austin Ramzy, 'As Numbers Swell, Students Pledge to Continue Occupying Taiwan's Legislature,' *New York Times*, 22 March 2014.
108 Bill Ide, 'Taiwan China Historic Talks Fuel Criticism at Home,' *Voice of America News*, 8 November 2015.
109 Goldstein, *China and Taiwan*, 125-28.
110 Lawrence Chung, 'Former Taiwan President Ma Ying-Jeou Sentenced

to 4 Months in Prison for Leaking Information,' *South China Morning Post* (Hong Kong), 15 May 2018.

111 David W. F. Huang, "'Cold Peace' and the Nash Equilibrium in Cross-Straits Relations (Part 1)," Global Taiwan Institute, Global Taiwan Brief 1, no. 12, 7 December 2016.

112 Huang, "'Cold Peace' and the Nash Equilibrium in Cross-Straits Relations (Part 1).'"

113 David W. F. Huang, "'Cold Peace' and the Nash Equilibrium in Cross-Straits Relations (Part 2)," Global Taiwan Institute, Global Taiwan Brief 2, no. 2, 11 January 2017.

114 Josh Rogin, 'China's Interference in the 2018 Elections Succeeded- in Taiwan,' *Washington Post*, 18 December 2018.

115 저자가 정치공작 고위급 장교들과 토론한 내용 참조.

116 저자가 정치공작 고위급 장교들과 토론한 내용 참조.

117 Rogin, 'China's Interference in the 2018 Elections Succeeded—in Taiwan.'

118 Chris Buckley and Chris Horton, 'Xi Jinping Warns Taiwan that Unification Is the Goal and Force Is an Option,' *New York Times*, 1 January 2019.

119 Buckley and Horton, 'Xi Jinping Warns Taiwan that Unification Is the Goal and Force Is an Option.'

120 Gary Schmitt and Michael Mazza, *Blinding the Enemy: CCP Interference in Taiwan' Democracy* (Washington, DC: Global Taiwan Institute, 2019), 12–13.

121 '60 Countries Have Congratulated Taiwan's President Tsai on Re-election: MOFA,' *Taiwan News* (Taipei), 13 January 2020.

122 Jens Kastner, 'Beijing's Man in Taiwan Crashes and Burns,' *Asia Sentinel* (Hong Kong), 12 May 2020.

123 Bethany Allen-Ebrahimian, 'China Steps Up Political Interference ahead of Taiwan's Elections,' Axios, 10 January 2020; Kastner, 'Beijing's Man in Taiwan Crashes and Burns.'

124 How 'Fake News' and Disinformation Were Spread in the Run-up to Taiwan's Presidential Elections,' Advox Global Voices, 22 January 2020.

125 Allen-Ebrahimian, 'China Steps Up Political Interference ahead of Taiwan's Elections.'

126 How 'Fake News' and Disinformation Were Spread in the Run-up to Taiwan's Presidential Elections.'

127 Allen-Ebrahimian, 'China Steps Up Political Interference ahead of Taiwan's Elections.'

128 Anastasya Lloyd-Damnjanovic, *Beijing' Deadly Game: Consequences of Excluding Taiwan from the World Health Organization during the COVID-19 Pandemic* (Washington, DC: U.S.-China Economic and Security Review Commission, 2020)

129 Lloyd-Damnjanovic, *Beijing' Deadly Game*.

130 'Chinese FM Slams Taiwan DPP for Colluding with U.S. to Seek WHA Attendance,' *Global Times* (Beijing), 15 May 2020.

131 Li Zhenguang, 'Evil Design behind U.S.' Taiwan Rant,' *China Daily* (Beijing), 15 May 2020.

132 Didi Tang, 'China's Island War Games 'Simulating Seizure' Rattle Taiwan,' *Times* (London), 15 May 2020.

133 Lloyd-Damnjanovic, *Beijing' Deadly Game*.

134 Tang, 'China's Island War Games 'Simulating Seizure' Rattle Taiwan.'

135 Minnie Chan, 'China Tries to Calm 'Nationalist Fever' as Call for Invasion of Taiwan Grow,' *South China Morning Post* (Hong Kong), 10 May 2020.

136 Yang Sheng, 'Taiwan Separatists Panic as Mainland Drops 'Peaceful' in Reunificiation Narrative,' *Global Times* (Beijing), 23 May 2020.

8장. '하나의 중국'을 위한 중국의 정치공작

1 Dan Southerland, 'Unable to Charm Taiwan into Reunification, China Moves to Subvert Island's Democracy,' Radio Free Asia, 25 May 2018.

2 Alexander Bowe, *China's Overseas United Front Work: Background and Implications for the United States* (Washington, DC: U.S.-China Economic and Security Review Commission, 2018), 18–19.

3 저자가 2018년에 국방대학교 푸싱강 대학 정치공작 고위급 장교들과 토론한 내용 참조.

4 2018년 미·중 경제안보심의위원회의 115차 회의에 앞서 열린 '유럽 및 아시아 태평양에서의 미국 동맹국 및 파트너국가와 중국의 관계에 관한 청문회(Hearing on China's Relations with U.S. Allies and Partners in Europe and the Asia Pacific)'에서 글로벌타이완연구소 러셀 샤오(Russel Hsiao) 상임 이사의 증언 참조. 이하 샤오 증언.

5   저자가 정치공작 고위급 장교들과 토론한 내용 참조.
6   Marcel Angliviel de la Beaumelle, 'The United Front Work Department: 'Magic Weapon' at Home and Abroad,' Jamestown Foundation, *China Brief* 17, no. 9, 6 July 2017.
7   샤오 증언.
8   Chung Li-hua and Sherry Hsiao, 'China Targets 10 Groups for 'United Front',' *Taipei Times* (Taiwan), 15 January 2018.
9   Chung and Hsiao, 'China Targets 10 Groups for 'United Front'.'
10 June Teufel Dreyer, 'A Weapon without War: China's United Front Strategy,' Foreign Policy Research Institute, 6 February 2018.
11 Russell Hsiao, 'Political Warfare Alert: Fifth 'Linking Fates' Cultural Festival of Cross-Strait Generals,' Global Taiwan Institute, *Global Taiwan Brief* 2, no. 2, 11 January 2017.
12 J. Michael Cole, 'Unstoppable: China's Secret Plan to Subvert Taiwan,' *National Interest*, 23 March 2015.
13 Russell Hsiao, 'CCP Propaganda against Taiwan Enters the Social Age,' Jamestown Foundation, *China Brief* 2018, no. 7, 24 April 2018.
14 Bowe, *China's Overseas United Front Work*, 3-16.
15 미국과 마찬가지로, 대만의 정당체제는 대중 담론에서 색깔코드로 구분이 된다. 민주진보당은 민주진보당의 상징색에 기반한 범초록연합(pan-Green Coalition)을 이끌고 있다. 이 연합에는 대만의 독립당(Taiwan Independence Party), 대만연대연합(Taiwan Solidarity Union), 신권력당(New Power Party)이 포함된다. 범초록연합은 중국과의 '통일'이 아니라 '대만화(Taiwanization)'와 대만 독립을 선호한다. 국민당은 국민당 상징색에 기반한 범파랑연합(pan-Blue Coalition)을 이끌고 있으며 여기에는 국민당, 신당(the New Party), 비당파연대연합(Non-Partisan Solidarity Union)이 속해 있다. 범파랑연합은 중국과의 긴밀한 정치적, 경제적 유대뿐 아니라 대만의 분리보다 중국적 민족주의 정체성을 선호한다. 범파랑연합은 역사적으로 대만과 중국의 '통일'을 지지해왔지만, 지금은 종종 '정치적 현상유지'를 지지한다고 선언한 바 있다. 저자는 대만의 중국 흡수론을 지지하고 중국의 선전을 일관되게 모방하는 대만 학자들을 묘사하기 위해 범빨강학계(pan-Red academic)라는 용어를 만들었다. 저자가 이 용어에 대해 논의했던 대만 주요 인사들은 학자들이 범빨강학계 표현이 유효하다는 데에 동의했다.
16 2018-20년 사이 저자가 태국 학계 및 정부 관계자들과 진행한 토론 내용 참조.
17 태국 내 태국/외국 대학원생들과의 논의(2013-18).
18 저자가 태국 학계 및 정부 관계자들과 진행한 토론 내용 참조.

19 Bilahari Kausikan, 'An Expose of How States Manipulate Other Countries' Citizens,' *Straits Times* (Singapore), 1 July 2018.
20 저자가 태국 학계 및 정부 관계자들과 진행한 토론 내용 참조.
21 스터디 인터내셔널(Study International)의 보고에 따르면 2016년에 2,136명의 중국 학생들이 대만 대학 입학이 승인되었던 것에 반해 2017년에는 고작 1,000명만 승인되었다고 한다. 다음 참조: 'China Doesn't Want Its Students to Study in Taiwan,' Study International, 7 July 2017.
22 Fan Lingzhi, 'Taiwan Professor Plays Victim in 'Apology' for Discriminatory Remarks against Mainland Student,' *Global Times* (Beijing), 12 May 2020
23 'China Doesn't Want Its Students to Study in Taiwan.'
24 저자가 정치공작 고위급 장교들과 토론한 내용 참조.
25 Josh Rogin, 'China's Interference in the 2018 Elections Succeeded—in Taiwan,' *Washington Post*, 18 December 2018.
26 Chris Buckley and Chris Horton, 'Xi Jinping Warns Taiwan that Unification Is the Goal and Force Is an Option,' *New York Times*, 1 January 2019.
27 Chris Massaro, 'China Tightens Noose around Taiwan while Challenging U.S. Primacy,' *Fox News*, 3 October 2019.
28 David W. F. Huang, "'Cold Peace' and the Nash Equilibrium in Cross-Straits Relations (Part 2)," Global Taiwan Institute, Global Taiwan Brief 2, no. 2, 11 January 2017.
29 Huang, "'Cold Peace' and the Nash Equilibrium in Cross-Straits Relations (Part 2)."
30 저자가 정치공작 고위급 장교들과 토론한 내용 참조.
31 Paul Huang, 'Beating of Students in Taiwan Puts Spotlight on Chinese Regime's Influence,' *Epoch Times*, 3 October 2017.
32 Huang, 'Beating of Students in Taiwan Puts Spotlight on Chinese Regime's Influence.'
33 Gary Schmitt and Michael Mazza, *Blinding the Enemy: CCP Interference in Taiwan's Democracy* (Washington, DC: Global Taiwan Institute, 2019), 12-3.
34 Teufel Dreyer, 'A Weapon without War.'
35 David R. Ignatius, 'China's Hybrid Warfare against Taiwan,' *Washington Post*, 14 December 2018.
36 Rachael Burton and Mark Stokes, 'The People's Liberation Army Theater

Command Leadership: The Eastern Theater Command,' Project 2049 Institute, 13 August 2018.
37 Burton and Stokes, 'The People's Liberation Army Theater Command Leadership.'
38 Mark Stokes and Russell Hsiao, *The People's Liberation Army General Political Department: Political Warfare with Chinese Characteristics* (Arlington, VA: Project 2049 Institute, 2013), 29.
39 J. Michael Cole, *Convergence or Conflict in the Taiwan Strait: The Illusion of Peace?* (Abingdon, UK: Routledge, 2017), 68. Emphasis in original.
40 Hsiao, 'CCP Propaganda against Taiwan Enters the Social Age.'
41 Hsiao, 'CCP Propaganda against Taiwan Enters the Social Age.'
42 Keoni Everington, 'China's 'Troll Factory' Targeting Taiwan with Disinformation Prior to Election,' *Taiwan News* (Taipei), 5 November 2018.
43 Everington, 'China's 'Troll Factory' Targeting Taiwan with Disinformation Prior to Election.'
44 Everington, 'China's 'Troll Factory' Targeting Taiwan with Disinformation Prior to Election.'
45 Hsiao, 'CCP Propaganda against Taiwan Enters the Social Age.'
46 Russell Hsiao, 'China's Intensifying Pressure Campaign against Taiwan,' Jamestown Foundation, China Brief 18, no. 11, 19 June 2018.
47 Hsiao, 'CCP Propaganda against Taiwan Enters the Social Age.'
48 J. Michael Cole, 'Will China's Disinformation War Destabilize Taiwan?,' *National Interest*, 30 July 2017.
49 저자가 정치공작 고위급 장교들과 토론한 내용 참조.
50 Alexa Grunow, 'WeChat Uses International Accounts to Advance Censorship in China,' Organization for World Peace, 11 May 2020.
51 Julie Makinen, 'Chinese Social Media Platform Plays a Role in U.S. Rallies for NYPD Officer,' *Los Angeles (CA) Times*, 24 February 2016; and Gerry Shih and Emily Rauhala, 'Angry over Campus Speech by Uighur Activist, Students in Canada Contact Chinese Consulate, Film Presentation,' *Washington Post*, 14 February 2019.

9장. 어떻게 대처할 것인가

1 Eric Chan and 1stLt Peter Loftus, USAF, 'Chinese Communist Party

Information Warfare: U.S.-China Competition during the COVID-19 Pandemic,' *Air Force Journal of Indo-Pacific Affairs* 3, no. 2 (May 2020); Sophie Boisseau du Rocher, 'What COVID-19 Reveals about China-Southeast Asia Relations,' *Diplomat*, 8 April 2020.

2 글로벌참여센터(GEC)는 정교한 중국의 허위 정보와 정보전 작전에 거의 초점을 맞추지 않고 있다. 대신 러시아의 위협에는 너무 큰 방점을 두고 있으며 그로 인해 중국 위협에 대해 미국 대중들을 교육하는 데 도움을 주지 못했다는 비난을 받아왔다. 이에 대해서는 다음 참조: Bill Gertz, 'Inside the Ring: Global Engagement Secrecy,' *Washington Times*, 11 March 2020.

3 Ross Babbage, *Winning Without Fighting: Chinese and Russian Political Warfare Campaigns and How the West Can Prevail*, vol. I (Washington, DC: Center for Strategic and Budgetary Assessments, 2019), 80.

4 Michael Dhunjishah, 'Countering Propaganda and Disinformation: Bring Back the Active Measures Working Group?,' *War Room*, 7 July 2017.

5 Kerry K. Gershaneck, 'PRC Threat Obliges Political Defense,' *Taipei Times* (Taipei), 10 July 2019.

6 2018년 하원 외교·아시아·태평양 분과위원회 제115차 회의에 앞서 열린 '중국의 대외영향작전에 대한 미국의 대응 청문회(Hearing on U.S. Responses to China's Foreign Influence Operations)'에서 제임스타운 펠로우 피터 매티스 (Peter Mattis)의 증언 참조. 이하 매티스 증언.

7 매티스 증언.
8 매티스 증언.
9 매티스 증언.
10 매티스 증언.

찾아보기

ㄱ

가짜뉴스(fake news) 45, 102, 202
강제 실종(enforced disappearance) 53
공격적 패권(assertive hegemony) 45
공공외교(public diplomacy) 45, 58
공보(public affair) 45
공자학원 131
관여(engagement) 45
괌 독트린 118
구(舊)전체주의 63
국가안전보장회의(NSC) 18, 35
국공내전(Chinese Civil War) 163
국립민주주의기금(NED) 37, 60
국민당(KMT) 74, 165
국제우호교류를 위한 중국협회(CAIFC) 217
권리에 대한 음모(Conspiracy Against Right) 245
그랜트 뉴샴(Grant Newsham) 20
그레이존 전략(gray zone operation) 45
그레이존 전쟁(gray zone warfare) 61
글로벌 대만 연구소(Global Taiwan Institute) 99
글로벌관여센터(Global Engagement Center, GEC) 237
글로벌타임스(Global Times) 34
기만(deception) 45
끄리앙삭 차마난(Kriansak Chamana) 121

ㄴ

네트워크 왕정(Network Monarchy) 124
닉슨 독트린 118

ㄷ

당-국가(party-state) 체제 34
대나무 연합(Bamboo Union) 225
대나무 외교(Bamboo Diplomacy) 107, 140
대만공산당 176
대만관계법(Taiwan Relations Act) 167
대만동맹국제보호강화법 168
대만문제선도소그룹(Taiwan Affairs Leading Small Group, TALSG) 183
대만민주자치동맹(Taiwan Democratic Self-Government League) 182
대만여행법(Taiwan Travel Act) 168
대만의 중화민국(ROC) 38
대만작전위원회(Taiwan Provincial Work Committee) 181
대만화(Taiwanization) 165, 192
대약진운동 32, 77
대외연락부(International Liaison Department) 54
덩샤오핑 120
데이비드 스틸웰(David R. Stilwell) 35
도널드 트럼프(Donald J. Trump) 34
도둑정치(kleptocratic) 63
도시작전부(the Urban Work Department) 76, 180
돈 프라무드위나이(Don Pramudwinai) 158
돈의 정치 125
동남아시아국가연합(ASEAN) 117
동남아시아조약기구(SEATO) 114
동부전구사령부(ETC) 83, 227

찾아보기 277

디아스포라 중국인 84

ㄹ
라마 1세 109
라마 5세 110
라마 6세 111
러셀 샤오(Russel Hsiao) 56
레이먼드 오디에르노(Raymond T. Odierno) 24
레짐 72
로버트 스팔딩(Robert S. Spalding Ⅲ) 18, 35
로버트 테이버(Robert Taber) 78
로스 배비지(Ross Babbage) 91
리덩후이(Lee Teng-hui) 190
리처드 닉슨(Richard M. Nixson) 118
리틀 핑크스(Little Pinks) 160

ㅁ
마법의 무기 76
마오쩌둥 33
마이클 월러(J. Michael Waller) 57
마잉주 196
마크 스톡스(Mark Stokes) 56
매력 공세 77
맬컴 턴불(Malcolm B. Turnbull) 36
무제한적 전쟁(Unrestricted Warfare) 47
문화대혁명 32, 77, 185
미 육군전쟁대학(AWC) 25
미국 국가안전보장회의(NSC) 38
미국의 외교안보협의회(CFR) 32
미중 경제안보검토위원회(the U.S.-China Economic and Security Review Commission, ESRC) 39, 97
민족중심주의(ethnocentrism) 73
민족해방군 78
민주 캄푸치아(Democratic Kampuchea) 121
민주주의인민동맹(The People's Alliance for Democracy, PAD) 131

ㅂ
반둥회의 114
백색선전 77
백색테러 178
범공산주의 218
법률전(legal warfare, 또는 lawfare) 45, 51
베네딕트 앤더슨(Benedict Anderson) 109
베트남사회주의공화국 120
베트민(Viet Minh) 115
벤저민 자와키(Benjamin Zawacki) 108
부채외교(debt diplomacy) 45
북대서양조약기구(NATO) 61
분서갱유 72
비밀(secrecy)과 책략(stratagem) 73
빌 클린턴(William J. 'Bill' Clinton) 80
빌라하리 카우시칸(Bilahari Kausikan) 37
쁘렘 띤술라논(Prem Tinsulanonda) 123
쁘리디 파놈용(Pridi Banomyong) 112, 114

ㅅ
사마광(Sima Guang) 170
사스(SARS) 205
사이버 공격 102
사이버전(cyber warfare) 45
사회작전부(the Social Work Department) 76, 180
산딸기운동 198
삼전(Three Warfare) 45, 48, 101, 214
상설 합동기관 간 태스크포스(Joint Interagency Task Force, JIATF) 238
샤프파워(sharp power) 45, 59
세계화 2.0 85
세니 쁘라못(Seni Pramoj) 112
소프트파워(soft power) 45, 59
수잔 손튼(Susan Thornton) 21
스마트파워(smart power) 59
스카버러 모델 135

스카버러 암초(Scarborough Shoal) 사건 134
스타인 링겐(Stein Ringen) 63
스티븐 모셔(Steven W. Mosher) 72
시니카 아카데미(Academia Sinica) 199
시모노세키 조약 173
시진핑 135
신(新)전체주의 63
신미국안보센터(Center for a New American Security) 48
신중국청년협회(NCYA) 227
심리작전(psychological operation) 45, 51
쑨원(Sun Yat-sen) 174

ㅇ

아나콘다가 감겨진 샹들리에 53
아론 프리드버그(Aron L. Friedberg) 81
아시아 정치공작 전담센터(Asian Political Warfare Center of Excellence, APWCE) 240
아시아로의 중심축 이동(Pivot to Asia, 이하 피봇) 133
악의적 영향력(malign influence) 45
암흑의 10년 198
애국동맹연합회(Patriot Alliance Association, PAA) 225
애국주의(chauvinism) 64
애런 프리드버그(Aaron L. Friedberg) 92
야만족(barbarian) 73
엘리 래트너(Ely Ratner) 32
엘사 카니아(Elsa B. Kania) 48, 101
여론전(public opinion warfare) 45, 49, 100
연락 업무(liaison work) 45
연례 보고서 243
영향력 작전(influence operation) 45
오보(misinformation) 102
와주연합군(UWSA) 78
왕샹수이(Wang Xiangsui) 47

왕실모독죄(lèse majeste) 150
왕이(Wang Yi) 158
외교(diplomacy) 45
외교적 교살 222
외국인 혐오증(xenophobia) 71
워싱턴포스트(The Washington Post) 32
윌리엄 오웬(William A. Owen) 23
유럽전담센터(European Centre of Excellence for Countering Hybrid Threats) 240
이중억제 정책 167
인독트리테인먼트(indocritainment) 47
인민해방군(PLA) 75
인종민족주의(race-based nationalism) 73
인터넷 트롤(internetl troll) 159
인프라 전쟁(infrastructure warfare) 35
일국양제(One Country, Two Systems) 163, 188
일대일로 이니셔티브(BRI 또는 One Belt, One Road) 35, 85, 95, 136, 158

ㅈ

자유태국운동(Free Thai Movement) 112
자체검열 236
잘못된 내러티브(false narrative) 45
장징궈(Chiang Ching-kuo) 179
장춘셴(Zhang Chunxian) 158
재통합 169
저우언라이(Zhou Enlai) 114
적군작전부 180
적극적 대책 실무그룹(Active Measures Working Group) 238
적극적 조치(active measures) 52, 77, 214
전략예산평가센터(Center for Strategic and Budgetary Assessments) 39, 49, 94
전략지원부대(SSF) 82
전복(subversion) 45, 57, 102
전시 통제 227

전체주의(Totalitarianism) 63
정보공동체(Intelligence Community, IC) 242
정보전(information warfare) 45
정성공(Zheng Chenggong) 172
정치공작(political warfare) 22
정치국 상무위원회(Politburo Standing Committee, PSC) 96
제1차 중일전쟁(1894-95) 173
제2차 세계대전 112
제2차 중일전쟁(1937~45) 174
제임스 파넬(James E. Fanell) 24, 30, 86, 100
제임스타운 재단(the Jamestown Foundation) 39
조슈아 웡(Joshua Wong) 147
조지 케넌(George F. Kennan) 43
존 가아노(John Garnaut) 36
중국-대만-미국의 삼각관계 167
중국과 태국, 1949- 1983(China and Thailand, 1949-1983) 107
중국국제우호협회(China Association for International Friendly Contact, CAIFC) 189, 240
중국국제친선접촉협회(China Association for International Friendly Contact, CAIFC) 99
중국몽(China Dream) 29, 91, 215
중국문화진흥협회(China Association for Promotion of Chinese Culture) 193
중국은 괴물이다(Stealth War: How China Took Over while America's Elite Slept) 19
중국의 대만(Taiwan, China) 223
중국인민대외우호협회(Chinese People's Association for Friendship with Foreign Countries) 55
중국인민정치자문회의(Chinese People's Political Consultative Conference, CPPCC) 97

중국통일촉진당(Chinese Unification Promotion Party, CUPP) 225
중국평화통일촉진협의회(The Council for the Promotion of the Peaceful Reunification of China, CPPRC) 98
중국평화통일협회(The National Association for China's Peaceful Unification, NACPU) 98
중국학생학자협회(CSSA) 156, 245
중국현대국제관계연구소(China Institute of Contemporary International Relation) 159
중국화(Sinicization) 150
중미상호방위조약 183
중앙선전부(Central Propaganda Department) 54
중화 타이베이 197
중화인민공화국 77

ㅊ
차오량(Qiao Liang) 47
차오저우(Teochew) 혈통 109
차왈릿 용짜이윳(Chavalit Yongchaiyudh) 129
차이나 모델(China Model) 38, 95, 129, 130, 187
차이나데일리(the China Daily) 33
차이샤오간(Cai Xiaoqian) 181
천안문광장 대학살 80
천이(Chen Yi) 116, 178
청불전쟁(1884-85) 173
총정치부(the General Political Department) 76
추안 럭파이(Chuan Leekpai) 124
친중 어젠다(agenda) 157
침투(infiltration) 45

ㅋ
카이로 선언 176
캐리어엔터프라이즈 189

컨센서스 191
코민테른 74, 176, 180
코캉군(Kokang) 79
콕싱가(Koxinga) 171
크라 운하(Kra Canal) 127
크메르 루주 정권 121
큭릿 쁘라못(Kukrit Pramoj) 120

ㅌ

타놈 키티카촌(Thanom Kittikachorn) 118
타닌 끄라이위치엔(Thanin Kraivichien) 121
타이락타이(Thai Rak Thai) 127
타이베이법안 168
탁신 친나왓(Thaksin Shinawatra) 127
탐마삿 대학교(Tammasat University) 22
태국-중국 우호통상조약 (Siamese-Chinese Treaty of Amity and Commerce) 113
태국-중국 우호협회(Thai-Chinese Friendship Society) 113
태국: 미국과 부상하는 중국의 지각 변동 (Thailand: Shifting Ground Between the U.S. and a Rising China) 108
태국공산당 112
태국사회당(SPT) 121
태국애국전선(TPF) 116
태국의 봄(Thai Spring) 124
태국인민의소리(the Voice of the People of Thailand) 116
태국인민해방군(PLAT) 118
태국자치구역정부(Thai Autonomous People's Government) 115
(대)태국자유자치구역(Free (Greater) Thai Autonomous Region) 113
텅 뱌오(Teng Biao) 63
통일전선 추적기 243
통일전선(united front) 45, 85
통일전선부(United Front Work Department) 54
특별조치(special measure) 45

ㅍ

파룬궁(Falun Gong) 33
파시즘(Fascism) 62
파테 라오(Pathet Lao) 115
판다 외교 128
페리 링크(E. Perry Link) 53
평화공존 5원칙 114
포 시즈 갱(Four Seas Gang) 225
포모사공화국(Republic of Formosa) 173
폴 포트(Pol Polt) 79, 121
푸미폰(King Bhumipol) 국왕 118, 120
푸싱강 대학 189
푸저우 311기지 102
프라윳 찬오차(Prayut Chan-ocha) 137
프랑크 디쾨터(Frank Dikötter) 33
프랜시스 위르친스키(Francis Wiercinski) 23
프로젝트 2049 연구소(the Project 2049 Institute) 39, 46, 163
피봇 133
피분송크람(Phibun Songgram) 112
피터 매티스(Peter Mattis) 146

ㅎ

하나의 중국 165, 169, 191
하드파워 192
하드파워(hard power) 45, 59
하얀 늑대(White Wolf) 225
하이브리드 작전(hybrid operation) 45
하이브리드전 61, 101, 227
한국전쟁 183
한반(Hanban) 155
해체 작전(disintegration work) 57
허드슨 연구소 92, 243
허드슨 연구소(the Hudson Institue) 39
허위 정보(disinformation) 45, 102
현금 규칙(cash rules) 95

호주-뉴질랜드-미국(ANZUS) 동맹 116
홍군(Chinese Red Army) 76
화교 커뮤니티 107
화교사무소(the Overseas Chinese Affairs
　　Office, OCAO) 97
황푸사관학교 동창회 189
회색선전 77
흑색선전 77
히틀러의 제3제국 73

영문
ASEAN 122
COVID-19 팬데믹 205
CP그룹(Charoen Pokphand Group) 123

기타
19차 당대회 85
1차 대만해협 위기 184
2차 대만해협 위기 184
311기지 228
4대 현대화 186
50센트군대 62, 229
6가지 보장(Six Assurances) 167

중국은 지금도 전쟁을 하고 있다

초판 1쇄 발행 2022년 4월 11일
초판 2쇄 발행 2022년 6월 30일

지은이 케리 거샤넥
옮긴이 이창형·임다빈
펴낸이 이창형
펴낸곳 GDC미디어

주소 서울시 서대문구 신촌로 25, 3~4층
이메일 gdcmedia@naver.com
등록번호 제2021-000004호
ISBN 979-11-975015-2-4 03340

* 책값은 뒤표지에 있습니다.